普通高等学校应用型教材 法学

U0873743

# 宪法事例研析教程

主　编　康枫翔

副主编　张普一　吉敏丽　孔垂鹏

中国人民大学出版社

·北京·

图书在版编目（CIP）数据

宪法事例研析教程/康枫翔主编. --北京：中国人民大学出版社，2025.1. --(普通高等学校应用型教材). --ISBN 978-7-300-33481-3

Ⅰ. D921.05

中国国家版本馆CIP数据核字第2025U9Z463号

普通高等学校应用型教材·法学

宪法事例研析教程

主　编　康枫翔

副主编　张普一　吉敏丽　孔垂鹏

Xianfa Shili Yanxi Jiaocheng

| | | | |
|---|---|---|---|
| 出版发行 | 中国人民大学出版社 | | |
| 社　　址 | 北京中关村大街31号 | 邮政编码 | 100080 |
| 电　　话 | 010－62511242（总编室） | | 010－62511770（质管部） |
| | 010－82501766（邮购部） | | 010－62514148（门市部） |
| | 010－62515195（发行公司） | | 010－62515275（盗版举报） |
| 网　　址 | http://www.crup.com.cn | | |
| 经　　销 | 新华书店 | | |
| 印　　刷 | 天津旭非印刷有限公司 | | |
| 开　　本 | 787 mm×1092 mm　1/16 | 版　　次 | 2025年1月第1版 |
| 印　　张 | 12.75 插页1 | 印　　次 | 2025年1月第1次印刷 |
| 字　　数 | 325 000 | 定　　价 | 45.00元 |

# 前　言

习近平法治思想是宪法学研究、教学的指导思想。习近平法治思想主张：中国共产党坚持依宪执政，实行依宪依法治国；加强和完善人民代表大会制度，注重人权的宪法保障；加强宪法实施，推进合宪性审查工作，维护宪法权威；推动宪法发展。党的二十大报告指出：全面依法治国是国家治理领域的一场深刻革命。坚持依法治国首先要坚持依宪治国，坚持依法执政首先要坚持依宪执政。加强宪法实施和监督，健全保证宪法全面实施的制度体系，更好发挥宪法在治国理政中的重要作用，维护宪法权威。加强宪法实施与监督，推进合宪性审查工作，健全保证宪法全面实施的制度体系，维护宪法权威，推动宪法发展，是习近平法治思想和党的二十大报告的重要内容。无论是宪法全面实施，还是保障宪法实施，都离不开对宪法文本与宪法理论的正确理解，离不开对宪法实施与监督制度的完善构建，离不开对宪法解释方法与技术的合理运用。

法学极具实践品格，法律之学乃实践之学，法律本身即是实践性知识。法律是一种不断完善的实践，法律制度是一项实践的艺术，法律的本质乃为人类生活本身。宪法学当然也不例外。进入 21 世纪以来，宪法学界逐步形成清晰且独立的学术脉络与主题，中国意识和中国特色成为宪法学界的思想指引，实践意识和现实关切成为宪法学研究的内容导向，宪法文本与宪法事例成为新的研究领域。在宪法学研究的实践导向下，也出现与宪法学课程教学相适应的教学理念、教学方法。越来越多的法学专业院系开设宪法事例课程，运用鉴定式案例分析等方法，引导学生对宪法事例进行规范、全面和深入的分析。宪法实践课程的设置与教学，有利于加深学生对宪法相关理论学说和文本内容的理解与掌握，有利于学生对宪法运行的样态和宪法实践的程度形成直接的感知和理性的认知，有利于学生养成尊崇宪法的精神信仰和运用宪法的法律意识。

强化宪法实施与监督的政治背景和宪法学的实践品格互相作用，催生出大量以宪法文本和宪法事例为研究素材的研究与教学成果。本书的编辑与出版正是此类的尝试。本书以中国宪法的文本和实践为导向，精心而又谨慎地挑选中国宪法实践中所发生的史实以及经典事例，结合宪法理论与制度，对宪法史实、事例进行深度分析，以期实现对相关的宪法条文、宪法理论、宪法方法等内容予以详尽的阐释。

借鉴现有宪法学研究与教学的丰富成果，本书将内容区分为宪法基本原理和中国宪法文本两个层面，并作出如下安排：

第一章“宪法基本原理与制度”，结合“中国人民政治协商会议第一届全体会议”“1982 年宪法的产生”“收容教育制度的废除”等宪法史实或宪法事例，对宪法的概念与原则，宪法的制定、修改与解释，宪法的实施与监督等宪法的基础原理与基本制度进行阐释和评析。

第二章“国家制度”，结合“选举法修改实现代表人数城乡同比例”“部分省市变更部分行政区划事件”“香港特别行政区提请全国人大常委会解释基本法”“彭州天价乌木归属案”“基因编辑婴儿事件”等事例，对现行宪法规定的人民民主专政制度、人民代表大会制度、中国共产党领导的多党合作与政治协商制度、民族区域自治制度、特别行政区制度、基层群众自治制度等政治制度，以及经济制度、文化制度、社会制度等国家基本制度进行阐述和评析。

第三章“公民的基本权利”，结合“孙某刚案”“中国乙肝歧视第一案”“城乡‘同命不同价’宣告终结”“谢某平非法经营案”“三亚观音圣像事件”“‘北雁云依’案”“人脸识别第一案”“北京 APEC 会议期间车辆单双号限行”“‘孟母堂’事件”“厦门 PX 项目事件”“呼格案中的国家赔偿”等事例，对现行宪法规定的平等权、政治权利与自由、人身自由、宗教信仰自由、社会权利、文化活动自由等公民基本权利进行解释与评析。

第四章“国家机构”，结合“全国人大及其常委会基本法律修改权”“全国人大常委会专题询问”“2004 年修宪时增加国家主席关于‘进行国事活动’的职权”“国务院机构改革”“国家监察体制改革”“河南洛阳玉米种子案”等事例，对现行宪法规定的全国人大及其常委会、中华人民共和国主席、国务院、监察委员会、人民法院、人民检察院、地方人民代表大会和地方人民政府等主要国家机关的相关内容进行论述与评析。

需要说明的是，由于法律条款的修改变迁，大量事例发生于所涉宪法或法律修改之前。在“事例评析”部分，鉴于“法不溯及既往”原则的要求，在对个案进行法治性评析时，主要引用当时有效的法律条款，而在原理阐述和制度介绍部分，主要引用修改后现行有效的法律条款。在“条文链接”部分，除非需要特别注明法律条款的沿革发展，主要引用现行有效的法律条款。

由于时间和能力水平所限，本书自然存在诸多不足，敬请读者批评指正。

**2024 年 12 月**

# 目 录

# 第一章　宪法基本原理与制度

世界上各个国家的宪法内容不同、功能各异，结构体系亦有差别，人们对宪法的理解也不尽一致。但是，近代以来的各国宪法学者对宪法也达成了基础性的共识：宪法以国家与公民之间的关系为基础性的调整对象，以限制和规范、保障国家权力及其运行、保障人权为价值取向，且一般都具有根本法的属性和地位。此类对宪法的基础性共识成为宪法概念的基本要素。宪法在面向公民与国家的关系时所采取的基本立场和准则构成宪法的基本原则，是宪法的核心内容与价值取向的集中展现。习近平总书记指出，宪法集中体现了党和人民的统一意志和共同愿望，是国家意志的最高表现形式。①

## 第一节　宪法的概念与原则

本节选取全国人大常委会法制工作委员会叫停“连坐”、全国人大常委会党组等向党中央述职、脱贫攻坚取得历史性成就等事例，并结合事例对宪法的概念和坚持中国共产党的领导原则等宪法的部分原则予以评析。

### 事例一

**全国人大常委会法制工作委员会叫停“连坐”②**

**【事例概况】**

2023年12月26日，全国人大常委会法制工作委员会主任沈春耀向第十四届全国人大常委会第七次会议报告2023年备案审查工作情况，报告中公布了多起备案审查典型案例。报告称：有的市辖区议事协调机构发布通告，对涉某类犯罪重点人员采取惩戒措施，其中对涉罪重点人员的配偶、子女、父母和其他近亲属在受教育、就业、社保等方面的权利进行限制。有公民对此提出审查建议，认为：这样的限制措施实际上属于“连坐”性质，应予停止执行。我国宪法规定，公民享有宪法和法律规定的权利，履行宪法和法律规定的义务。我们研究认为，任何违法犯罪行为的法律责任都应当由违法犯罪行为人本人承担，而不能株连或者及于他人，这是现代法治的一项基本原则；有关通告对涉罪人员近亲属多项权利进行限制，违背罪责自负原则，不符合《宪法》第二章关于“公民的基本权利和义务”规定的原则和精神，也不符合国家有关教育、就业、社保等法律法规的原则和精神。我们与有关主管部门督促有关机关对通告予以废止，支持有关主管部门在全国范围内部

---

① 参见《习近平谈治国理政》，第3卷，北京，外文出版社，2020，281页。

② 沈彬：《人大法工委叫停“连坐”，宪法常识必须捍卫》，载https：//www.thepaper.cn/newsDetail_forward_25805347，2024年7月29日访问。

署开展自查自纠，防止、避免出现类似情况，确保执法司法工作在法治轨道上规范推进。

检索相关新闻可以发现，有一些地方对涉电信诈骗人员的近亲属特别是未成年子女实施了株连性的惩戒措施。2020 年，福建省某市辖区针对涉电信诈骗人员提出了“十个一律”的措施：“凡是参与电信网络新型违法犯罪嫌疑人的子女，一律在城区学校就读时予以招生入学限制。”2023 年 5 月，福建省另一市辖区发布涉电信诈骗重点人员惩戒措施：其配偶、父母、子女暂停享受大病保险补助政策和医保财政补贴，并且要“严审其子女就学资格……一律不得就读城区学校”。

这一次，全国人大法制工作委员会叫停“连坐”规定，并且推动全国范围内部署开展自查自纠，也说明我国以备案审查为重要形式的合宪性审查机制日益健全完善，对于违反宪法、侵犯公民权利的地方性法规、规范性文件敢于“硬碰硬”。全国人大的法规审查职能被进一步激活，宪法的生命和权威得到强化。

**【涉及的宪法问题】**

1. 宪法的概念和本质

自近代西方宪法产生以来，各国宪法学者基于不同的立场和理论，对宪法的概念与本质问题形成既有区别又有联系的不同观点，其中基本的共识在于宪法以公民与国家间的政治关系为基础性的调整对象，以限制和规范国家权力及其运行为价值取向，且一般都具有根本法的属性和地位。

2. 公民基本权利与国家权力

公民基本权利与国家权力的关系是宪法领域的核心问题。就二者之间关系如何，自由主义、社群主义、马克思主义等不同的政治哲学及其相应的宪法理论提出不同的主张。无论如何，思考公民基本权利与国家权力的关系问题离不开政府约束人民与政府受制于人民的基本立场。

**【条文链接】**

**《中华人民共和国宪法》（2018 年修正）**

“序言”（第十三自然段）　本宪法以法律的形式确认了中国各族人民奋斗的成果，规定了国家的根本制度和根本任务，是国家的根本法，具有最高的法律效力。全国各族人民、一切国家机关和武装力量、各政党和各社会团体、各企业事业组织，都必须以宪法为根本的活动准则，并且负有维护宪法尊严、保证宪法实施的职责。

第五条　中华人民共和国实行依法治国，建设社会主义法治国家。

国家维护社会主义法制的统一和尊严。

一切法律、行政法规和地方性法规都不得同宪法相抵触。

一切国家机关和武装力量、各政党和各社会团体、各企业事业组织都必须遵守宪法和法律。一切违反宪法和法律的行为，必须予以追究。

任何组织或者个人都不得有超越宪法和法律的特权。

第三十三条　凡具有中华人民共和国国籍的人都是中华人民共和国公民。

中华人民共和国公民在法律面前一律平等。

国家尊重和保障人权。

任何公民享有宪法和法律规定的权利，同时必须履行宪法和法律规定的义务。

第四十二条　中华人民共和国公民有劳动的权利和义务。

国家通过各种途径，创造劳动就业条件，加强劳动保护，改善劳动条件，并在发展生产的基础上，提高劳动报酬和福利待遇。

劳动是一切有劳动能力的公民的光荣职责。国有企业和城乡集体经济组织的劳动者都应当以国家主人翁的态度对待自己的劳动。国家提倡社会主义劳动竞赛，奖励劳动模范和先进工作者。国家提倡公民从事义务劳动。

国家对就业前的公民进行必要的劳动就业训练。

第四十四条　国家依照法律规定实行企业事业组织的职工和国家机关工作人员的退休制度。退休人员的生活受到国家和社会的保障。

第四十五条　中华人民共和国公民在年老、疾病或者丧失劳动能力的情况下，有从国家和社会获得物质帮助的权利。国家发展为公民享受这些权利所需要的社会保险、社会救济和医疗卫生事业。

国家和社会保障残废军人的生活，抚恤烈士家属，优待军人家属。

国家和社会帮助安排盲、聋、哑和其他有残疾的公民的劳动、生活和教育。

第四十六条　中华人民共和国公民有受教育的权利和义务。

国家培养青年、少年、儿童在品德、智力、体质等方面全面发展。

**【事例评析】**

电信诈骗治理是一项复杂的系统工程，个别地方基层政府出于反诈目的，出台措施限制相关人员受教育、就业、社保等方面的权利。此举“看似平常”，却蕴含着国家权力与公民权利间的关系，以及宪法的概念与本质等宪法学基本原则。由此，作者选取此例对其中的宪法问题进行简要梳理和评价。

### (一) 宪法的概念

从语词构成的角度来看，宪法由“宪”和“法”二字构成，“法”字代表宪法与其他形式的法具有共性，“宪”字表征着宪法相较于其他形式的法所具有的特性。宪法首先是法的一种表现形式。我国现行《宪法》“序言”第十三自然段第一句规定，“本宪法以法律的形式确认了中国各族人民奋斗的成果，规定了国家的根本制度和根本任务，是国家的根本法，具有最高的法律效力”。此句中“法律的形式”“根本法”“最高的法律效力”的语词表述，清晰、明确、无疑地表明宪法之法的性质。宪法作为法，与其他形式的法具有共同的法的属性与特质。法首先是一种行为规范，法规定人们可以做什么、应当做什么和不能做什么。法不会直接触及、规范人们的思想和情感、意识和灵魂，法只是以人们的行为作为规范的对象。正如马克思所言，“对于法律来说，除了**我的行为**以外，我是根本不存在的，我根本不是法律的对象”①。法通过规范人们的行为调整相应的社会关系。在事实层面，人与人的社会关系复杂多样，也充满各种矛盾与冲突。为了实现符合社会正义理念的社会秩序，人们制定和实施法律，从而形成与事实层面的社会关系相对应的法律关系。法律关系是一种规范层面、应然的关系，表达事实层面的社会关系应当达到的一种理想状态。为实现社会关系应然的理想状态，法自身具有一种要求法所表达的理想状态实现的效力，或者法律规定的法律效果实现的能力，即法具有法律效力。“法律效力的意思是法律规范是有约束力的，人们应当像法律规范所规定的那样行为，应当服从和适用法律规范。”② 法所表达的社会关系的一种应然状态，构成对人们行为的必然的评价标准。法律规范通过“构成要件—法律后果”的逻辑结构评价人们行为的合法性并赋予相应的法律效果：合法的行为受到法律

---

① 《马克思恩格斯全集》，第1卷，2版，北京，人民出版社，1995，121页。

② ［奥］汉斯·凯尔森：《法与国家的一般理论》，沈宗灵译，北京，中国大百科全书出版社，1996，42页。

的保护，违法的行为受到法律的制裁。对合法行为的法律保护和对违法行为的制裁，需要国家作为法的执行者的角色出现，由此法律的实施获得国家强制力的保障。

宪法不同于其他形式的法的特征主要表现为其内容的根本性、效力的最高性，以及由此派生出的制修程序的严格性。(1) 内容的根本性。宪法内容上的根本性体现在两个方面：其一，宪法规定一个国家内部最为根本、最为重要的问题，即公民与国家之间的政治关系。如果一个国家采用君主专制的政体，则君主享有国家主权，国民只是处于被动地接受统治的地位。但在一个民主共和国，国家主权归属于人民，作为个体的国民具有双重地位：一方面，需要接受来自政府的管理；另一方面，以国家主权的主体地位通过参政权去控制和影响政府的决策。在这两种政治体制之中，公民的根本性的政治地位有所不同。此种不同的根本性的政治地位，决定着国家与社会方方面面的制度和政策。其二，宪法规定国家和社会各个领域的基本制度和政策，为制定各领域的法律和制度，如经济领域的生产资料所有制和分配制度等，社会领域的教育制度、劳动制度和社会保障制度等奠定基础。(2) 效力的最高性。一个国家的法具有多种表现形式，不同表现形式的法具有不同等级的法律效力，不同表现形式的、不同效力等级的法共同构成一个国家整体的法律体系。在法律体系之中，宪法具有最高的权威和最高的法律效力，具体表现为宪法之外的其他形式的法律，其规定的内容不得违背宪法，不得与宪法相抵触。同时通过宪法诉讼、合宪性审查等制度确保普通法律与宪法的统一。宪法效力的最高性源于宪法自身的特性：宪法是一种政治法，以国家存在的政治形态为核心，以国家机关的设置、权限和相互关系为主要内容。因此，国家（机关）的行为、国家权力的行使应当与宪法规范保持一致。或言之，宪法以国家（机关）的行为和权力为首要的约束对象。国家机关制定法律等规范性文件的行为以及制定的法律等规范性文件均应符合宪法规范，不得与宪法相违背、相抵触。由此，宪法也获得高于普通法律的、更高的法律效力。(3) 制修程序的严格性。其实，绝大多数宪法学教科书中对“制修程序的严格性”的表述并不精准。宪法的制定被定义为制宪权的行使。对于制宪权的行使即制宪的过程而言，其并不受任何源自国家的实定法的约束，制宪权带有社会事实权力的性质，位于政治与法的交汇之处，因此并不存在法律意义上的制宪程序，也不存在对所谓的制宪程序、宪法与法律意义上的立法程序的比较。修宪权是一种宪制层面的权力，绝大多数宪法也对宪法的修改程序作出明确的规定。立法权作为一种国家权力，以制定和修改普通法律为主要内容，绝大多数的宪法对法律的制定与修改程序也作出原则性的规定。宪法规范层面的修宪程序和普通法律的制修程序都获得法律意义上的程序的属性，因此，可以进行比较的只能是修宪程序和普通法律的制修程序，“宪法修改程序相较于普通法律的制修程序更加严格”是更为妥当的界定和表述。基于宪法内容的根本性和效力的最高性，宪法的修改应当经过更加审慎的考量，应当取得更广泛范围内的共识，应当严格限定宪法修改的提议主体，应当规定更高的表决通过比例或应当由特定的修宪机关表决通过，以此来赋予宪法修改更强的民主正当性。

在法学理论中，依照法律调整对象的不同，可以将整体的法律划分为不同的部门法。部门法意义上的宪法不同于其他部门法的特殊之处，在于宪法调整的是公民与国家间的关系，以及由此派生出的人民与国家间的关系、民族与国家间的关系、政党与国家间的关系等各类政治关系。宪法以政治关系为调整对象，决定着宪法是一种关于政治的法，宪法的内容始终围绕政治关系和政治活动的核心——国家来展开。因此，我们不得不更为深入地考察宪法背后的国家观念与政治哲学。

我们今天所讨论的宪法诞生于近代西方社会，在价值理念上与古代宪法有天壤之别。在近代以来的西方社会，自由主义观念支配着一般大众的思想并影响形形色色正当的实践。可以毫不夸张地说，整个西方的政治制度都建立在自由主义原则及价值观之上并受其制约。宪法作为政治法，当然无法脱离自由主义的影响，更准确的表述应当是，近代宪法是自由主义在法律领域的产物。自由主义不是一套固定的、封闭的理论体系，而是多样化的学说汇总。多样化的自由主义学说也蕴含着自由主义理论内在的一致性。首先，自由主义的基础是个人主义，个人主义构成自由主义的基本立场、方法论和价值观。其次，自由主义在本质上是一种国家学说，其核心是界定个人与国家间的关系。自由主义的理想国家是一个权力有限并受到制约的国家。自由主义的基本特征是对国家充满恐惧，将国家看作人类为了实现一种共同的、有秩序的生活而不得不付出的代价。为了将此种代价限定在较小限度之内，自由主义致力于限制国家的权力与职能。

马克思主义政治学是 19 世纪中叶资本主义发展和工人运动兴起的产物。马克思主义政治学认为：国家是一个历史的范畴，有一个产生、发展和消亡的过程，它随着阶级的产生而产生，也将随着阶级的消失而消亡。国家是建于经济基础之上的上层建筑，它服务于一定的经济基础和社会结构，但相对于经济基础和社会结构也具有相当的自主性。国家本质上是阶级统治的工具，它履行着经济、政治、社会等方面的公共职能，但其根本职能是实现和维护统治阶级的利益。资本主义国家是管理整个资产阶级共同事务的委员会，资产阶级在政治上的自由民主制度以及形式上的选举权与被选举权，并不改变资产阶级专政的性质。无产阶级必须打破（一般情况下只能用暴力的手段）资产阶级国家机器才能获得自己的解放。民主是迄今人类政治文明的最高成果。民主就是人民的统治，在民主政治中，人民本身成为国家的主人。民主同样是建立在一定经济基础之上的上层建筑，一定的民主形式与一定的经济基础相适应，归根结底服务于经济基础。在阶级社会中，民主具有阶级性，它不过是实现阶级利益的政治形式，实质上是一个阶级对另一个阶级的统治。民主与专政不可分割，它们是同一过程的两个不同方面，对一部分人的民主，也就是对另一部分人的专政。资本主义民主对广大劳动群众而言是虚伪的民主，社会主义是民主的真正实现。没有民主就没有社会主义，要真正实现民主，就必须通过政治革命，建立社会主义制度。法制也是阶级社会的产物，集中体现统治阶级的意志，为统治阶级的利益服务。法制必定以一定的社会经济条件为基础，当法律不适应变化了的社会现实，甚至阻碍经济社会的发展时，就必须改革法制。法制作为上层建筑也具有相对独立性，并对经济基础具有反作用，能够在某种限度内改变经济关系。资本主义法制体现资产阶级的意志，是维护资本主义生产方式的必要条件，是实现资产阶级统治的必要形式。社会主义需要自己的法制，需要打碎旧法制，建立适合自身需要的新法律制度。① 马克思主义认为：作为法制要素之一的宪法，同样是建于经济基础之上的上层建筑，是统治阶级意志的体现。近代宪法是资产阶级革命的产物，资产阶级革命产生资产阶级民主事实，资产阶级宪法是对资产阶级民主事实的制度化和法律化。社会主义宪法是在进行无产阶级革命并形成社会主义民主事实之后产生的，是对社会主义民主事实的确认。宪法涉及国家生活和社会生活中最根本的问题，决定着不同的阶级、阶层、集团和群体的根本经济利益与政治利益。各种政治力量都力图掌握或影响宪法的制定和修改，因此宪法是一个国家特定时代各种政治力量对比关系的全面、集中体现，反映一个国家大变动、大变革时期的各种政治力量对比状况。②

---

① 参见俞可平：《政治学教程》，北京，高等教育出版社，2010，7～9 页。

② 参见《宪法学》编写组：《宪法学》，2 版，北京，高等教育出版社，2020，20～22 页。

综合上述宪法与普通法律相比所具有的共性和特性，宪法的目的与宗旨，以及宪法的民主基础和阶级实质，宪法学界形成了对宪法概念的主流认知，即宪法是确认民主事实，集中反映一国政治力量对比关系，规范国家权力和保障公民基本权利的，具有最高法律效力的国家根本法。[①]

### （二）基本权利与国家权力

法是以权利和义务为机制来调整人的行为和社会关系的，权利和义务贯穿于法律现象逻辑联系的各个环节、法的一切部门和法律运行的全部过程。[②] 宪法是调整以公民与国家的关系为核心和基础的政治关系的根本法，与其他形式的法具有相同的对人的行为和社会关系的调整机制。因此，公民的基本权利和义务，以及与此对应的国家义务和国家权力，成为宪法关系的主要内容。公民的基本权利与国家权力的关系构成宪法的永恒主题，宪法也是讨论公民的基本权利与国家权力之关系问题的基础场域。同时，如同讨论宪法需要探究其背后的政治哲学，要厘清公民的基本权利与国家权力的关系，也离不开对相关政治哲学的讨论。

在自由主义理论中，国家只具有工具性价值，国家只是实现作为目的的个人权利与自由的工具。自由主义的宪法观认为：国家经由制宪而组建，宪法的首要功能是对国家权力的限制和约束，以此来实现对个人权利与自由的保护这一终极目的。当代西方社会也存在着新自由主义、新马克思主义、新保守主义、精英主义、多元主义、社群主义等政治哲学流派，其中影响较为广泛的是社群主义，在 20 世纪 80 年代后成为西方政治哲学的主流学说之一。

在绝大多数社群主义者看来，国家无疑是最重要的政治社群。社群主义也非常强调国家的作用：国家应当保护个人及其资源和利益不受外部的侵夺，应当按照公正的分配原则对资源进行分配和再分配，应当调节经济使其满足效率的标准，应当提供公共产品以满足公民的需求，应当保障正当、有效的政治参与乃至维持公民必备的文化条件。[③] 简言之，社群主义的国家观是建立“大政府”或“强国家”，与自由主义主张建立的“小政府”或“弱国家”截然相反。

在论及公民权利时，社群主义构建起一套根植于其本体论、方法论和价值观的，与自由主义权利观相对立的权利理论。首先，社群主义从根本上否认自由主义所主张的那种普遍、先验、与生俱来的个人权利，认为：自然权利纯属虚构，真实的权利都必须以一定的社会现实条件为基础，它是特定的社会制度的产物。其次，社群主义反对道德权利说，主张法律权利说。自由主义的道德权利说认为，个人权利是一种道德权利、应然权利，无须根据特定的成文法典来解释。个人行为的正当性不取决于国家的法律，而取决于个人的道德判断。社群主义的法律权利说认为：权利是一种由法律规定的人与人之间的社会关系，是一种保护个人正当利益的制度安排，离开一定的社会规则或法律规范，个人的正当行为就无法转变成不受他人干涉的权利。再次，在消极权利与积极权利的区分上，社群主义更加看重积极权利。社群主义强调个体自我的构成性，即自我对社会现实的依赖性，由此，作为最高层次社群的国家应当通过积极作为的形式为公民提供工作权、休假权、受教育权、社会救济权等积极权利，以满足自我自由地获取某些政治、经济和文化条件的能力。复次，在个人权利和集体权利的问题上，社群主义承认个人的权利，同时也强调集体权利的存在。社群是一个有机的整体，它不但具有共同的文化和传统，也具有同一的认同

---

① 参见《宪法学》编写组：《宪法学》，2 版，北京，高等教育出版社，2020，23 页。

② 参见张文显：《法理学》，北京，法律出版社，2007，159 页。

③ 参见俞可平：《社群主义》，北京，东方出版社，2015，130～131 页。

和情感。这样的社群本身具备某种生命有机体的性质，从而具有作为权利主体所要求的基本条件，如作为政治社群的少数民族应当享有其民族自决权。最后，社群主义提出一种道德义务说。所谓的道德义务，实际上是社群成员被所在社群强制性地从善的责任。个人除承担法定的义务之外，还要承担其所在社群的道德义务，以促进社群公共的善或整体的善。①

新中国的成立与建设以马克思主义为根本指导，马克思主义的阶级理论和国家学说广泛影响着《中国人民政治协商会议共同纲领》和其后四部宪法的根本内容。马克思主义采用历史唯物主义方法分析社会政治生活，实现政治哲学学说史上的革命性变革。马克思主义认为：政治是经济的产物并最终是为经济服务的。任何政治权利和政治制度都是建立在一定经济基础之上的上层建筑，它们归根结底取决于统治阶级的利益。在经济最终决定政治的前提下，政治也对经济产生反作用，极大地影响经济的发展。马克思主义同时认为：从来不存在抽象的民主、自由、平等。国家是统治阶级的工具，代议民主不过是资产阶级最好的政治外壳，而自由、平等则是资产阶级的阶级特权。资本主义的民主、自由、平等是极少数人的民主、自由、平等，是以绝大多数人民群众被压迫、被奴役为代价的。要实现真正的自由、民主、平等，就必须推翻资产阶级的统治，实现无阶级、无剥削、无压迫的社会主义制度和共产主义制度。马克思主义坚信，社会主义战胜资本主义是历史发展的必然规律，劳动人民的民主、自由、平等、人权是最高的政治价值。实现人性完全复归、人权彻底实现的“自由人联合体”——共产主义则是马克思主义的政治理想。

**【延伸阅读】**

1. 赵莹莹．应急行政视域下公民基本权利限制的正义性辨析．深圳社会科学，2020（3）．
2. 张晓琴．论宪法上的公民权利与国家权力．武汉大学学报（哲学社会科学版），2006（10）．
3. 张翔．基本权利的双重属性．法学研究，2005（3）．
4. 刘小冰．紧急状态下公民权利克减的逻辑证成．法学，2021（7）．

**事例二**

## 习近平新时代中国特色社会主义思想作为宪法指导思想“入宪”

**【事例概况】**

2018 年 3 月 11 日第十三届全国人民代表大会第一次会议，通过了《中华人民共和国宪法修正案》。该修正文本第 32 条规定：宪法序言第七自然段中“在马克思列宁主义、毛泽东思想、邓小平理论和‘三个代表’重要思想指引下”修改为“在马克思列宁主义、毛泽东思想、邓小平理论、‘三个代表’重要思想、科学发展观、习近平新时代中国特色社会主义思想指引下”；“健全社会主义法制”修改为“健全社会主义法治”；在“自力更生，艰苦奋斗”前增写“贯彻新发展理念”；“推动物质文明、政治文明和精神文明协调发展，把我国建设成为富强、民主、文明的社会主义国家”修改为“推动物质文明、政治文明、精神文明、社会文明、生态文明协调发展，把我国建设成为富强民主文明和谐美丽的社会主义现代化强国，实现中华民族伟大复兴”。这一自然段相应修改为：“中国新民主主义革命的胜利和社会主义事业的成就，是中国共产党领导中国各族人民，在马克思列宁主义、毛泽东思想的指引下，坚持真理，修正错误，战胜许多艰难险阻

① 参见俞可平：《社群主义》，北京，东方出版社，2015，970～104 页。

而取得的。我国将长期处于社会主义初级阶段。国家的根本任务是，沿着中国特色社会主义道路，集中力量进行社会主义现代化建设。中国各族人民将继续在中国共产党领导下，在马克思列宁主义、毛泽东思想、邓小平理论、'三个代表'重要思想、科学发展观、习近平新时代中国特色社会主义思想指引下，坚持人民民主专政，坚持社会主义道路，坚持改革开放，不断完善社会主义的各项制度，发展社会主义市场经济，发展社会主义民主，健全社会主义法治，贯彻新发展理念，自力更生，艰苦奋斗，逐步实现工业、农业、国防和科学技术的现代化，推动物质文明、政治文明、精神文明、社会文明、生态文明协调发展，把我国建设成为富强民主文明和谐美丽的社会主义现代化强国，实现中华民族伟大复兴。"

**【涉及的宪法问题】**

《宪法》"序言"中所指的宪法指导思想，是统治阶级的意志和利益理论化、系统化的集中表现，是宪法的理论基础和根本依据。① 在不同的国家以及某个国家不同的历史阶段，宪法的指导思想是不一样的。自党的十八大以来，以习近平同志为核心的党中央坚持和发展中国特色社会主义，我国社会主义事业建设进入了新时代，习近平总书记创造性地提出了一系列治国理政新理念、新思想、新战略，形成了系统的习近平新时代中国特色社会主义思想，将中国特色社会主义建设理论推向新的高度，丰富了马克思主义中国化的内涵，是新时代下对社会主义事业建设最准确最生动的把握。习近平新时代中国特色社会主义思想，不是简单的宪法指导思想的宣示，更带来了新时代下中国特色社会主义宪法理论、制度与实践的不断创新发展，同时对于健全和丰富宪法全面实施的体制机制也提出了更高的要求。

**【条文链接】**

**《中华人民共和国宪法》(2018 年修正)**

"序言"(第七自然段)　中国新民主主义革命的胜利和社会主义事业的成就，是中国共产党领导中国各族人民，在马克思列宁主义、毛泽东思想的指引下，坚持真理，修正错误，战胜许多艰难险阻而取得的。我国将长期处于社会主义初级阶段。国家的根本任务是，沿着中国特色社会主义道路，集中力量进行社会主义现代化建设。中国各族人民将继续在中国共产党领导下，在马克思列宁主义、毛泽东思想、邓小平理论、"三个代表"重要思想、科学发展观、习近平新时代中国特色社会主义思想指引下，坚持人民民主专政，坚持社会主义道路，坚持改革开放，不断完善社会主义的各项制度，发展社会主义市场经济，发展社会主义民主，健全社会主义法治，贯彻新发展理念，自力更生，艰苦奋斗，逐步实现工业、农业、国防和科学技术的现代化，推动物质文明、政治文明、精神文明、社会文明、生态文明协调发展，把我国建设成为富强民主文明和谐美丽的社会主义现代化强国，实现中华民族伟大复兴。

**《中华人民共和国立法法》(2023 年修正)**

第三条　立法应当坚持中国共产党的领导，坚持以马克思列宁主义、毛泽东思想、邓小平理论、"三个代表"重要思想、科学发展观、习近平新时代中国特色社会主义思想为指导，推进中国特色社会主义法治体系建设，保障在法治轨道上全面建设社会主义现代化国家。

**【事例评析】**

习近平新时代中国特色社会主义思想，是中国特色社会主义进入新时代的最新理论成果，

---

①　参见《宪法学》编写组：《宪法学》，北京，高等教育出版社、人民出版社，2011，82 页。

是开启社会主义建设新征程的指导思想和理论指南。习近平新时代中国特色社会主义思想是马克思主义中国化的最新成果，是党和人民建设社会主义伟大事业中的实践经验和集体智慧的高度总结，是党的十八大以来党和国家事业取得历史性成就、发生历史性变革的理论指引，对于社会主义建设事业具有极其重要的政治意义、理论意义与实践意义。将习近平新时代中国特色社会主义思想写入宪法，就是明确了习近平新时代中国特色社会主义思想在国家政治和公民生活中的指导地位。宪法指导思想的丰富，意味着以宪法为核心的法律体系，在法律规范系统的构建中有了新的“价值取向”。

1. 宪法中的指导思想

宪法的指导思想，是统治阶级的意志和利益理论化、系统化的集中表现，是宪法的理论基础和根本依据。各个国家在制定本国宪法时，都会受到各自国家政治、经济、文化等多重因素的影响，因此各个国家对本国宪法指导思想的规定各不相同。

有的国家虽然在宪法中没有明示指导思想，但是在其宪法的变迁中时刻渗透着本国宪法的指导思想，比如：美国于1787年制定的《美利坚合众国宪法》，是以资产阶级启蒙思想作为自己的宪法的指导思想；一些政教合一的国家，将自己的宗教教义列为宪法的指导思想。

社会主义国家通常会直接在宪法中阐明自己的指导思想，指出马克思列宁主义在国家法律体系中的重要地位。例如，1977年的苏联宪法在第6条第2款规定：用马克思列宁主义学说武装起来的苏联共产党规定社会发展的总的前景，规定苏联的内外政策路线，领导苏联人民进行伟大的创造性活动，使苏联人民争取共产主义胜利的斗争具有计划性，并具有科学依据。

我国历来重视宪法中指导思想的制定，历次修宪总会及时将马克思主义中国化的最新理论成果予以增加。在完善合宪性审查机制的背景下，作为审查标准之一的合政治性标准，其最主要的参考即为马克思主义中国化的最新理论成果以及党中央的重大战略部署。

2. 作为宪法指导思想的习近平新时代中国特色社会主义思想

由于中国共产党的性质以及其在国家生活中的全面领导与长期执政地位，我国宪法的指导思想和党的指导思想有着密切的联系，我们长期的立法实践往往会通过人民代表大会这个机制，将党的先进意志上升为国家的意志，进而将其确定在宪法中，规定为宪法的指导思想。

习近平新时代中国特色社会主义思想“入宪”，给整个宪法的价值取向带来了重大变化。在《宪法》“序言”第七自然段中的“自力更生，艰苦奋斗”之前增加了“贯彻新发展理念”。“创新、协调、绿色、开放、共享”的新发展理念，是党的十八大以来以习近平同志为核心的党中央在建设社会主义市场经济过程中形成的理论结晶，是习近平新时代中国特色社会主义经济思想的主要内容。把新发展理念写入宪法，既能以宪法的形式确认这一重要的理论创新，又能更好地发挥新发展理念在建设社会主义现代化强国方面的指导作用。

将“推动物质文明、政治文明和精神文明协调发展，把我国建设成为富强、民主、文明的社会主义国家”修改为“推动物质文明、政治文明、精神文明、社会文明、生态文明协调发展，把我国建设成为富强民主文明和谐美丽的社会主义现代化强国，实现中华民族伟大复兴”。由此形成了“五位一体”的总体布局，使党的先进意志成为宪法的内容。这是党对社会主义建设规律认识的深化，是习近平新时代中国特色社会主义思想的生动体现。

3. 习近平新时代中国特色社会主义思想“入宪”的意义

宪法的制定与修改，反映了我国人民的共同意志，体现了党的主张和人民意志的统一，凝聚了当下中国社会的价值共识，对于推动中国社会向前发展，实现社会主义现代化具有无可替代的重要作用。

宪法与其他法律一样，是统治阶级的意志和利益的反映，有所区别的是宪法具有极强的政治性，是统治阶级的利益和意志的集中反映：它不仅反映了统治阶级在国家生活和社会生活中某一方面的利益和意志，还反映了统治阶级在国家生活和社会生活中各个领域、各个方面的整体意志和利益。我国是人民民主专政的社会主义国家，我国的宪法是全体人民共同意志的集中反映，在方方面面都体现着人民的意志与利益。

习近平新时代中国特色社会主义思想强调坚持以人民为中心，着重强调人民是历史的创造者，是决定党和国家前途命运的根本力量。2018 年修改宪法，将习近平新时代中国特色社会主义思想写入宪法，反映了广大人民群众的根本意愿，是党的主张和人民意志相统一的体现，为全面建设社会主义现代化国家提供了强大动力。

习近平新时代中国特色社会主义作为宪法指导思想“入宪”，也给中国特色社会主义法律体系带来了新思想。习近平总书记着眼全局、统筹兼顾地提出了全面依法治国的重大战略决策，坚持系统思维，准确把握全面依法治国的整体安排，提出了坚持依法治国、依法执政、依法行政共同推进，坚持法治国家、法治政府、法治社会一体建设。尤其在 2023 年修改的《立法法》规定，在立法活动中必须坚持习近平新时代中国特色社会主义思想。由此在今后的立法活动、构建国家立法制度、提高立法质量中，要以此为价值依归与政治导向。

**【延伸阅读】**

1. 武增．以习近平法治思想为指导充分发挥宪法在国家治理现代化中的重要作用．中国法律评论，2022 (5).

2. 曹杰．习近平新时代中国特色社会主义思想入宪的重大意义．江南社会学院学报，2018 (2).

## 事例三

## 全国人大常委会党组等向党中央述职(两则)①

**【事例概况】**

### (一)

中共中央政治局常务委员会（2018 年——引者补）1 月 15 日全天召开会议，听取全国人大常委会、国务院、全国政协、最高人民法院、最高人民检察院党组工作汇报，听取中央书记处工作报告。中共中央总书记习近平主持会议并发表重要讲话。

会议指出：党的领导是中国特色社会主义最本质的特征，是中国特色社会主义制度的最大优势，是决胜全面建成小康社会、夺取新时代中国特色社会主义伟大胜利的根本保证。事在四方，要在中央。坚持党的领导首先是坚持党中央集中统一领导。全党要牢固树立政治意识、大局

① 根据《习近平主持中央政治局常委会会议并发表重要讲话》（参见 http：//www. gov. cn/xinwen/2018 - 01/15/content_5256861. htm）和《中共中央政治局召开会议 审议〈中央政治局常委会听取和研究全国人大常委会、国务院、全国政协、最高人民法院、最高人民检察院党组工作汇报和中央书记处工作报告的综合情况报告〉〈信访工作条例〉 中共中央总书记习近平主持会议》（参见 https：//tv. cctv. com/2022/01/24/VIDEq4Fnb0INij5dp6j5rJKn220124. shtml）编写，2022 年 7 月 26 日访问。

意识、核心意识、看齐意识，把维护党中央权威和集中统一领导作为最高政治原则和根本政治规矩来执行。

会议强调：党的十八大以来，中央政治局常委会、中央政治局连续3年听取全国人大常委会、国务院、全国政协、最高人民法院、最高人民检察院党组工作汇报和中央书记处工作报告，并将这项工作写入《关于新形势下党内政治生活的若干准则》和《中共中央政治局关于加强和维护党中央集中统一领导的若干规定》。实践证明，这是坚持党中央权威和集中统一领导的重要制度安排，十分必要、很有意义，必须坚持下去。

会议认为：过去的一年，全国人大常委会、国务院、全国政协、最高人民法院、最高人民检察院党组自觉坚持党中央集中统一领导，认真贯彻党中央决策部署，围绕党和国家工作全局履职尽责，保证了党中央重大决策部署贯彻落实，推动各项工作取得了新进展新成效，为实现党和国家事业新发展作出积极贡献。同时，充分发挥党组的领导作用，严格贯彻民主集中制，自觉履行管党治党主体责任，加强党组自身建设，坚持不懈正风肃纪，在全面从严治党上发挥了表率作用。

…………

会议强调：今年（2018年——引者注）是贯彻党的十九大精神的开局之年，是改革开放40周年，是决胜全面建成小康社会、实施“十三五”规划承上启下的关键一年。全国人大常委会、国务院、全国政协、最高人民法院、最高人民检察院党组要增强“四个意识”，自觉同以习近平同志为核心的党中央保持高度一致，认真学习贯彻习近平新时代中国特色社会主义思想和党的十九大精神，把党的政治建设摆在首位，坚持正确的政治立场、政治方向、政治原则、政治道路，确保令行禁止、政令畅通。要坚持稳中求进工作总基调，大兴调查研究之风，提高决策和执行的科学性和有效性，以锐意进取、奋发有为的精神状态推动党中央大政方针和决策部署落地生根。要带头贯彻党章和《中共中央政治局关于加强和维护党中央集中统一领导的若干规定》，带头执行中央八项规定及其实施细则，严守政治纪律和政治规矩，抓好党组自身建设，推动全面从严治党向纵深发展。

## （二）

中共中央政治局（2022年——引者补）1月24日召开会议，审议《中央政治局常委会听取和研究全国人大常委会、国务院、全国政协、最高人民法院、最高人民检察院党组工作汇报和中央书记处工作报告的综合情况报告》《信访工作条例》。中共中央总书记习近平主持会议。

会议对全国人大常委会、国务院、全国政协、最高人民法院、最高人民检察院党组和中央书记处2021年的工作给予充分肯定，同意其对2022年的工作安排。会议认为：过去一年，各党组认真学习贯彻习近平新时代中国特色社会主义思想，全面贯彻党的十九大和十九届历次全会精神，毫不动摇坚持党中央集中统一领导，认真贯彻落实党中央决策部署，围绕党和国家工作全局履行职责，加强党组自身建设，为实现“十四五”良好开局作出积极贡献，为庆祝建党一百周年营造良好环境，各方面工作取得新成效。中央书记处在中央政治局和中央政治局常委会领导下，按照党中央部署要求履职尽责，在推动党中央决策部署落实、加强党内法规制度建设、指导群团工作和群团改革等方面做了大量工作。

会议强调：2022年是进入全面建设社会主义现代化国家、向第二个百年奋斗目标进军新征程的重要一年。全国人大常委会、国务院、全国政协、最高人民法院、最高人民检察院党组要坚持以习近平新时代中国特色社会主义思想为指导，深入领会“两个确立”的决定性意义，增强

“四个意识”、坚定“四个自信”、做到“两个维护”，胸怀中华民族伟大复兴战略全局和世界百年未有之大变局，紧扣筹备和召开党的二十大聚焦发力，坚持稳中求进工作总基调，坚定历史自信，保持历史主动，踔厉奋发、笃行不怠，扎扎实实做好各项工作。要坚持全面从严治党永远在路上，把严的主基调坚持下去，严格执行中央八项规定及其实施细则精神，持之以恒纠治“四风”，毫不手软查处腐败，营造风清气正的政治生态……

**【涉及的宪法问题】**

现行《宪法》第1条第2款明确规定，“中国共产党领导是中国特色社会主义最本质的特征”。中国是社会主义国家，社会主义制度是中国的根本制度，中国共产党领导是中国特色社会主义最本质的特征。坚持中国共产党的领导是现行宪法中最为基础的原则。

**【条文链接】**

**《中华人民共和国宪法》(2018年修正)**

“序言”(第七自然段)　中国新民主主义革命的胜利和社会主义事业的成就，是中国共产党领导中国各族人民，在马克思列宁主义、毛泽东思想的指引下，坚持真理，修正错误，战胜许多艰难险阻而取得的。我国将长期处于社会主义初级阶段。国家的根本任务是，沿着中国特色社会主义道路，集中力量进行社会主义现代化建设。中国各族人民将继续在中国共产党领导下，在马克思列宁主义、毛泽东思想、邓小平理论、“三个代表”重要思想、科学发展观、习近平新时代中国特色社会主义思想指引下，坚持人民民主专政，坚持社会主义道路，坚持改革开放，不断完善社会主义的各项制度，发展社会主义市场经济，发展社会主义民主，健全社会主义法治，贯彻新发展理念，自力更生，艰苦奋斗，逐步实现工业、农业、国防和科学技术的现代化，推动物质文明、政治文明、精神文明、社会文明、生态文明协调发展，把我国建设成为富强民主文明和谐美丽的社会主义现代化强国，实现中华民族伟大复兴。

第一条　中华人民共和国是工人阶级领导的、以工农联盟为基础的人民民主专政的社会主义国家。

社会主义制度是中华人民共和国的根本制度。中国共产党领导是中国特色社会主义最本质的特征。禁止任何组织或者个人破坏社会主义制度。

**《关于新形势下党内政治生活的若干准则》(2016年)**

全党必须自觉服从党中央领导。全国人大、国务院、全国政协，中央纪律检查委员会，最高人民法院、最高人民检察院，中央和国家机关各部门，人民军队，各人民团体，各地方，各企事业单位、社会组织，其党组织都要不折不扣执行党中央决策部署。

全党必须严格执行重大问题请示报告制度。全国人大常委会、国务院、全国政协，中央纪律检查委员会，最高人民法院、最高人民检察院，中央和国家机关各部门，各人民团体，各省、自治区、直辖市，其党组织要定期向党中央报告工作。研究涉及全局的重大事项或作出重大决定要及时向党中央请示报告，执行党中央重要决定的情况要专题报告。遇有突发性重大问题和工作中重大问题要及时向党中央请示报告，情况紧急必须临机处置的，要尽职尽力做好工作，并迅速报告。

**【事例评析】**

中国共产党是中国工人阶级的先锋队，同时也是中国人民和中华民族的先锋队，是中国特色社会主义事业的领导核心，代表中国先进生产力的发展要求，代表中国先进文化的前进方向，代表中国最广大人民的根本利益。党政军民学、东西南北中，党是领导一切的，要坚决维护党中央权威，健全总揽全局、协调各方的党的领导制度体系，把党的领导落实到国家治理各领域各方面各环节。

1. 坚持中国共产党的领导原则的规范内涵

现行《宪法》在“序言”和正文中都明确规定坚持中国共产党的领导原则，并从历史、现实和未来三个维度确立了中国共产党的领导地位。

首先，坚持中国共产党的领导，是历史和人民的选择。现行《宪法》“序言”记叙了20世纪中国发生的翻天覆地的伟大变革，肯定了中国共产党带领人民进行革命、建设、改革取得的伟大成果，确认了中国共产党的领导。在以毛泽东主席为领袖的中国共产党领导下，中国各族人民经过长期的武装斗争和其他斗争，推翻了帝国主义、封建主义、官僚资本主义的统治，取得了新民主主义革命的伟大胜利，建立了中华人民共和国。新中国成立后，逐步实现由新民主主义到社会主义的过渡，消灭了人剥削人的制度，建立了社会主义制度；推进社会主义建设，改革开放和现代化建设取得了重大成果。现行《宪法》立足于历史逻辑，通过记载近代以来中国共产党领导人民取得伟大胜利的历史事实，确认了历史和人民选择中国共产党领导的政治成果。

其次，坚持中国共产党的领导，是由国家性质决定的。现行《宪法》立足于国家的阶级本质，明确规定了工人阶级领导的、以工农联盟为基础的人民民主专政的社会主义国家的国家性质。中国工人阶级的领导，只有通过其先锋队即中国共产党才能实现。《中国共产党章程》明确规定：中国共产党是中国工人阶级的先锋队，同时是中国人民和中华民族的先锋队，是中国特色社会主义事业的领导核心。中国共产党的领导是工人阶级领导的必然结果，是人民当家作主的根本保证。中国共产党的领导和执政的实质是支持和保证人民当家作主，最广泛地动员和组织人民群众依法管理国家和社会事务，管理经济和文化事业，维护和实现最广大人民群众的根本利益。

最后，坚持中国共产党的领导，是由中华民族伟大复兴的崇高目标和国家的根本任务决定的。现行《宪法》着眼于“两个一百年”的奋斗目标，确认中国各族人民将继续在中国共产党领导下，不断完善社会主义的各项制度，发展社会主义市场经济，发展社会主义民主，健全社会主义法治，努力把我国建设成为社会主义现代化强国，实现中华民族伟大复兴。必须毫不动摇地坚持中国共产党的领导，确保中国特色社会主义事业始终沿着正确政治方向前进，才能实现中华民族伟大复兴的崇高目标和国家的根本任务。《宪法》“序言”对中国共产党领导地位和执政地位的规定，既是对中国共产党领导人民进行革命、建设和改革历史经验的总结和对胜利成果的确认，也是对国家性质和社会主义制度的确认。《宪法》“序言”与宪法正文共同具有最高的法律效力，因此，全国各族人民、一切国家机关和武装力量、各政党和各社会团体、各企业事业组织，都必须以宪法为根本活动准则，严格遵守和实施宪法，毫不动摇地坚持中国共产党的领导。

2018年3月11日，第十三届全国人民代表大会第一次会议通过《中华人民共和国宪法修正案》，其中第36条把“中国共产党领导是中国特色社会主义最本质的特征”载入《宪法》“总纲”第1条，充实了宪法关于国家根本制度的条款，进一步加强和深化了现行宪法坚持中国共产党领导的原则和制度。首先，把中国共产党领导与社会主义制度内在统一起来，是对马克思主义政党建设理论的运用和创造性发展，是对共产党执政规律和社会主义建设规律认识的深化。其次，从社会主义本质属性的高度确定中国共产党在国家中的领导地位，有利于把中国共产党领导贯彻落实到国家政治生活和社会生活的各个领域，实现全党全国人民思想上、政治上、行动上一致，确保中国特色社会主义事业始终沿着正确政治方向推进。最后，中国共产党领导人民制定宪法和法律、执行宪法和法律、捍卫宪法和法律尊严。中国共产党在宪法和法律范围内活动，同时宪法也要为坚持中国共产党的领导提供有力法律保障。在现行《宪法》“总纲”规定的国家根本制度中充实“中国共产党领导是中国特色社会主义最本质的特征”的内容，使宪法“禁止任何组织或者个人破坏社会主义制度”的规定内在地包含“禁止破坏中国共产党领导”，有利于强化中国共产党领导地位的宪法权威，有利于增强全国各族人民、一切国家机关和武装力量、各政党和各社会团体、各企业事业组织坚持和维护中国共产党领导的自觉性，有利于对反对、攻击和颠覆中国共产党领导的行为形成强大震慑并为惩处这些行为提供明确的宪法依据。[①]

2. 完善党的全面领导制度和体系

习近平总书记指出：“中国共产党是中国特色社会主义事业的领导核心，所以必须加强和改善党的领导，充分发挥党总揽全局、协调各方的领导核心作用。”[②]“中国最大的国情就是中国共产党的领导。”[③]“中国共产党领导是中国特色社会主义最本质的特征，是中国特色社会主义制度的最大优势……”[④]“党政军民学，东西南北中，党是领导一切的，是最高的政治领导力量。”[⑤] 这些重要论述，深刻阐述了坚持党的全面领导的极端重要性和科学内涵，澄清了重大理论是非，为统一全党、全国人民的思想提供了理论指南。

党的十九届四中全会明确强调要坚决维护党中央权威，健全总揽全局、协调各方的党的领导制度体系，把党的领导落实到国家治理各领域各方面各环节。坚持党的全面领导，最重要的是坚持党中央集中统一领导。党中央出台《中共中央政治局关于加强和维护党中央集中统一领导的若干规定》，从党的最高领导层进行制度设计；建立健全党中央对重大工作的领导体制，严格执行向党中央请示报告制度；不断完善党领导人大、政府、政协、监察机关、审判机关、检察机关、武装力量、人民团体、企事业单位、基层群众性自治组织、社会组织等制度。坚持党的全面领导，必须实现党的领导全覆盖。党中央调整优化基层党组织的地位作用，如规定国有企业党委（党组）发挥领导作用，高等学校坚持实行党委领导下的校长负责制，等等，以确保党的全面领导落实落地。坚持党的全面领导，必须落实到党和国家事业的各方面。党中央围绕“五位一体”总体布局、“四个全面”战略布局以及外交、国防、“一国两制”等，建立健全落实党的全面领导的一系列重要制度、具体制度。所有这些，为坚持党的全面领导和党中央集中统一领导提供了制度保障。

党的十八届六中全会通过《关于新形势下党内政治生活的若干准则》，为加强党的政治建设提供了重要遵循。党中央严明党的政治纪律和政治规矩，坚决防止和反对个人主义、分散主义、自由主义、本位主义、好人主义等，发展积极健康的党内政治文化，推动营造风清气正的良好政治生态。深化党和国家机构改革，健全体现和落实党的全面领导、党中央集中统一领导的工作体

① 参见《宪法学》编写组：《宪法学》，2版，北京，高等教育出版社、人民出版社，2020，92～94页。

② 习近平：《紧紧围绕坚持和发展中国特色社会主义 学习宣传贯彻党的十八大精神》，载《人民日报》，2012-11-19。

③ 习近平总书记2014年5月9日在参加河南省兰考县委常委班子专题民主生活会时的讲话。

④ 习近平总书记在庆祝中国共产党成立100周年大会上的讲话（2021年7月1日）。

⑤ 习近平总书记在省部级主要领导干部学习贯彻党的十八届四中全会精神全面推进依法治国专题研讨班上的讲话（2015年2月2日）。

系。成立中央全面深化改革委员会、中央国家安全委员会、中央网络安全和信息化委员会、中央财经委员会、中央全面依法治国委员会等，强化党中央决策议事协调机构的职能作用，落实党中央对经济建设、政治建设、文化建设、社会建设、生态文明建设、全面深化改革、国防和军队建设等各方面工作的全面领导。党中央要求领导干部提高政治判断力、政治领悟力、政治执行力，胸怀“国之大者”，对党忠诚，听党指挥，为党尽责。完善推动党中央重大决策落实机制，强化政治监督，深化政治巡视，旗帜鲜明整治“七个有之”，严厉查处违背党的路线方针政策、破坏党的集中统一领导问题，清除“两面人”，特别是果断查处秦岭、祁连山、青海木里等在生态环境综合整治中阳奉阴违的案件，产生重大警示作用。这些重大举措，有力推动了党的全面领导、党中央集中统一领导的落实落地。

党的十八大以来，党的全面领导制度体系更加健全。不仅确立了党的领导是我国的根本领导制度，而且建立健全了坚持党的全面领导、党中央集中统一领导的各方面重要制度、具体制度。围绕落实民主集中制这个党的根本组织原则和领导制度，不仅建立健全了党对各方面工作领导、党中央集中统一领导的重要制度，而且通过修订《中国共产党地方委员会工作条例》《中国共产党党组工作条例》等完善了地方党委、党组的领导制度和工作制度，还通过修订国有企业、农村、高等学校等领域基层党组织工作条例等党内法规完善了各类基层党组织的领导制度和工作制度。现在，横向到边、纵向到底的坚持党的全面领导制度体系更加成熟、更加定型。在正本清源、建章立制的同时，党中央进一步健全完善党的组织体系：党中央作为全党的大脑和中枢，负责把方向、谋大局、定政策、促改革，具有定于一尊、一锤定音的权威；党的地方组织确保党中央决策部署在本地区的贯彻落实，有令即行、有禁即止；党组贯彻落实党中央和上级党组织决策部署，发挥把方向、管大局、保落实的重要作用；党的基层组织负责把党中央和上级党组织的决策部署贯彻落实到基层，密切联系群众。这种上下贯通、执行有力的组织体系，让党中央“如身使臂，如臂使指”，使党的大政方针和党中央决策部署及时地、不折不扣地贯彻落实。此外，党不断提高科学执政、民主执政、依法执政水平，充分发挥总揽全局、协调各方的领导核心作用。党的十八大以来，党和国家事业在攻坚克难中不断取得巨大成就，特别是在反对腐败、脱贫攻坚、应对贸易战等重大斗争中取得举世瞩目成就，充分彰显党的全面领导、党中央集中统一领导的制度优势。[①]

**【延伸阅读】**

1. 秦前红，胡南．论中国共产党党组制度的逻辑展开．吉首大学学报（社会科学版），2020（3）．

2. 汪习根，宋丁博男．论党领导立法的实现方式．中共中央党校学报，2016（2）．

**事例四**

## 脱贫攻坚取得历史性成就[②]

**【事例概况】**

党的十八大以来，党中央鲜明提出，全面建成小康社会最艰巨最繁重的任务在农村，特别是

① 转引自求是网，http：//www.qstheory.cn/qshyjx/2021-12/13/c_1128157515.htm，2022年7月26日访问。

② 根据2021年2月25日习近平在全国脱贫攻坚总结表彰大会上的讲话编写，详见习近平：《在全国脱贫攻坚总结表彰大会上的讲话》，载人民网，http：//politics.people.com.cn/n1/2021/0226/c1024-32037098.html，2022年8月9日访问。

在贫困地区，没有农村的小康，特别是没有贫困地区的小康，就没有全面建成小康社会；强调贫穷不是社会主义，如果贫困地区长期贫困，贫困面貌长期得不到改变，群众生活水平长期得不到明显提高，那就没有体现我国社会主义制度的优越性，那也不是社会主义，必须时不我待，抓好脱贫攻坚工作。2012 年年底，党的十八大召开后不久，党中央就突出强调，“小康不小康，关键看老乡，关键在贫困的老乡能不能脱贫”；承诺“决不能落下一个贫困地区、一个贫困群众”。由此拉开了新时代脱贫攻坚的序幕。2013 年，党中央提出精准扶贫理念，创新扶贫工作机制。2015 年，党中央召开扶贫开发工作会议，提出实现脱贫攻坚目标的总体要求，实行扶持对象、项目安排、资金使用、措施到户、因村派人、脱贫成效“六个精准”，实行发展生产、易地搬迁、生态补偿、发展教育、社会保障兜底“五个一批”；发出打赢脱贫攻坚战的总攻令。2017 年，党的十九大把精准脱贫作为三大攻坚战之一进行全面部署，锚定全面建成小康社会目标，聚力攻克深度贫困堡垒，决战决胜脱贫攻坚。2020 年，为有力应对疫情和特大洪涝灾情带来的影响，党中央要求全党全国以更大的决心、更强的力度，做好“加试题”、打好收官战，信心百倍向着脱贫攻坚的最后胜利进军。

8 年来，党中央把脱贫攻坚摆在治国理政的突出位置，把脱贫攻坚作为全面建成小康社会的底线任务，组织开展了声势浩大的脱贫攻坚人民战争。党和人民披荆斩棘、栉风沐雨，发扬钉钉子精神，敢于啃硬骨头，攻克了一个又一个贫中之贫、坚中之坚，脱贫攻坚取得了重大历史性成就：(1) 农村贫困人口全部脱贫，为实现全面建成小康社会目标任务作出了关键性贡献。党的十八大以来，平均每年 1 000 多万人脱贫，相当于一个中等国家的人口脱贫。贫困人口收入水平显著提高，全部实现“两不愁三保障”（脱贫群众不愁吃、不愁穿，义务教育、基本医疗、住房安全有保障），饮水安全也都有了保障。2 000 多万名贫困患者得到分类救治，曾经被病魔困扰的家庭挺起了生活的脊梁。近 2 000 万名贫困群众享受低保和特困救助供养，2 400 多万名困难和重度残疾人拿到了生活和护理补贴。110 多万名贫困群众当上护林员，守护绿水青山，换来了金山银山。(2) 脱贫地区经济社会发展大踏步赶上来，整体面貌发生历史性巨变。贫困地区发展步伐显著加快，经济实力不断增强，基础设施建设突飞猛进，社会事业长足进步，行路难、吃水难、用电难、通信难、上学难、就医难等问题得到历史性解决。义务教育阶段建档立卡贫困家庭辍学学生实现动态清零。具备条件的乡镇和建制村全部通硬化路、通客车、通邮路。新改建农村公路 110 万公里，新增铁路里程 3.5 万公里。贫困地区农网供电可靠率达到 99%，大电网覆盖范围内贫困村通动力电比例达到 100%，贫困村通光纤和 4G 比例均超过 98%。790 万户、2 568 万名贫困群众的危房得到改造，累计建成集中安置区 3.5 万个、安置住房 266 万套，960 多万人“挪穷窝”，摆脱了闭塞和落后，搬入了新家园。许多乡亲告别溜索桥，天堑变成了通途，告别苦咸水、喝上了清洁水，告别四面漏风的泥草屋、住上了宽敞明亮的砖瓦房。千百万名贫困家庭的孩子享受到更公平的教育机会，孩子们告别了天天跋山涉水上学，实现了住学校、吃食堂。28 个人口较少民族全部整族脱贫，一些新中国成立后“一步跨千年”进入社会主义社会的“直过民族”，又实现了从贫穷落后到全面小康的第二次历史性跨越。所有深度贫困地区的最后堡垒被全部攻克。(3) 创造了减贫治理的中国样本，为全球减贫事业作出了重大贡献。摆脱贫困一直是困扰全球发展和治理的突出难题。改革开放以来，按照现行贫困标准计算，我国 7.7 亿农村贫困人口摆脱贫困；按照世界银行国际贫困标准，我国减贫人口占同期全球减贫人口的 70%以上。特别是在全球贫困状况依然严峻，一些国家贫富分化加剧的背景下，我国提前 10 年实现《联合国 2030 年可持续发展议程》减贫目标，赢得国际社会广泛赞誉。我们积极开展国际减贫合作，履行减贫国际责任，为发展中国家提供力所能及的帮助，做世界减贫事业的有力推动者。纵览古今、环顾全球，没有哪一个国家能在这么短的时间内实现几亿人脱贫，这个成绩属于中国，也属于世界，为推动构建人类命运共同体贡献了中国力量！

脱贫攻坚取得举世瞩目的成就，靠的是党的坚强领导，靠的是中华民族自力更生、艰苦奋斗的精神品质，靠的是新中国成立以来，特别是改革开放以来积累的坚实物质基础，靠的是一任接着一任干的坚守执着，靠的是全党全国各族人民的团结奋斗。我们立足于我国国情，把握减贫规律，出台一系列超常规政策举措，构建了一整套行之有效的政策体系、工作体系、制度体系，走出了一条中国特色减贫道路，形成了中国特色反贫困理论。(1) 坚持党的领导，为脱贫攻坚提供坚强政治和组织保证。我们坚持党中央对脱贫攻坚的集中统一领导，把脱贫攻坚纳入“五位一体”总体布局、“四个全面”战略布局，统筹谋划，强力推进。我们强化中央统筹、省负总责、市县抓落实的工作机制，构建五级书记抓扶贫、全党动员促攻坚的局面。我们执行脱贫攻坚一把手负责制，中西部22个省份党政主要负责同志向中央签署脱贫攻坚责任书、立下“军令状”，脱贫攻坚期内保持贫困县党政正职稳定。我们抓好以村党组织为核心的村级组织配套建设，把基层党组织建设成为带领群众脱贫致富的坚强战斗堡垒。我们集中精锐力量投向脱贫攻坚主战场，全国累计选派25.5万个驻村工作队、300多万名第一书记和驻村干部，同近200万名乡镇干部和数百万名村干部一道奋战在扶贫一线，鲜红的党旗始终在脱贫攻坚主战场上高高飘扬。事实充分证明，中国共产党具有无比坚强的领导力、组织力、执行力，是团结带领人民攻坚克难、开拓前进最可靠的领导力量。只要我们始终不渝坚持党的领导，就一定能够战胜前进道路上的任何艰难险阻，不断满足人民对美好生活的向往！(2) 坚持以人民为中心的发展思想，坚定不移走共同富裕道路。“治国之道，富民为始。”我们始终坚定人民立场，强调消除贫困、改善民生、实现共同富裕是社会主义的本质要求，是我们党坚持全心全意为人民服务根本宗旨的重要体现，是党和政府的重大责任。我们把群众满意度作为衡量脱贫成效的重要尺度，集中力量解决贫困群众基本民生需求。我们发挥政府投入的主体和主导作用，宁肯少上几个大项目，也优先保障脱贫攻坚资金投入。8年来，中央、省、市县财政专项扶贫资金累计投入近1.6万亿元，其中中央财政累计投入6 601亿元。打响脱贫攻坚战以来，土地增减挂指标跨省域调剂和省域内流转资金4 400多亿元，扶贫小额信贷累计发放7 100多亿元，扶贫再贷款累计发放6 688亿元，金融精准扶贫贷款发放9.2万亿元，东部9省市共向扶贫协作地区投入财政援助和社会帮扶资金1 005亿多元，东部地区企业赴扶贫协作地区累计投资1万多亿元，等等。我们统筹整合使用财政涉农资金，强化扶贫资金监管，确保把钱用到刀刃上。真金白银的投入，为打赢脱贫攻坚战提供了强大的资金保障。

**【涉及的宪法问题】**

1. 人权的历史发展

人权诞生于近代资产阶级革命时期，人权的形式载体由国家宪法拓展到国际人权文件，人权的权利内容由第一代的消极自由拓展到第二代的积极权利，人权的主体也由传统的个体拓展到一个民族或一国人民形式的集体。发展至今，人权已经成为富有道德感召力的政治话语、法律概念，当今时代几乎没有人公开否认人权的重要性和保护人权的必要性，人们相互争论的只有人权的具体内容以及人权如何更好地保障和实现。

2. 人权的基本原理

一般认为，人权是人依其自然属性和社会本质所享有及应当享有的权利。人权的主体和内容是人权概念的两个基础性要素，人权的本原则是人权概念的核心所在。人权依照其存在形态可以分为应有人权、法定人权和实有人权，人权的实现过程基本上是应有人权向法定人权转化，继而法定人权向实有人权落实的过程。在人权的实现过程中，国家承担着基础的人权保障义务，对该义务可依据国家权力的性质和人权保障义务的层次进一步分析。

3. 现行宪法的人权观

2004年，第十届全国人民代表大会第二次会议通过第四个宪法修正案，其中规定“国家尊重和保障人权”。尊重和保障人权由此成为中国宪法的一项基本原则，是对宪法基本原则之结构的重大完善，也是对中国人权保障体系的重大完善。

**【条文链接】**

**《中华人民共和国宪法》(2018年修正)**

第十四条（第三、四款） 国家合理安排积累和消费，兼顾国家、集体和个人的利益，在发展生产的基础上，逐步改善人民的物质生活和文化生活。

国家建立健全同经济发展水平相适应的社会保障制度。

第三十三条（第三款） 国家尊重和保障人权。

第四十五条 中华人民共和国公民在年老、疾病或者丧失劳动能力的情况下，有从国家和社会获得物质帮助的权利。国家发展为公民享受这些权利所需要的社会保险、社会救济和医疗卫生事业。

国家和社会保障残废军人的生活，抚恤烈士家属，优待军人家属。

国家和社会帮助安排盲、聋、哑和其他有残疾的公民的劳动、生活和教育。

**【事例评析】**

1. 人权的历史发展

“人权”（human rights）这个字眼早在公元前四百多年希腊悲剧作家索福克勒斯的作品里就出现了，但是系统的人权思想孕育于近代自然法理论。西方人权思想，自格劳秀斯始，经胡克、霍布斯、弥尔顿等人的发展，由洛克、卢梭而臻至完善。欧洲、美洲人权思想的发展与欧洲、美洲当时的一系列运动（自文艺复兴运动始，历经宗教改革运动、英国的光荣革命，启蒙运动，直至后来的北美独立战争和法国大革命）融合在一起。人权思想启迪群众运动，群众运动发展和传播人权思想。经过几代人的努力，人权思想已在欧洲、美洲牢牢扎根，以至于1776年杰斐逊在起草《独立宣言》时认为，人权已是不言而喻的了，已是不可否认、不需继续论证的真理。《独立宣言》标志着人权已由一种理论、一种思想上升为一个普遍的政治宣言，成为资产阶级革命的基本口号。欧洲的人权运动启发并鼓舞了北美的独立战争，北美的独立战争又反过来推动了欧洲人权运动的发展。革命胜利后，法国国民议会立即着手起草了《人权与公民权利宣言》（以下简称《人权宣言》），于1789年8月26日经过激烈辩论后予以通过。以美国和法国为代表的人权运动带动了全世界的人权发展。欧洲各国纷纷效仿，开始了各自的资产阶级革命，推翻了旧的封建王朝，确立了新的资产阶级秩序。资产阶级革命胜利后欧洲各国亦仿效美国和法国，制定宪法，规定人权。各殖民地国家则以美国为榜样，纷纷要求独立，脱离宗主国的统治。亚非拉各国都在觉醒，要么通过革命，要么通过改良、妥协，确定各自的宪制和人权。

人权问题首先是人所在国的问题，是个国内法的问题。然而，频繁的跨国交流、紧密的跨国关系，就使人权自然地越出国界，成为国际法上的重要问题。《联合国宪章》开宗明义：“重申基本人权，人格尊严与价值，以及男女与大小各国平等权利之信念。”1948年，联合国通过著名的《世界人权宣言》，宣布“人人有资格享受本宣言所载的一切权利和自由，不分种族、肤色、性别、语言、宗教、政治或其他见解、国籍或社会出身、财产、出生或其他身份等任何区别。”为了使宣言的原则法律化，把宣言变为具有法律效力的国际准则，联合国于1966年通过《经济、社会和文化权利国际公约》《公民权利和政治权利国际公约》，并在此后就人权的特别问题制定了一系列公约。联合国把人权从世界宣言变成了各国应当共同遵守的国际法准则，无疑对世界人权的保护和发展起到了非常积极的作用。①

人权的内容体系并非固定不变，而是开放性的。随着人类社会的发展与进步，人权的内容体系会产生相应的变化。在20世纪70年代，曾在联合国教科文组织任职的法国学者卡雷尔·瓦萨克根据各种人权产生的时间顺序和特性，提出“三代人权”理论：第一代人权产生于18世纪末期的美国独立战争和法国大革命时期，其内容主要包括生命权、人身自由、思想自由、表达自由、财产权、选举权与被选举权等。第一代人权主要是消极自由，即免于国家干预和侵害的权利。从国际人权法文件来看，第一代人权被集中规定在《公民权利和政治权利国际公约》。第二代人权产生于20世纪初期第一次世界大战结束后，其内容主要包括工作权、受教育权、社会保障权、文化活动权利等。第二代人权主要是积极权利，即需要国家采取积极措施方能实现的权利。从国际人权法文件来看，第二代人权被集中规定在《经济、社会和文化权利国际公约》。第三代人权产生于20世纪中期第二次世界大战结束后，其主要内容包括民族自决权、和平权、生存权、发展权、自然资源主权等。不同于前两代人权，第三代人权的主体主要是一个民族或一个国家的人民等形式的集体。第三代人权被主要规定在《发展权利宣言》《给予殖民地国家和人民独立之宣言》等国际人权文件。

综上，人权诞生于近代资产阶级革命时期，人权的形式载体由国家宪法拓展到国际人权文件，人权的权利内容由第一代的消极自由拓展到第二代的积极权利，人权的主体也由传统的个体拓展到一个民族或一国人民形式的集体。发展至今，人权已经成为富有道德感召力的政治话语、法律概念。当今时代几乎没有人公开否认人权的重要性和保护人权的必要性，人们相互争论的只有人权的具体内容以及人权如何更好地保障和实现。

2. 人权的基本原理

一般认为，人权是人依其自然属性和社会本质所享有及应当享有的权利。② 对人权概念的理解和认知，可以从人权的主体和内容角度入手。人权的主要内容体系，前已论述，在此单论人权的主体问题。人权的主体问题是所有人权问题中的一个关键性问题，人权主体的确定直接关系到人权的适用范围。主体性要素是人权概念构成的基础性要素，人权的全部内容最终都以主体为归宿，人权的主体也是研究人权概念的逻辑起点。1945年《联合国宪章》宣布把“不分种族、性别、语言或宗教，增进并激励对于全体人类之人权及基本自由之尊重”作为联合国的宗旨之一，1948年《世界人权宣言》明确宣告世界各地“人人有资格享受本宣言所载的一切权利和自由，不分种族、肤色、性别、语言、宗教、政治或其他见解、国籍或社会出身、财产、出生或其他身份等任何区别”。由此，普遍性的人权主体理论得到构建，它强调人权是彻底的、纯粹的，人之作为人、人之只作为人就应享有的权利，人权的主体是彻底的、纯粹的、普遍的、抽象的

---

① 参见徐炳：《人权理论的产生和历史发展》，载《法学研究》，1989年第3期。

② 转引自《宪法学》编写组：《宪法学》，2版，北京，高等教育出版社，2020，100页。

人，即均具有人的生理特征的人，或生物学上和社会学上不带阶级性的人。到现代时期，尚未出生的人即胎儿，以及由个体的人所组成的集体，也成为人权的主体，虽然伴随着不小的争议，但越来越多的人开始接受这些新的人权主体的类型。

在人权的主体和内容的问题之外，人权的本原问题则是更深层次的问题。所谓人权的本原问题是指人权的根源问题，亦即人权归根结底源自何处的问题。在西方国家，天赋人权学说一致占据主流地位，它源于近代自然法理论，自然法理论认为，人们在自然状态之中受到自然法的约束，并享有生命、安全、自由、财产和追求幸福等自然权利。由于自然状态存在无法自行解除的困境和无法自行克服的难题，人们便签署社会契约而组成政治社会，成立国家。国家的目的和宗旨是保障公民在自然状态中本来就享有的自然权利，正如1789年法国《人权宣言》所揭示的那样，“所有政治结合的目的都在于保存人的自然的不可动摇的人权”。马克思主义认为：人权是“权利的最一般的形式”，是历史的、商品经济的产物，而不是所谓“天赋的”。人权的产生，既有其理论基础，又有其物质基础。而对于这个基础不能从人性中去寻找，只能从那个时代占主导地位的生产关系中去寻找。商品经济的发展和社会文化的进步是人权之所以产生的决定性因素。马克思主义在揭示资产阶级人权的阶级实质和虚假性的基础上，主张无产阶级不仅要利用资产阶级人权为自身的政治和经济利益服务，而且还应为争取更广泛的民主自由、真正平等的政治地位和社会地位、人的全面而自由的发展等更为普遍的人权而奋斗。[①]

在近代启蒙运动中，人权只是政治哲学和法哲学领域的理论概念，只是呼吁人民反抗封建等级制度和专制体制的政治口号，它更多地带有道德权利和政治话语的属性。随着越来越多的国家宪法和国际人权文件将尊重、保障和实现人权作为国家和国际社会的核心宗旨，人权进入政治实践和法律制度领域，人权也开始带有法律概念的性质。人权概念的不同属性也对应着人权的不同存在形态。依照存在形态（从道德到法律到事实的三种形态）的不同，可将人权分为应有的人权、法律上的人权和现实中的人权三类。应有的人权指道德意义上的人权，它的范围和内容是最为广泛的。应有的人权往往是法律上的人权的道德根据和理性说明。法律上的人权是指法律规范所肯定和保护的人权，它的内容和范围比应有的人权要小些。这是因为道德上普遍要求的人权在立法时要受到客观条件的限制，其中以政治制度、经济制度的限制为多，故而道德所要求的人权并不能够全部转化为法律上的人权。现实中的人权是指能够被人意识到并享有和行使的人权，它的范围比法律上的人权又要小些。这是因为客观权利向主观权利转化有三个环节需要连接：主观上认识到这种权利是首要环节，实现人权所必需的全部社会条件是基础环节，人权主体具备行为能力是必要环节。这三个环节中只要有一个中断，法律上的人权便难以变为现实中的人权。[②] 人权的形态划分标准是人权的实践标准，这三种人权范围的差别说明的是一国人权的实际状况，它们的差别越小，说明一国的人权状况越好。理想的人权追求是把应有的人权，凡在道德上能得到支持的，都肯定在立法上，使之转化为法定人权，然后再以完善的制度使法定人权均变为现实，现实中的人权才是一个国家真正的人权状况。当这三种人权在形态上相等时，该人权制度就是最理想的。倘若立法远不及观念，现实又远不及立法，则此时的人权状况就是令人担忧的。若法定的人权均变成现实的人权，而二者同应有的人权差距较大，则说明立法应扩展

---

① 参见谷春德：《马克思主义人权观的要旨》，载《人权》，2018年第3期。

② 参见李步云：《论人权的三种存在形态》，载《法学研究》，1991年第4期。

范围，以使现实也随而向上。不过，这种制度状况仍是健康的。①

人权不应仅仅停留在应有层面和法定层面，最为重要的是，应有层面和法定层面的人权最终都落实为实有层面的人权，成为实实在在实现了的人权。从发生学的意义上看，人权原本只是应有层面的道德权利。将应有权利转化为法定权利是人权实现的基本途径，由此所产生的是国家相应的立法义务。应有权利转化为法定权利，最为关键之处在于在宪法层面将人权转化为公民的基本权利，由宪法对人权提供最高层次的法律保障。在人权领域，基本权利与国家义务的法律形式逻辑得到构建，相应国家义务的履行成为国家保护人权的重心所在。从权力分工的角度而言，立法机关应当制定法律，将人权亦即人权保护的相关内容予以详细化和具体化，以实现对人权的保护；行政机关应在执行法律、管理社会公共事务的过程中，将法律上的人权及人权保护的相关内容予以落实，以实现对人权的保护；司法机关应通过司法活动，将法律中的人权及人权保护的相关内容予以实现，对人权予以保护。同时，还应建立并落实行政诉讼、宪法诉讼、合宪性审查等一系列的制度，保证所有的行政行为和司法行为都符合法律的规定，保证所有的法律都符合宪法的规定，以此来保障人权的享有和实现。从国家义务的种类或层次而言，国家担负着尊重的义务、保护的义务、满足的义务、促进的义务。尊重的义务是指国家避免和自我控制对个人自由的侵害的义务；保护的义务是指国家防止和阻止他人对个人权利的侵害的义务；满足的义务是指国家满足个人通过努力也不能实现的个人所需、希求和愿望的义务；促进的义务是指国家为在整体上促进上述人权而应采取一定措施的义务。对这四类义务依其性质可以粗略分为国家的消极义务和积极义务。消极义务就是禁止国家侵犯人权，意味着国家不得非法干预和侵害人权。此乃国家人权义务的底线。在此意义上，人权是国家权力的禁区，属于国家的禁止性义务。此处的“消极”不是指在人权保障上持消极态度，而是指不得对任何人实施任何侵犯人权的行为。积极义务是指国家要采取积极措施保护、满足和促进人权。一方面，政府应当创设条件，为实现人的尊严与价值、人的自由发展，提供实在的有效的支持和帮助，以不断满足实现人权的现实需要，并不断发展和丰富人权的内容。这要求政府采取有力举措，发展经济，保障民生，进行政治体制改革，扩大公民的政治权利与自由。另一方面，政府应当采取积极的措施防止侵犯人权现象的发生，严厉制裁各种侵犯人权的行为，为人权的安全提供可靠的保障，并不断提高人权保障的水平。②

3. 我国宪法上的人权观

2004 年，第十届全国人民代表大会第二次会议通过第四个宪法修正案，其中规定“国家尊重和保障人权”。尊重和保障人权的宪法原则，集中体现了中国特色社会主义人权观，后者与西方国家的人权观存有重大区别。从现行宪法的规定和实施来看，尊重和保障人权的宪法原则具有如下特性：(1) 宪法一方面规定国家尊重和保障人权，另一方面根据国情和社会发展状况具体列举了公民的基本权利和义务，体现出人权的普遍性和中国具体国情的结合。(2) 现行宪法规定公民享有广泛的基本权利，不仅包括狭义的公民权利和政治权利，还包括经济、社会和文化权利；不仅包括个人人权，还包括集体人权。这充分体现出现行宪法规定的尊重和保障人权的广泛性。(3) 从现行宪法规定的权利内容和保障措施来看，尊重和保障人权的宪法原则突出生存权和

① 参见徐显明：《人权的体系与分类》，载《中国社会科学》，2000 年第 6 期。

② 参见郭道晖：《人权的国家保障义务》，载《河北法学》，2009 年第 8 期。

发展权，体现了中国特色社会主义人权观以生存权和发展权为首要人权的立场。人权实现的根本途径是经济发展和社会进步。对于发展中国家而言，生存权和发展权是最基本最重要的人权。(4) 尊重和保障人权的宪法原则注重人权在社会主义中国实现的基本条件，强调：稳定是实现人权的前提，发展是实现人权的关键，法治是实现人权的保障。(5) 尊重和保障人权的宪法原则，强调人权是一个国家主权范围内的事情，反对一个国家以人权为借口干涉另一个国家的内政，也反对把人权作为实现对别国的某种政治企图的工具；强调国际社会应当在平等和相互尊重的基础上进行合作，共同推进世界人权事业的发展。①

我国近几年来脱贫攻坚战取得全面胜利，其背后是以生存权和发展权为首要人权的人权观念。② 在宪法层面，生存权的规定首见于1919年《魏玛宪法》。《魏玛宪法》在“经济生活”中开篇规定，“经济生活之组织，应与公平之原则及人类生存维持之目的相适应”。《魏玛宪法》首次将“让人像人一样生存”明确为国家的义务，标志着生存权完成其法定权利化而进入制度的现实保障之中。《魏玛宪法》一方面规定劳动者的各项权利，其实现方法是国家设立不因劳动者疾病老弱而生活受影响的保障制度；另一方面对所有权和经济自由权予以基于公共福利的限制；同时，规定对从事农业、商业等活动的独立的中间阶层给予生存保障。随后，生存权很快又从国内立法拓展至国际法层面。1945年《联合国宪章》“序言”将推动经济与生活的发展、提高生活水平列为联合国的宗旨之一。1948年《世界人权宣言》规定：公民享有社会保障的权利，享有保持和保障充分生活水准的权利。1966年《经济、社会和文化权利国际公约》对生存权及相关权利作出广泛的规定，包括劳动权、保障健康权、基本生活水准权、免于饥饿的权利等内容。生存权在初创时期主要是在经济层面展开的，生存仅仅是或者主要是生理上免于饥饿的权利、免于流离失所的权利。发展至当代，生存权的内涵已经扩大到社会及文化多个层面，也包括精神层面的内容——公民也应享有最低限度的文化生活的保障，并通过最低限度的教育、文化、信息资源的提供来实现。第一个明确提出发展权概念的是塞内加尔法学家卡巴·穆巴依，他于1972年明确提出，“发展，是所有人的权利，每个人都有生存的权利，并且，每个人都有生活得更好的权利，这项权利就是发展权，发展权是一项人权”。1986年，联合国大会通过《发展权利宣言》，其中第1条第1款明确规定，“发展权利是一项不可剥夺的人权，由于这种权利，每个人和所有各国人民均有权参与、促进并享受经济、社会、文化和政治发展，在这种发展中，所有人权和基本自由都能获得充分实现”。发展权的内容包括：其一，自由权与生存权的充分实现是实现发展权的保障。其二，个人潜能的自由开发与个性的充分发展是发展权的核心内容。个人潜能是个人发展的先天资本。个性是个人的能力、气质和性情即与之相关的对现实的态度、趋向和选择；个性的自由发展是社会发展的推动力，个性的充分发展是社会发展的最终目的。其三，发展机会均等权是实现发展权的基础。起点的不平等是造成发展不平衡的主要原因，应当确保所有人获得基本资源、教育、保健服务、粮食、住房、就业、收入公平分配方面的机会均等，以此获得对社会发展的平等参与权、对社会发展成果的平等享受权。③

就其性质而言，生存权和发展权不同于传统的人权，更具有抽象性和综合性。虽然现行宪法

---

① 参见《宪法学》编写组：《宪法学》，2版，北京，高等教育出版社、人民出版社，2020，103页。

② 生存权与发展权同时具有个体人权和集体人权的属性。受主题所限，在此只论作为个体人权的生存权和发展权。

③ 参见徐显明、齐延平：《论中国人权制度建设的五大主题》，载徐显明：《人权研究》，第2卷，济南，山东人民出版社，2002，169～173页。

并未明确规定生存权和发展权的概念，但现行宪法中的众多条文都是生存权和发展权的体现与保障，主要包括第 14 条关于改善人民的物质生活和文化生活即建立社会保障制度的规定、第 19 条关于发展教育事业提高人民科学文化水平的规定、第 21 条关于发展医疗卫生事业保护人民健康的规定、第 22 条关于发展文化事业开展群众性文化活动的规定、第 33 条平等权、第 42 条劳动权、第 43 条休息权、第 44 条退休制度、第 45 条获得物质帮助权、第 46 条受教育权、第 47 条文化活动权利。上述宪法条文为生存权和发展权的保障与实现提供了坚实的宪法制度基础。

在实践层面，党和国家实行扶持对象、项目安排、资金使用、措施到户、因村派人、脱贫成效“六个精准”，实行发展生产脱贫一批、易地搬迁脱贫一批、生态补偿脱贫一批、发展教育脱贫一批、社会保障兜底一批“五个一批”，全部实现“两不愁三保障”——脱贫群众不愁吃、不愁穿，义务教育、基本医疗、住房安全有保障，饮水安全也都有了保障。贫困地区发展步伐显著加快，经济实力不断增强，基础设施建设突飞猛进，社会事业长足进步，行路难、吃水难、用电难、通信难、上学难、就医难等问题得到历史性解决。我国近几年来脱贫攻坚战取得全面胜利正是生存权和发展权获得保障的生动的、鲜活的、代表性的体现。

**【延伸阅读】**

1. 焦洪昌．“国家尊重和保障人权”的宪法分析．中国法学，2004 (3).

2. 郭道晖．人权的国家保障义务．河北法学，2009 (8).

## 第二节　宪法的制定、修改与解释

宪法的制定涉及制宪主体、制宪机构、制宪权的基本理论/概念，并与形式意义的建国互为表里、融为一体。宪法的修改与解释是宪法运行过程中必不可少的制度，通过宪法的修改与解释，宪法与现实社会生活相适应。

本节选取中国人民政治协商会议第一届全体会议、1982 年宪法的产生、地方立法授权交警查阅或复制通讯记录等事例，对宪法制定、宪法修改与宪法解释的相关理论以及中国宪法的制定、修改与解释的相关史实和制度进行简要论述和评析。

**事例一**

### 中国人民政治协商会议第一届全体会议

**【事例概况】**

1947 年 10 月，中国人民解放军根据中国共产党及毛泽东主席多年来的一贯主张发表宣言，提出：“联合工农兵学商各被压迫阶级，各人民团体，各民主党派，各少数民族，各地华侨及其他爱国分子，组成民族统一战线，打倒蒋介石独裁政府，成立民主联合政府。”1948 年 5 月 1 日，中共中央发布《纪念“五一”劳动节口号》，号召“各民主党派、各人民团体及社会贤达，迅速召开新的政治协商会议，讨论并实现召集人民代表大会，成立民主联合政府”。立即得到各民主党派、各人民团体、无党派民主人士、少数民族、海外华侨热烈的响应和赞成。

从 1948 年 8 月开始，代表各民主党派和各民主阶层的人士，从全国各地以及海外陆续来到解放区。同年 11 月 25 日，中共中央的代表人与已经到达哈尔滨的民主人士，对于成立新政治协商会议筹备会及新政治协商会议的性质、任务等问题，获得如下的协议：(1) 筹备会由中国共产党及赞成中共中央“五一口号”的各主要民主党派、人民团体及无党派民主人士等共计23个单位的代表组成；筹备会的任务为负责邀请参加新政治协商会议的各方代表人物，负责起草新政治协商会议的文件，负责召开新政治协商会议的正式会议；筹备会组织条例推由中国共产党起草送各方审阅，经同意后，由筹备会集会时正式通过。(2) 新政治协商会议由反对美帝国主义侵略、反对国民党反动统治、反对封建主义和官僚资本压迫的各民主党派、各人民团体及无党派民主人士的代表人物组成，南京反动政府系统下的一切反动党派及反动分子必须排除，不许参加；新政治协商会议举行时间定在1949年，具体时间及地点由筹备会决定；新政治协商会议应讨论和实现的问题是共同纲领的制定和中华人民共和国中央政府的建立。

11月25日协议完成之后，国内形势已起了新的根本变化：东北完全解放，淮海战役取得决定性胜利，解放北平、天津、汉口、南京、上海、太原等全国的中心大城市，国民党反动派基本上已被打倒，剩下来的只是消灭反动残余的问题。统一全国之后，如何用最大力量来恢复与发展人民经济、文化、教育等事业及巩固国防的问题，被提上日程。在这样坚固、团结的政治基础之上，在时机业已完全成熟的条件之下，经各方协商之后，筹备会于1949年6月15日在北平宣告正式成立。

筹备会成立会，亦即第一次全体会议，一共进行了5天，出席的计有新政治协商会议原提议人中国共产党与赞成中国共产党此项主张的各民主党派、各人民团体、各界民主人士，国内少数民族和海外华侨代表人物等，一共是23个单位、134人。全体一致通过了《新政协筹备会组织条例》，并根据这个条例选出了常务委员会，负责办理经常工作。常务委员会推毛泽东为主任，周恩来、李济深、沈钧儒、郭沫若、陈叔通等为副主任，李维汉为秘书长。为了迅速完成召开新政治协商会议及建立民主联合政府的各项必要准备工作，筹备会决定在常务委员会领导下设立6个小组，分别完成下列各项任务：拟定参加新政治协商会议的单位及其代表名额，起草新政治协商会议组织条例，起草共同纲领，拟定中华人民民主共和国政府方案，起草宣言，拟定国旗、国歌及国徽方案。

在成立会闭幕之前，第一小组即拟定了《关于参加新政治协商会议的单位及其代表名额的规定》的文件并获得全体大会的通过，决定参加新政治协商会议的单位及其代表名额为：党派代表14个单位、142人，区域代表9个单位、102人，军队代表6个单位、60人，团体代表16个单位、206人。此外，另设特别邀请单位，其代表资格、名额与人选由常务委员会另行协议。筹备会成立会闭幕后，一切筹备的工作继续由常务委员会和上述小组分别担负起来。筹备工作的重心是三个方面：其一是拟定新政治协商会议的各种文件；其二是推动并促成全国社会科学、自然科学、教育、新闻等人民团体的筹备工作，并协助全国文学艺术工作者联合会的成立；其三是根据筹备会首次全体会议所通过的《关于参加新政治协商会议的单位及其代表名额的规定》，协商各单位的代表名单。

经过将近三个月的紧张工作，上述三项工作都已于9月次第完成。各项文件在定稿以前，均经常务委员会和起草的各小组，以及在北平的筹备会代表和陆续到达北平参加中国人民政治协商会议第一届全体会议的代表们，反复研究，缜密商讨。于是常务委员会即于9月17日召开筹备会第二次全体会议。这次会议决定“新政治协商会议”改称为“中国人民政治协商会议”，审议并基本通过下列各项文件：《中国人民政治协商会议组织法（草案）》《中国人民政治协商会议共同纲领（草案）》《中华人民共和国中央人民政府组织（草案）》。起草《中国人民政治协商会议第一届全体会议宣言（草案）》，拟订国旗、国徽图案及国歌词谱建议案等两项工作尚未完成，会议决定把这两项任务移交给全国人民政治协商会议第一届全体会议。①

1949 年 9 月 21 日，中国人民政治协商会议第一届全体会议在北京中南海怀仁堂开幕。会议由 662 位代表组成，包括以下五个方面：(1) 党派代表分为 14 个单位，共计正式代表 142 人、候补代表 23 人。14 个单位分别是中国共产党、中国国民党革命委员会、中国民主同盟、民主建国会、无党派民主人士、中国民主促进会、中国农工民主党、中国人民救国会、三民主义同志联合会、中国致公党、九三学社、台湾民主自治同盟、中国新民主主义青年团。(2) 区域代表分为 9 个单位，共有正式代表 102 人、候补代表 14 人。9 个单位分别是西北、华北、华东、东北、华中、华南六个解放区，内蒙古自治区，北平和天津两个直属市，以及待解放区民主人士。(3) 军队代表分为 6 个单位，有正式代表 60 人、候补代表 11 人。6 个单位涵盖中国人民解放军总部，第一、第二、第三、第四野战军，华南人民解放军。(4) 团体代表分为 16 个单位，共计正式代表 206 人、候补代表 29 人。16 个单位分别是中华全国总工会、各解放区农民团体、中华全国民主妇女联合会、中华全国民主青年联合总会、中华全国学生联合会、全国工商界、上海各人民团体、中华全国文学艺术界联合会、中华全国第一次自然科学工作者代表大会筹备委员会、中华全国社会科学工作者代表大会筹备会、中华全国教育工作者代表会议筹备委员会、中华全国新闻工作者协会筹备委员会、自由职业界民主人士、国内少数民族、海外华侨民主人士、宗教界民主人士。(5) 特邀代表宋庆龄等 75 人。在 662 名代表中，正式代表 510 人，候补代表 77 人，特邀代表 75 人。在全体代表中，中国共产党党员约占 44%，各民主党派成员约占 30%，工人、农民以及各界的无党派人士约占 26%。参加会议的代表包括新民主主义革命时期各民主阶级、各民族以及一切爱国力量的代表人物，有劳动模范、战斗英雄，还有近百年来民族民主革命各个时期为人民事业作出突出贡献的知名人士，如孙中山夫人宋庆龄、前清翰林张元济、北洋政府教育总长和司法总长章士钊、国民党和谈代表张治中、起义将领傅作义、文艺界知名人士梅兰芳等。

9 月 22 日，根据中国人民政治协商会议第一届全体会议主席团的提议，会议设立中国人民政治协商会议组织法草案整理委员会、中国人民政治协商会议共同纲领草案整理委员会、中央人民政府组织法草案整理委员会、中国人民政治协商会议第一届会议宣言起草委员会、国旗国徽国都纪年方案审查委员会和代表提案审查委员会，分别负责相应的工作。

9 月 27 日，中国人民政治协商会议第一届全体会议通过了《中国人民政治协商会议组织法》和《中华人民共和国中央人民政府组织法》，通过了中华人民共和国国都、纪年、国歌、国旗四个议案。同时，筹备会常务委员会根据 9 月 17 日筹备会第二次全体会议的授权，向中国人民政治协商会议第一届全体会议提出《中国人民政治协商会议共同纲领（草案）》，并由周恩来向会议作《关于草拟中国人民政治协商会议共同纲领的经过及其特点的报告》。周恩来在报告中对共同纲领作了全面而又精辟的说明。9 月 28 日，全体会议休会，各单位及中国人民政治协商会议共同纲领草案整理委员会于下午分别召开会议，对共同纲领草案进行讨论。

9 月 29 日，中国人民政治协商会议第一届全体会议庄严通过了《中国人民政治协商会议共同纲领》。

9 月 30 日，中国人民政治协商会议第一届全体会议在怀仁堂举行闭幕会。会议选举了中国

---

① 转引自中国人民政治协商会议全国委员会网站，http：//www.cppcc.gov.cn/2011/09/21/ARTI1316572975294894.shtml，2022 年 7 月 27 日访问。

人民政治协商会议第一届全国委员会委员，毛泽东、刘少奇、朱德、周恩来、张澜、李济深等180人当选；选举了中央人民政府正、副主席及全体委员：毛泽东任主席，朱德、刘少奇、宋庆龄、李济深、张澜、高岗6人为副主席，周恩来、陈毅等63人为政府委员。崭新的人民共和国——中华人民共和国由此诞生。①

**【涉及的宪法问题】**

1.《中国人民政治协商会议共同纲领》的性质与地位

关于《中国人民政治协商会议共同纲领》的性质与地位，新中国成立之初的高层领导人、老一辈宪法学家和当下宪法学界的主流观点均认为，《中国人民政治协商会议共同纲领》是新中国的临时宪法或发挥临时宪法的作用。但也有部分学者认为，《中国人民政治协商会议共同纲领》或与《中国人民政治协商会议组织法》《中华人民共和国中央人民政府组织法》一起承担新中国宪法的角色，塑造新的人民共和国。

2. 中国人民政治协商会议第一届全体会议的性质与功能

关于中国人民政治协商会议第一届全体会议的性质与功能，多数学者认为，它是中国人民民主统一战线的组织形式，主要发挥政治协商的功能。但也有学者认为，中国人民政治协商会议第一届全体会议是新中国的制宪机构，具有立宪建国的功能。此外，还有学者认为，中国人民政治协商会议还有代行全国人民代表大会职权，选举产生中央人民政府的功能。

**【条文链接】**

**《中国人民政治协商会议共同纲领》(1949年)**

“序言”(第四、五句)　中国人民政治协商会议代表全国人民的意志，宣告中华人民共和国的成立，组织人民自己的中央政府。中国人民政治协商会议一致同意以新民主主义即人民民主主义为中华人民共和国建国的政治基础，并制定以下的共同纲领，凡参加人民政治协商会议的各单位、各级人民政府和全国人民均应共同遵守。

第十二条　中华人民共和国的国家政权属于人民。人民行使国家政权的机关为各级人民代表大会和各级人民政府。各级人民代表大会由人民用普选方法产生之。各级人民代表大会选举各级人民政府。各级人民代表大会闭会期间，各级人民政府为行使各级政权的机关。

国家最高政权机关为全国人民代表大会。全国人民代表大会闭会期间，中央人民政府为行使国家政权的最高机关。

第十三条　中国人民政治协商会议为人民民主统一战线的组织形式。其组织成分，应包含有工人阶级、农民阶级、革命军人、知识分子、小资产阶级、民族资产阶级、少数民族、国外华侨及其他爱国民主分子的代表。

在普选的全国人民代表大会召开以前，由中国人民政治协商会议的全体会议执行全国人民代表大会的职权，制定中华人民共和国中央人民政府组织法，选举中华人民共和国中央人民政府委员会，并付之以行使国家权力的职权。

在普选的全国人民代表大会召开以后，中国人民政治协商会议得就有关国家建设事业的根本大计及其他重要措施，向全国人民代表大会或中央人民政府提出建议案。

① 主要参考许崇德著《中华人民共和国宪法史》编写，详见许崇德：《中华人民共和国宪法史》，福州，福建人民出版社，2003，20～66页。

**【事例评析】**

1.《中国人民政治协商会议共同纲领》的性质与地位

《中国人民政治协商会议共同纲领》(以下简称《共同纲领》)分为“序言”和正文两个部分。正文包括总纲、政权机关、军事制度、经济政策、文化教育政策、民族政策和外交政策，共计7章60条。其主要内容包括：(1) 规定我国的国家性质是新民主主义国家，即人民民主主义国家，实行工人阶级领导的、以工农联盟为基础的、团结各民主阶级和国内各民族的人民民主专政，反对帝国主义、封建主义和官僚资本主义，为中国的独立、民主、和平、统一和富强而奋斗。(2) 确认人民代表大会制度为我国的政权组织形式，在普选的全国人民代表大会召开以前，由中国人民政治协商会议执行全国人民代表大会的职权。(3) 宣布取消帝国主义在华的一切特权，没收官僚资本，进行土地改革。(4) 规定军事制度以及经济政策、文化教育政策、民族政策和外交政策的总原则，实行新民主主义的经济政策和文化教育政策，实行平等、团结、互助的民主政策和民族区域自治制度，在外交上坚持独立、自由和领土主权完整，反对侵略等。(5) 规定人民享有广泛的民主权利，如选举权和被选举权、居住和迁徙自由等。①

关于《共同纲领》的性质，作为中国人民政治协商会议第一届全体会议主导力量的中国共产党的领导人、老一辈宪法学者和当下的宪法学主流观点均认为，《共同纲领》是临时宪法，或发挥着临时宪法的作用。在中国人民政治协商会议第一届全体会议上，刘少奇说“这是目前时期全国人民的大宪章”②。在中国人民政治协商会议第一届全国委员会第二次会议的开幕词中，毛泽东也说：“我们有伟大而正确的《共同纲领》以为检查、讨论问题的准则。《共同纲领》必须充分地付之实行，这是我们国家现时的根本大法。”③ 周恩来提出，“既然要召开全国人民代表大会，选举政府，共同纲领就不能作为国家的根本法律了。当初共同纲领所以成为临时宪法，是因为政治协商会议全体会议执行了全国人民代表大会职权。”④ 在第一届全国人民代表大会第一次全体会议上，刘少奇在《关于中华人民共和国宪法草案的报告》中指出，“一九四九年，中国人民政治协商会议制定了一个共同纲领。这个共同纲领起了临时宪法的作用”⑤。老一辈的法学家认为，“它无论在形式上、内容上或在制定程序上都具有国家根本法的性质，是当时各政党、各机关以及全体公民进行活动的重要基础，具有最高的权威性和根本大法的效力。在中华人民共和国宪法颁布前，起着临时宪法的作用”⑥。“历史惯常地称它为‘起临时宪法的作用的共同纲领’，这是很贴切的。”⑦ 当下主流的宪法教科书也沿袭此种观点，认为“《共同纲领》是一部立足中国实际、切合人民需要的行动纲领，起到临时宪法的作用”⑧。

将《共同纲领》定义为“临时宪法”的观点实质包含两层内容：其一，《共同纲领》具有宪法的属性，是一部“未被命名为宪法”的宪法；其二，名为《共同纲领》的宪法具有临时性。关于《共同纲领》的宪法属性问题，从前文的表述来看，其实并无争议。在新中国成立初期，上海《新闻日报》发表的题为《共同纲领和宪法有什么不同?》的问答式文章，或许反映出当时对《共同纲领》属性的认知。该文章认为：两个或多个政党或政治集团，为了对付共同的敌人，实现共

---

① 参见《宪法学》编写组：《宪法学》，2版，北京，高等教育出版社、人民出版社，2020，70～71页。

②③④ 转引自朱世海：《政协第一届全体会议的性质、功能和议程新论》，载《甘肃社会科学》，2022年第3期。

⑤ http：//www.gov.cn/test/2008—03/06/content_910667.htm。

⑥ 张友渔：《张友渔文选》(下卷)，北京，法律出版社，1997，358页。

⑦ 许崇德：《中华人民共和国宪法史》，福州，福建人民出版社，2003，72页。

⑧ 《宪法学》编写组：《宪法学》，2版，北京，高等教育出版社、人民出版社，2020，71页。

同的政治目标，而制定一个共同遵守的政治纲领，就叫作共同纲领。宪法是国家的根本大法，而纲领是奋斗目标和步骤的规定。宪法是事实上已达到的种种成功的总结，并用立法手续固定下来的东西。反之，纲领是说明现在尚不存在，而应在将来达到和争得的东西。宪法是说明现在，而纲领主要是说明将来。《共同纲领》虽然和宪法有所不同，但《共同纲领》中已把中国人民争得的政治、经济、文化各方面的权利，国家的性质，政府的组织原则等都明文加以规定，这就使《共同纲领》带有宪法的性质，所以我们就称《共同纲领》为“目前时期全国人民的大宪章”①。该文章虽然从当时对宪法认知的角度区分了《共同纲领》与宪法，但仍然按照自由的认知逻辑确认《共同纲领》带有宪法的性质。从当下宪法学界关于宪法的法律属性的普遍认知来看，《共同纲领》宣告人民共和国的建立，规定新中国的国体和政体，规定新中国在军事、经济、文化教育、民族、外交等领域的各项基本制度和政策原则，以及公民的基本权利和义务等内容。《共同纲领》“序言”规定“……凡参加人民政治协商会议的各单位、各级人民政府和全国人民均应共同遵守”，自我宣告其法律效力。因此，不论从内容上还是从法律效力上判断，《共同纲领》都具有国家宪法的特征。

关于《共同纲领》的临时性，学者一般从《共同纲领》的内容过渡性和程序瑕疵角度予以分析。首先，《共同纲领》规定“中国人民政治协商会议一致同意以新民主主义即人民民主主义为中华人民共和国建国的政治基础”。毛泽东在《新民主主义论》中指出，“中国革命不能不做两步走，第一步是新民主主义，第二步才是社会主义。而且第一步的时间是相当地长，决不是一朝一夕所能成就的”②。新民主主义并不是中国革命的最终目标，而是向社会主义过渡的阶段。作为新民主主义时期的宪法文件，《共同纲领》当然也具有过渡性。其次，中国人民政治协商会议第一届全体会议召开之时，解放战争尚未结束，并不具备普选产生全国人民代表大会的现实条件。中国人民政治协商会议的筹备采取非选举的比例代表制，按照政治性质和政治力量分配名额，各方协商确定参加政治协商会议的单位及其代表名额，产生具有广泛代表性的参会代表。政协代表未经选举产生而是由各方协商名额并各自推举，成为中国人民政治协商会议第一届全体会议产生程序的瑕疵。关于此项程序瑕疵，有学者认为，“制宪机构的产生程序的缺陷一方面可以通过事后的默认得到某种程度的弥补，另一方面可以把这种制宪行为当作临时制宪，而期待通过一个民主的程序重新立宪或者追认。这也就是说，一个没有经过选举产生的制宪机构不能算作正式的制宪机构，但一个具有实质代表性且经过历史验证的组织在特殊条件下可以担当临时的制宪机构”③。《共同纲领》的“过渡性或临时性首先是由这个文件的制宪时刻的特殊性决定的。即便建国后不实行社会主义改造，这个纲领也只能是临时宪法，全国政协也只能算是全国人大的临时替代品，新中国还期待一个新的立宪时刻以弥补当初立宪程序的不足，如此制定的宪法才能担当一个丰满的社会主义的民主正当性概念”④。

最终需要明确的是，“临时宪法”也是宪法，不能因为《共同纲领》的临时性而抹杀其自身所具有的宪法属性。但是，作为人民共和国立国基础的宪法文件，并非只有《共同纲领》。1949

---

① 转引自陈端洪：《制宪权与根本法》，北京，中国法制出版社，2010，188～189 页。需要说明的是，关于“宪法是事实上已达到的种种成功的总结，并用立法手续固定下来的东西”的观点带有明显的局限性，不符合当下宪法学界关于宪法的法律属性的普遍认知。

② 《毛泽东选集》，第 2 卷，2 版，北京，人民出版社，1991，683～684 页。

③④ 陈端洪：《第三种形式的共和国人民制宪权——论 1949 年〈共同纲领〉作为新中国建国宪法的正当性》，载《原道》，2011 年第 1 期。

年9月27日，中国人民政治协商会议第一届全体会议通过的《中国人民政治协商会议组织法》(以下简称《政协组织法》)和《中华人民共和国中央人民政府组织法》(以下简称《政府组织法》)与《共同纲领》共同构成新中国成立初期的宪法。西耶斯在论述民族制宪权时使用了两个概念：一个是单数的宪法（une constitution），另一个是复数的立宪性法律（lois constitutionelles）。西耶斯将立宪性法律分为两部分：一部分规定立法机构的组织与职能，另一部分规定各种行动机构的组织与职能。政府的各部分互相呼应，而归根结底取决于国民。中国人民政治协商会议第一届全体会议制定《政协组织法》《政府组织法》《共同纲领》的行为基本符合西耶斯所说的立宪内容，只不过在技术上将《政协组织法》《政府组织法》独立成册，而把原则性、纲领性的内容简明扼要地归入一个文本——《共同纲领》而已。[①] 因此，《政协组织法》、《政府组织法》与《共同纲领》一道，担负起宪法的角色，共同塑造出新的人民共和国。

2. 中国人民政治协商会议第一届全体会议的性质与功能

既然《政协组织法》、《政府组织法》与《共同纲领》一道担负起宪法的角色，共同塑造出新的人民共和国，那么将它们制定出来的中国人民政治协商会议第一届全体会议必然是新的人民共和国的制宪机构。中国人民政治协商会议第一届全体会议是制宪机构，只是作为制宪主体的代表具体行使制宪权的制宪机构，其本身并不是制宪主体。

谁是制宪主体？形式上的答案须到新中国成立初期的宪制文件中去寻找。《共同纲领》“序言”规定，“中国人民解放战争和人民革命的伟大胜利，已使帝国主义、封建主义和官僚资本主义在中国的统治时代宣告结束。中国人民由被压迫的地位变成为新社会新国家的主人，而以人民民主专政的共和国代替那封建买办法西斯专政的国民党反动统治，中国人民民主专政是中国工人阶级、农民阶级、小资产阶级、民族资产阶级及其他爱国民主分子的人民民主统一战线的政权，而以工农联盟为基础，以工人阶级为领导。由中国共产党、各民主党派、各人民团体、各地区、人民解放军、各少数民族、国外华侨及其他爱国民主分子的代表们所组成的中国人民政治协商会议，就是人民民主统一战线的组织形式。中国人民政治协商会议代表全国人民的意志，宣告中华人民共和国的成立，组织人民自己的中央政府。中国人民政治协商会议一致同意以新民主主义即人民民主主义为中华人民共和国建国的政治基础，并制定以下的共同纲领，凡参加人民政治协商会议的各单位、各级人民政府和全国人民均应共同遵守”。“序言”中蕴含着革命建国的历史逻辑：国民党反动统治时期，是封建买办法西斯专政的时期，中国人民处于被压迫地位和被统治的地位；人民解放战争和人民革命的胜利，夺取国家政权，是暴力形式的阶级斗争的胜利，使中国人民成为新社会新国家的主人，中国人民开始掌握国家政权。作为新社会新国家主人的掌握国家政权的、处于统治阶级地位的“中国人民”当然就是制宪的主体。

此处的中国人民并不是社会契约论式的、超越阶级的全体社会成员或公民之和，而是具有特定的阶级属性。中国人民的范畴须在人民民主专政的国体中得到认识和界定。毛泽东指出，“……人民民主专政，或曰人民民主独裁，总之是一样，就是剥夺反动派的发言权，只让人民有发言权。”“人民是什么？在中国，在现阶段，是工人阶级，农民阶级，城市小资产阶级和民族资产阶级。这些阶级在工人阶级和共产党的领导之下，团结起来，组成自己的国家，选举自己的政府，向着帝国主义的走狗即地主阶级和官僚资产阶级以及代表这些阶级的国民党反动派及其帮

---

① 参见陈端洪：《第三种形式的共和国人民制宪权——论1949年〈共同纲领〉作为新中国建国宪法的正当性》，载《原道》，2011年第1期。

凶们实行专政，实行独裁，压迫这些人，只许他们规规矩矩，不许他们乱说乱动。如果要乱说乱动，立即取缔，予以制裁。对于人民内部，则实行民主制度，人民有言论集会结社等项的自由权。选举权，只给人民，不给反动派。这两方面，对人民内部的民主方面和对反动派的专政方面，互相结合起来，就是人民民主专政”[①]。主持起草《共同纲领》的周恩来在《关于〈中国人民政治协商会议共同纲领〉草案的起草经过和特点》的报告中指出，“有一个定义须要说明，就是‘人民’与‘国民’是有分别的。‘人民’是指工人阶级、农民阶级、小资产阶级、民族资产阶级，以及从反动阶级觉悟过来的某些爱国民主分子。而对官僚资产阶级在其财产被没收和地主阶级在其土地被分配以后，消极的是要严厉镇压他们中间的反动活动，积极的是更多地要强迫他们劳动，使他们改造成为新人。在改变以前，他们不属人民范围，但仍然是中国的一个国民，暂时不给他们享受人民的权利，却需要使他们遵守国民的义务。这就是人民民主专政”[②]。从毛泽东、周恩来的理论文献和会议报告来看，人民就是工人阶级、农民阶级、小资产阶级和民族资产阶级，也包括从反动阶级觉悟过来的某些爱国民主分子。

除“序言”外，《共同纲领》第1条规定，“中华人民共和国为新民主主义即人民民主主义的国家，实行工人阶级领导的、以工农联盟为基础的、团结各民主阶级和国内各民族的人民民主专政，反对帝国主义、封建主义和官僚资本主义，为中国的独立、民主、和平、统一和富强而奋斗”。《政协组织法》第1条规定，“中国人民政治协商会议……为全中国人民民主统一战线的组织，旨在经过各民主党派及人民团体的团结……以建立及巩固由工人阶级领导的以工农联盟为基础的人民民主专政的独立、民主、和平、统一及富强的中华人民共和国”。《政府组织法》第1条规定，“中华人民共和国是工人阶级领导的，以工农联盟为基础的，团结各民主阶级和国内各民族的人民民主专政的国家”。在这三份宪制文件中，制宪者共同表达了：新的人民共和国是人民民主专政的国家，是人民民主统一战线的政权。人民民主专政和人民民主统一战线中的“人民”应当被限定为“工人阶级、农民阶级、小资产积极、民族资产阶级和爱国民主分子”。

人民民主统一战线是中国共产党的统一战线在新民主主义革命时期的特殊形态和名称。作为一种政治联合的方式，人民民主统一战线是目的型的联合，其目的是实行新民主主义，反对帝国主义、封建主义和官僚资本主义，建设一个独立、民主、和平、统一和富强的新中国。政治联盟可以是松散的，即会议型的或合作型的，也可以是紧密的，形成一个新的固定组织。在这个过程中可以以原来的一方为主体，其余各方为同盟者，也可以由各方平等地重新结成一个组织。中国人民政治协商会议就是在中国共产党领导下，经过与各民主党派、各人民团体和爱国民主人士平等协商之后成立的组织。由中国共产党、各民主党派、各人民团体、各地区、人民解放军、各少数民族、国外华侨及其他爱国民主分子的代表所组成的中国人民政治协商会议，是中国人民民主统一战线的组织形式。

中国人民政治协商会议第一届全体会议由662位代表组成，分为党派代表、区域代表、军队代表、团体代表和特邀代表等五类，代表不同的党派、区域、军队、团体，以及各职业、各民族、各宗教和海外华侨。在全体代表中，中国共产党党员约占44%，各民主党派成员约占30%，工人、农民以及各界的无党派人士约占26%。参加会议的代表包括新民主主义革命时期各民主

① 《毛泽东选集》，第4卷，2版，北京，人民出版社，1991，1475页。

② 周恩来：《关于〈中国人民政治协商会议共同纲领〉草案的起草经过和特点》，载《周恩来统一战线文选》，北京，人民出版社，1984，147页。

阶级、各民族以及一切爱国力量的代表人物。当然，作为人民对立面的国民党反动政府系统下的一切反动党派即反动分子是绝不容许参加政治协商会议的。从形式民主的角度而言，这些参加会议的代表并不是通过选举的方式产生的，而是由中国共产党与其他民主党派、人民团体和爱国民主人士共同协商确定的，但是，这些代表具有十分显著的广泛性。周恩来在中国人民政治协商会议第一届全体会议召开前向全国政协代表所作的《关于人民政协的几个问题》的报告指出，“我们在确定代表名额和人选的时候，不是平均主义的，而是有重点的。重点在哪里呢？就是‘以工农联盟为基础，以工人阶级为领导’。人民政治协商会议中四十六个单位的名额和人选的确定，始终都体现着这一重点。”“有了重点，同时又照顾到了各个方面。在各人民团体的代表中，除工人代表、农民代表外，还有妇女代表、青年代表、学生代表、文艺工作者代表、新闻界代表、工商界代表、教育工作者代表、自然科学工作者代表、社会科学工作者代表。我们也照顾到还不能立刻组织团体的方面，如自由职业者代表。我们还照顾到海外华侨和少数民族。这就是参加人民政治协商会议的四十五个单位产生的大体情况。但是尽管如此还是不够全面，所以又设了一个特邀单位。”“政协组织所包含的成分，是非常广泛的。”既然人民政协显示出如此广泛的代表性和民主性，那么，它的决议必然体现了全中国人民的意志。就此意义而言，这无异于召开了一次全国人民代表大会。正是这种广泛的代表性，决定了“即将开幕的中国人民政治协商会议的确表示了全国人民力量的大团结”，“……团结工人阶级、农民阶级、小资产阶级、民族资产阶级以及一切爱国民主人士、国内少数民族和海外华侨，共同反对帝国主义、封建主义和官僚资本主义，建设新民主主义的新中国。这也就是中国人民政治协商会议奋斗的目标”①。正是中国人民政治协商会议的广泛代表性，使其可以代表全国人民制定建国宪制文件，建立新的人民共和国。由此，中国人民政治协商会议最重要的、作为制宪机构的功能完成。

**【延伸阅读】**

1. 韩大元．论1949年《共同纲领》的制定权．中国法学，2010（5）.
2. 李忠夏．从制宪权角度透视新中国宪法的发展．中外法学，2014（3）.

**事例二**

## 1982年宪法的产生②

**【事例概况】**

1980年8月30日，中共中央向第五届全国人民代表大会第三次会议主席团提出《关于修改宪法和成立宪法修改委员会的建议》。9月10日，第五届全国人民代表大会第三次会议表决通过《关于修改宪法和成立宪法修改委员会的决议》，决定由宪法修改委员会主持修改“七八宪法”，提出宪法修改草案，由全国人民代表大会常务委员会公布，交付全国各族人民讨论，再由宪法修改委员会根据讨论意见修改后，提交本届全国人民代表大会第四次会议审议。同日，第五届全国

---

① 周恩来：《关于人民政协的几个问题》，载《周恩来统一战线文选》，北京，人民出版社，1984，131～136页。

② 本部分内容主要参考许崇德著《中华人民共和国宪法史》、张晋藩著《中国宪法史》、蔡定剑著《宪法精解》的相关内容，详见许崇德：《中华人民共和国宪法史》，福州，福建人民出版社，2003，548～767页；张晋藩：《中国宪法史》，北京，中国法制出版社，2016，379～381页；蔡定剑：《宪法精解》，北京，法律出版社，2006，72～98页。

人民代表大会第三次会议根据中共中央的建议，通过宪法修改委员会名单。宪法修改委员会由叶剑英担任主任委员，由宋庆龄和彭真担任副主任委员，委员共有103人，包括中共中央政治局和中央书记处的全部成员。

宪法修改委员会经过数次会议，对宪法草案修改稿进行认真的讨论，并逐章逐条、逐句逐字地推敲、斟酌，最终形成宪法修改草案。

1982年4月22日，第五届全国人民代表大会常务委员会第二十三次会议召开，彭真代表宪法修改委员会向第五届全国人民代表大会常务委员会提出宪法修改草案，并作了《关于中华人民共和国宪法修改草案的报告》。经过常委会会议讨论之后，第五届全国人民代表大会常务委员会第二十三次会议于4月26日通过《关于公布〈中华人民共和国宪法修改草案〉的决议》，决定将宪法修改草案公布，交付全国各族人民讨论。全民讨论从4月底持续到8月底，各地80%至90%的成年公民参加了讨论，以贵州省为例：该省共组织2 286次讨论会，有42 600多人参加。从1982年4月26日到6月24日，宪法修改委员会秘书处办公室收到各地人民群众对宪法修改草案提出意见和建议的来信1 538封。中共中央各部门、国务院各部委和直属机关、中国人民解放军、各民主党派、各人民团体共90多个单位，向宪法修改委员会送来修改的意见和建议。许多海外华侨和港澳同胞也参加了讨论，并提出不少宝贵的意见。宪法修改委员会秘书处根据全民讨论中各地、各方面的意见对宪法修改草案作出进一步修改，同时将全民讨论中提出的意见汇编成册，分发给宪法修改委员会委员，供讨论时使用。

1982年11月23日，宪法修改委员会召开第五次全体会议。会议通过了正式的宪法修改草案，决定将宪法修改草案提交给第五届全国人民代表大会第五次会议审议。

1982年11月26日，第五届全国人民代表大会第五次会议召开。11月26日，彭真受叶剑英主任委员的委托，代表宪法修改委员会作了《关于中华人民共和国宪法修改草案的报告》。此份报告首先释明宪法修改的背景，说明形成宪法修改草案的过程，阐述宪法修改的指导思想即坚持四项基本原则，就人民民主专政制度、社会主义经济制度、社会主义精神文明、国家机构、国家的统一和民族的团结、独立自主的对外政策等宪法修改的基本内容作出说明。从11月27日起，全国人大代表和全国政协委员对宪法修改草案进行认真的审议。在会议期间，仍有许多来自全国各地的电函和信件，对宪法修改草案提出补充意见。宪法修改工作小组根据上述意见，又对草案作了进一步修改，主要是文字性的问题，涉及约19条30处。12月3日，第五届全国人民代表大会第五次会议主席团召开第二次会议，决定将经过修改的宪法修改草案提请大会表决。

1982年12月4日，第五届全国人民代表大会第五次会议就宪法修改草案进行投票表决。有效票3 040张，其中赞成票3 037张、弃权票3张，《中华人民共和国宪法》通过。由此，宪法修改过程结束，一部社会主义新时期的宪法宣告诞生。

**【涉及的宪法问题】**

1. 宪法修改制度

宪法修改是修宪机关对宪法规定的内容进行删除、变更或增补的活动。严格意义上，宪法修改是对宪法典的修改。宪法修改是保持宪法规范与社会现实相协调的必要手段。宪法修改的方式一般分为全面修改和部分修改。宪法修改的程序一般分为提议、议决和公布三个阶段，其核心内容是提议主体、议决主体和议决程序。

2. 修宪权原理

修宪权是修改宪法的权力。对修宪权的实质的探究离不开其与制宪权的比较。制宪权是始源性的、创设性的、革命性的权力，以非常情形下组建新的国家为目的。与制宪权不同，修宪权属于宪制权的范畴，从属于始源性的制宪权并受其限制。但修宪权与制宪权的相同之处在于，都具有决定宪法的内容与形式的作用。

3. 1982 年宪法修改程序

1978 年宪法只是在第 22 条中将“修改宪法”规定为全国人民代表大会的一项职权；除此之外，对宪法修改的提案、议决、公布等程序制度未作明确规定。在 1982 年宪法修改过程中，中共中央向第五届全国人大第三次会议主席团提出修改宪法的建议；第五届全国人大第三次会议作出决议，决定修改宪法并规定宪法修改草案由全国人大常委会向社会公告。在第五届全国人大第五次会议期间，制定通过宪法修改草案的程序规定。1982 年宪法修改过程中的许多程序问题均值得分析和探讨。

**【条文链接】**

**《中华人民共和国宪法》(1978 年)**

第二十二条　全国人民代表大会行使下列职权：

(一) 修改宪法；

…………

**《中华人民共和国宪法》(2018 年修正)**

第六十二条　全国人民代表大会行使下列职权：

(一) 修改宪法；

…………

第六十四条　宪法的修改，由全国人民代表大会常务委员会或者五分之一以上的全国人民代表大会代表提议，并由全国人民代表大会以全体代表的三分之二以上的多数通过。

法律和其他议案由全国人民代表大会以全体代表的过半数通过。

**【事例评析】**

### (一) 宪法修改制度

宪法修改一般特指宪法典的修改，即宪法规定的修改机关依据宪法规定的修改程序对宪法进行删除、增加、变更的活动。近代宪法的理论基础是基于自然法思想的社会契约论。从契约论的观点出发，近代的部分宪法学家和政治学者并不认为宪法有修改的可能，称：如果宪法不再为人民全体所同意，则国家解体，人民可以重新订立契约（制宪），组建新的国家。如美国《独立宣言》的主要起草人，也曾连任两届美国联邦总统的托马斯・杰斐逊曾认为，死者不应该统治生者，一个国家的宪法应当每 19 年制定一次。[①] 然而，宪法被不断修改的命运实属不可避免。现

① 参见《伊利诺伊大学学者收集分析世界各国宪法》，载美国伊利诺伊大学厄巴纳-香槟分校网站，https：//news. illinois. edu/view/6367/206732，2022 年 10 月 28 日访问。

代宪法学正经历着实证主义向实质主义的转变，宪法规范与社会现实被赋予同等的价值，宪法修改正是维护宪法的规范性与现实性之平衡的基本手段。通过宪法修改，新的生活变化与原有宪法秩序得到整合，宪法的有效性也就得到维护。因而，适应社会生活的变迁，维护宪法的规范性，乃是宪法修改的必然性之所在。①

宪法修改主要分为全面修改和部分修改两种情形。全面修改是宪法修改机关对宪法的大部分内容或宪法结构进行调整和变动，通过或批准整部宪法并重新予以颁布的活动。1982 年宪法（又称“八二宪法”）即属于宪法的全面修改。部分修改是宪法修改机关根据宪法修改程序以决议或者修正案等方式对宪法文本中的部分内容进行调整或变动的活动。在 1979 年和 1980 年，第五届全国人大对“七八宪法”的修改，以及在 1988 年、1993 年、1999 年、2004 年、2018 年对“八二宪法”的五次修改，均属于宪法的部分修改。部分修改通常有决议和修正案两种形式：前者是宪法修改机关通过修宪决议的方式直接修改宪法的内容并重新公布宪法，后者是宪法修改机关以修正案的方式修改宪法且只需公布修正案而无须重新公布整部宪法。

从世界范围内来看，宪法修改程序通常包括提议、议决和公布三个程序阶段。提议阶段是宪法修改的开始阶段，任何国家修改宪法，都必须经过提议程序。在此阶段，宪法修改草案形成，方能进入议决阶段交由议决机关审议表决。在此阶段，最重要的程序制度是提议主体规定，大体可以分为国会模式、法律议案提案模式、特定机关模式、特定数量公民模式、国家元首或行政首脑模式等。此外，某些国家的宪法规定需要由特定的主体对宪法是否应当被修改进行原则性的审查，大体包括改选后新议会审查模式和全民公决模式等。议决阶段是宪法修改程序中最为关键的环节，是宪法修改的决定阶段。议决阶段的程序制度大体分为两种形式：一是由普通立法机关依特别程序审议决定；二是由特定机关审议决定，包括特别制宪会议议决、地方团体议决、全民公决等具体方式。公布阶段是宪法修改的最后程序，公布程序对宪法修改的效力并无实质影响，但根据法的一般原理构成宪法修改法案生效的要件。各国有权公布宪法修改法案的机关各不相同，且有些是由宪法明确规定的，有些是由惯例形成的。概括起来，宪法修改的公布包括国家元首公布、行政机关公布、议决机关公布等类型。

我国 1978 年宪法只是在第 22 条中将修改宪法规定为全国人民代表大会的一项职权；除此之外，对宪法修改的提案、议决、公布等程序制度未明确规定。修改之后的 1982 年宪法对宪法修改的提议主体、议决程序作出明确规定，但对宪法部分修改的方式、宪法草案的公布和宪法修正案的公布均无明确规定。因此，采用修正案的修改方式、公布宪法修改草案征求社会公众意见和全国人大常委会以全国人大的名义公布宪法修正案，均为宪法性惯例的内容。

### （二）修宪权原理

修宪权是修改宪法的权力，只有将它放置在与制宪权的比较结构之中，方能探究修宪权的实质。制宪权是由法国近代学者西耶斯所提出的理论概念，他的制宪权理论的要点包括以下几个方面：唯有国民拥有制宪权，制宪权来自国民的个人意志，但必须由国民整体来行使；国民的制宪权不受任何的限制，国民也不应受制于宪法；宪法不能由宪法所设立的机构去制定，而是只能由国民选举产生的特别代表团（立宪权力机构）来代行国民集会的职能。② 但在西耶斯的理论

① 参见韩大元：《比较宪法学》，北京，北京大学出版社，2003，415 页。

② 参见［法］西耶斯：《论特权第三等级是什么？》，冯棠译，北京，商务印书馆，1991，56～68 页。

中，看不出特别区分制宪权与修宪权的主张，或言之，宪法修改被看作是制宪权的行使活动。德国宪法学者卡尔·施密特认为：制宪权是一种政治意志，凭借其权力或权威，制宪权主体能够对自身政治存在的类型和形式作出具体的总决断，也就是说，能够决定整个政治统一体的存在。制宪权的主体并不限于国民，君主和少数派组织也能够成为制宪权主体。对政治存在的特定类型和形式的有意识的决断，不可能有任何程序上的规定，对政治决断的内容也不可能有类似的规定。制宪权不受任何法律形式或程序的拘束，总是处于自然状态之中。① 需要注意的是，在施密特的理论体系中，制宪权与修宪权是有明显的区分的。修宪权只是一种在保持宪法的条件下，按照宪法规定的程序作出变更、补充、增删的权力，而不是一种制定新宪法的权利。它也不能变更、扩展修宪权自身的根据，或者用别的根据来取代这个根据。修改宪法律不是一种常规的国家职能，而是一种非常权力。这种权力绝非不受限制；它始终是一种由宪法律分派的权力，如同一切宪法律权力一样，它要受到一定的限制，因而就是一种真正的权限。② 日本宪法学者芦部信喜认为：制宪权是具体地决定国家的政治存在样式的权力，它立于政治与法的交汇之处。制宪权是创造法秩序的权力，因而存在于实定法秩序之前，处于国家之外。但是，制宪权仍然是一种在规范上受到制约的权力。根本规范以民主法治国家的基本价值为内容，是制宪权主张自己存在的基本前提，是拘束制宪权行使活动的内在制约原理。因而，践踏这一根本规范而创设新设的秩序，不是制宪权的行使，而是赤裸裸的事实力量的破坏，不能主张正当性。制宪权受到根本规范的约束，由此，制宪权的主体必须是国民。全体国民中能作出政治决断的选民应亲自或通过其直接的特别代表，参与宪法的制定。在制宪权与修宪权的关系上，芦部信喜借用其他学者的观点加以说明：制宪权应被视为仅在非常情形下方可启动的权力。制宪权并不是静谧时代的机制，而是危机时代的主人公。设计修宪权，是期待其通过合法的变革而防止革命于未然。然而，修宪权的作用一旦以失败而告终，制宪权便显身于危机时刻。③ 修宪权作为宪制权，与制宪权有本质上的区别，并受到制宪权的制约，同时修宪权不得触碰国民主权、基本人权等原则，以及宪法规定的修改程序等内容。④

通过上文对有代表性的制宪权理论的梗概式叙述，我们可以发现其相同与不同之处。制宪权是一种始源性权力，是一种以创设新的国家政治体为目的的权力，是一种对政治统一体政治样态的政治决断。制宪权存在于国家之外，不受任何国家实定法的约束和规范。西耶斯和施密特主张，制宪权不受任何价值规范的约束，而芦部信喜认为制宪权受到以民主法治为价值内容的根本规范的约束。西耶斯未区分制宪权和修宪权，施密特和芦部信喜则认为修宪权属于宪制权的范畴，与制宪权有本质的不同，受到制宪权的制约。在对修宪权的认识上，施密特与芦部信喜的观点更符合理论逻辑和宪法实践。

虽然修宪权与制宪权分属于不同的权力范畴，但二者之间仍然存在密切的关联。有些学者认为，在以合法性原理为支柱之一的近代法治国家中，制宪权一般由最初的制宪行为在宪法中将自己组织化，从自然状态转化为依据法的形式的权力。与制宪权——始源性制宪权相比，应将修宪权视为制度化了的制宪权。制度化的制宪权作为制宪权进入法秩序的表现形式，被视作

---

① 参见［德］卡尔·施密特：《宪法学说》，刘峰译，上海，上海世纪出版股份有限公司，2016，116～124页。

② 参见上书，151～152页。

③ 参见［日］芦部信喜：《制宪权》，王贵松译，北京，中国政法大学出版社，2012，35～43页。

④ 详见上书，45～53页。

防止始源性制宪权破坏法秩序的手段，修宪权是永久的始源性制宪权的护卫兵，或者说，修宪权是完全政治性的制宪权的宪法规范化了的形态，修宪权是制宪权的部分表现形态。[①] 将修宪权视作“制度化的制宪权”的理论学说表明修宪权与制宪权之间的共通之处。修宪权具有修改宪法规范的权限。从权力作用的角度而言，无论是宪法的制定还是宪法的修改，都对宪法的内容与形式产生决定性作用。当然，如前所述，制宪权是一种仅能在非常情形下方可启动的权力，是一种革命性的权力。假设在一个国家拟由国民投票制定宪法，宪法规定须经国民投票方可修改宪法，则在此类国家，制宪权的主体和修宪权的主体同为国民。此时，国民拥有的宪法修改决定权也绝非始源性的制宪权，而是制度化的制宪权。虽然二者的主体同一，但在法的层面上绝不是两种相同的权力。国民在非常情形下启动制宪权制定宪法的情形与国民作为所谓国家机关修改宪法的情形，具有完全不同的性质。其原因在于，革命性的制定宪法与法的层面上的国家改革是根本不同的。修宪权即便视作制度化的制宪权，仍然从属于始源性制宪权的意志。

### （三）1982 年宪法修改程序

“七五宪法”内容极为简陋，无法发挥对国家权力的规范作用，并不具有严格意义上的宪法的特质。在此基础至上修改而来的“七八宪法”也存在指导思想上的偏差和具体制度上的疏漏。单论宪法修改制度，“七八宪法”规定的宪法修改程序制度存在较大疏漏，只是在第 22 条中将“修改宪法”规定为全国人民代表大会的一项职权；除此之外，对宪法修改的提案、草案公告、议决、公布等程序制度均未作明确规定。从效力角度而言，“七八宪法”是在 1982 年宪法修改时正在施行的宪法，1982 年的宪法修改过程应当遵循“七八宪法”规定的宪法修改程序。但是，由于“七八宪法”对宪法修改制度的规定不完善，1982 年的宪法修改活动不得不在宪制空白的状态下进行。现对 1982 年宪法修改过程中的相关环节，结合宪法的制定和修改惯例予以简要分析。

#### 1. 关于宪法修改的提议

根据《共同纲领》《政协组织法》《政府组织法》构建的宪制机构中，中国人民政治协商会议（以下简称政协）全国委员会有权向中央人民政府提出建议案，中央人民政府享有筹备并召开全国人民代表大会的职权。“五四宪法”的制定基本遵循此项程序：首先由中共中央向政协全国委员会提议：由政协全国委员会向中央人民政府委员会建议于 1953 年召开全国人民代表大会制定宪法。政协全国委员会同意中共中央的建议，于 1953 年 1 月 13 日向中央人民政府委员会提出关于召开全国人民代表大会制定宪法的建议。同日，中央人民政府委员会第二十次会议通过关于召开全国人民代表大会及地方各级人民代表大会的决定。由此，“五四宪法”制定的进程正式开启。

“五四宪法”第 27 条和第 29 条规定，全国人大有权修改宪法，宪法的修改由全国人大以全体代表的 2/3 的多数通过。“五四宪法”对宪法修改的提案制度也未作明确规定。1970 年 3 月，根据毛泽东关于召开第四届全国人大和修改宪法的意见，中共中央开始修宪的准备工作；7 月，中共中央成立修改宪法起草委员会。1975 年 1 月，中共十届二中全会通过《中华人民共和

---

① 参见［日］芦部信喜：《制宪权》，王贵松译，北京，中国政法大学出版社，2012，44～45 页。

国宪法修改草案》和《关于修改宪法的报告》等文件，并决定将这些文件向第四届全国人大会议提出。由此可见，“七五宪法”修改过程中的提议和宪法修改草案的起草都是在中共内部完成的。“七五宪法”内容极为简陋，语焉不详，关于宪法修改制度，只是将“修改宪法”规定为全国人大的一项职权，对其他程序制度均未规定。“七八宪法”修改过程中，基本延续“七五宪法”修改的做法。根据叶剑英在五届全国人大一次会议上所作的关于修改宪法的报告，提交大会讨论的宪法修改草案是由中共中央政治局全体同志组成的修改宪法委员会起草的。

在“八二宪法”修改过程中，中共中央于1980年8月30日向第五届全国人大第三次会议主席团提出《关于修改宪法和成立宪法修改委员会的建议》。9月10日，第五届全国人大第三次会议表决通过《关于修改宪法和成立宪法修改委员会的决议》，同意中共中央关于修改宪法和成立宪法修改委员会的建议，同意中共中央提出的宪法修改委员会名单，决定由宪法修改委员会主持修改“七八宪法”，提出宪法修改草案，由全国人大常委会公布，交付全国各族人民讨论，再由宪法修改委员会根据讨论意见修改后，提交本届全国人大四次会议审议。此种修宪方式基本上仿行1954年制宪的程序，由享有修宪权的全国人大成立宪法草案起草机构，负责宪法的起草工作。当然，整个宪法起草乃至整个宪法修改过程都是在中共中央领导下进行的。关于宪法的提议问题，修改后的“八二宪法”作出明确规定：“宪法的修改，由全国人民代表大会常务委员会或者五分之一以上的全国人民代表大会代表提议”。由此，宪法修改的提议制度得到完善。

2. 关于宪法修改草案的公告

在1954年制宪过程中，宪法起草委员会于1954年3月23日举行第一次全体会议，于6月11日举行第七次全体会议，共历时81天。在此期间，政协全国委员会以及各大行政区、各省市的领导机关，各民主党派、各人民团体的地方组织和武装部队的领导机关，组织各方面人士8 000余人参加对宪法草案的讨论，在讨论中提出的修改意见共计5 900余条。1954年6月14日，中央人民政府委员会召开第三十次会议，经讨论作出如下决议：中央人民政府委员会一致通过宪法起草委员会所起草的宪法草案，并予以公布。全国地方各级人民政府应立即在人民群众中普遍地组织对宪法草案的讨论，向人民群众广泛地进行宪法草案内容的说明，发动人民群众积极提出自己对宪法草案的修改意见。宪法起草委员会应继续进行工作，收集人民的意见，加以研究，在第一届全国人大会议举行前完成对宪法草案的修改，并准备向全国人大提出关于宪法草案的报告。宪法草案公布后，全国广大城市和农村都立即广泛地展开学习、宣传和讨论的活动，全国范围内参加讨论的共有1.5亿多人。在许多地区参加学习和讨论宪法草案的人数，占到当地成年人口的70%以上，在有些城市和个别专区占到90%以上。在从6月15日到9月10日历时近3个月的讨论中，全国人民对宪法草案提出的修改和补充意见，经整理后共计118万多条。

在1975年修宪过程中，中共中央于1970年9月12日发出通知，将宪法修改草案交由群众讨论。在1978年修宪过程中，中共中央于1977年10月15日发出通知，要求各省、市、自治区和人民解放军采取适当的形式，征求党内外群众对修改宪法的意见，于11月份汇总报告中央。11月2日，中共中央又发出补充通知，要求征求意见的对象包括工人、农民、解放军战士、各方面的知识分子、各级党政军干部以及民主党派、爱国人士、少数民族、归国侨胞，强调征求意见的对象中要有适当比例的非党群众和党外人士，要有老、有中、有青、有妇女。该补充通知还规定，中央准备在11月下旬召开修改宪法的座谈会，请上海、黑龙江、新疆等8个省、市、自治区，以及兰州、武汉两个军区各派15人参加：地方的代表中要有省、地、县、公社、大队和工厂、学校的党政干部；军队的代表中要有大军区、军、师、团、连的干部；黑龙江的代表中要有大庆的负责人，山西的代表中要有大寨大队和昔阳县的负责人；新疆、四川等省和自治区的代表中要有少数民族干部。关于这两次修宪过程中的群众讨论，当前的学术文献中并无翔实的数据记录。

在1982年修宪过程中，五届全国人大三次会议作出决议，要求全国人大常委会公布宪法修改草案，交付全国各族人民讨论，征求全国各族人民对宪法修改草案的意见。据此，第五届全国人大常委会第二十三次会议于1982年4月26日通过《关于公布〈中华人民共和国宪法修改草案〉的决议》，决定将宪法修改草案公布，交付全国各族人民讨论。全民讨论从4月底持续到8月底，各地80%至90%的成年公民参加了讨论，以贵州省为例：该省共组织2 286次讨论会，有42 600多人参加。从1982年4月26日到6月24日，宪法修改委员会秘书处办公室收到各地人民群众对宪法修改草案提出意见和建议的来信1 538封。中共中央各部门、国务院各部委和直属机关、中国人民解放军、各民主党派、各人民团体共90多个单位，向宪法修改委员会送来修改的意见和建议。许多海外华侨和港澳同胞也参加了讨论，并提出不少宝贵的意见。

新中国历部宪法均未规定须将宪法修改草案公告，交由全国各族人民讨论以征求意见。但是在宪法的制定和全面修改过程中，不管是由中央人民政府公告宪法草案或宪法修改草案，还是由全国人大常委会公告宪法草案或宪法修改草案，抑或中共中央公布宪法草案或宪法修改草案，宪法草案或宪法修改草案的公告并征求全国各族人民的意见已经成为新中国制宪和修宪过程中的惯例。然而，惯例并不具备正式的法律效力，如有悖行也无须承担清晰而明确的法律责任，其在拘束的强度和规范的力度上远远不如宪法条文中的明确规定。因此，在宪法条文中加入宪法修改草案的公告环节应当是今后修宪的一项重要内容。

3. 关于宪法修改草案的议决

在1954年制宪过程中，一届全国人大一次会议于1954年9月15日在北京开幕。同日，刘少奇代表宪法起草委员会向大会作《关于中华人民共和国宪法草案的报告》。随后连续3天，全国人大代表热烈讨论宪法草案和关于宪法草案的报告。9月20日，一届全国人大一次会议通过《第一届全国人民代表大会第一次会议进行无记名方式投票办法》。在随后进行的无记名投票中，出席会议的1 197名代表全体一致通过《中华人民共和国宪法》。四届全国人大一次会议于1975年1月13日开幕。1月17日，出席会议的2 864名代表全体一致通过修改后的《中华人民共和国宪法》。五届全国人大一次会议于1978年2月26日开幕。3月1日，叶剑英受中共中央委托，向大会作《关于修改宪法的报告》。3月5日，五届全国人大一次会议通过修改后的《中华人民共和国宪法》。

1982年11月26日，五届全国人大五次会议开幕。当日，彭真代表宪法修改委员会向大会作关于宪法修改草案的报告。11月27日，五届全国人大五次会议开始分组审议宪法修改草案。来自全国各地、各条战线的全国人大代表对宪法修改草案和关于宪法修改草案的报告进行了认真的研究和讨论。12月4日，五届全国人大五次会议对宪法修改草案投票表决。第五届全国人大代表共有 3 421 人，出席 3 040 人，有效票 3 040 张，其中赞成票 3 037 张、弃权票 3 张。根据五届全国人大五次会议先行作出的宪法修改草案通过程序的决议（采用无记名投票表决的方式并经 2/3 以上的多数赞成通过宪法），宪法修改草案获得通过。

宪法草案或宪法修改草案的议决程序分为审议和表决两个程序环节。新中国宪法的制定和历次修改的审议均以宪法草案或宪法修改草案的报告开始，然后由全国人大代表对宪法草案或宪法修改草案结合关于宪法草案或宪法修改草案的报告进行讨论，对全国人大代表的意见进行研究之后形成宪法草案或宪法修改草案的最终表决稿，最后进入表决环节。在表决环节，最为核心的问题是表决通过的票数比例问题。“五四宪法”对宪法修改表决通过比例作出明确规定，即全体代表的 2/3 以上多数通过。在错误思想指引下，“五四宪法”106 条近 10 000 字的篇幅被压缩简化到“七五宪法”的 30 条 4 000 余字的规模。在此情形下，宪法修改的表决通过比例条款被删除，只保留全国人大职权中修改宪法的规定。“七八宪法”的修宪制度延续“七五宪法”的规定，对宪法修改的表决通过的比例未作规定。在 1975 年和 1978 年的修宪过程中，全国人大是否依何种标准判断宪法修改草案是否通过？对此，当前的学术文献中并无详细的资料。当然，在修宪实践中，两次宪法修改草案都获得了极高的赞成票比例（赞成票数/全体代表人数）。

面对“七八宪法”修改草案表决制度的空白状态，五届全国人大五次会议先行作出关于宪法修改草案通过程序的决议，决定采用无记名投票表决的方式并经 2/3 以上的多数赞成通过宪法。此举当属由修宪者自行决定修宪程序。由修宪者自行决定修宪程序，尤其是决定表决通过比例，和制宪权与修宪权的形式逻辑关系不符，却也是修宪表决制度疏漏状态下的无奈之举。从内容层面而言，“三分之二以上多数”的规定与“五四宪法”规定的修宪表决通过比例相同，由此也会大大降低对修宪者自行决定修宪程序的质疑。幸运的是，修改后的“八二宪法”及时恢复“五四宪法”关于修宪表决通过比例的规定，填补了宪法修改制度中的关键漏洞。

4. 关于宪法文本的公布

无论是“五四宪法”的制定，还是 1975 年、1978 年和 1982 年三次全面修改宪法，宪法获得通过之后，都是由全国人大全体会议主席团通过发布全国人民代表大会公告的方式公布宪法。

全国人大有修改宪法之权，修宪权的核心当属对宪法修改草案的议决之权。但对修宪权的理解不应仅仅是对宪法修改草案的议决之权。若如“七五宪法”和“七八宪法”一般，宪法文本只是将修改宪法规定为全国人大的一项职权而再无其他规定，那么全国人大应当主持和主导整个宪法修改过程。作出宪法修改的决议，成立宪法修改草案的起草机构，决定公布宪法修改草案以征求全国各族人民之意见，决定宪法修改草案表决通过的比例，公布修改后的宪法文本等内容，均属整体修宪权的范畴，修宪过程中一系列的程序环节均应由全国人大自行完成或授权适当的机关予以完成。

基于上述对修宪权的认知，1982 年修宪过程中全国人大自行公布修改后的宪法文本并无不妥之处，并且也符合人民代表大会制度作为根本政治制度的制度逻辑。

**【延伸阅读】**

1. 薛小建．中国社会转型的法律基石：1982 年宪法的历史地位．中国法学，2012（4）．

2. 郭道晖．中国法治发展的历程与社会动力：纪念 82 宪法颁布 30 周年．河北法学，2012（8）．

## 事例三

## 地方立法授权交警查阅或复制通讯记录①

### 【事例概况】

《甘肃省道路交通安全条例》于2011年11月24日经甘肃省人大常委会审议通过，于2012年1月1日生效施行。其中第76条规定，因调查交通事故案件需要，公安机关交通管理部门可以查阅或者复制有关单位记载过往车辆信息的资料，以及车辆维修单位维修记录和交通事故当事人的通讯记录，必要时可以依法提取和封存相关信息、资料，有关单位应当及时、如实、无偿提供，不得伪造、隐匿、转移、销毁。两年之后，同样的规定，一字无差地出现在了《内蒙古自治区实施〈中华人民共和国道路交通安全法〉办法》中。

公开报道显示，甘肃在条例通过后专程召开新闻发布会，称：上述条例是甘肃省第一部关于道路交通安全管理的地方性法规。条例归纳和总结了甘肃省道路交通安全管理的经验和教训，对上位法的原则性规定进行了具体细化，增强了操作性。条例还就开车打手机行为作出针对性规定，明确驾驶员驾车时拨打接听手持电话或者看电视的，处以200元罚款。

发生交通事故后，警方调取司机通讯记录的情形时有发生。有公安系统内人士表示，开车时打电话是导致交通事故的罪魁祸首之一，相关法规也对驾驶机动车接打手机的行为明令禁止。根据《中华人民共和国道路交通安全法实施条例》(2004年）的规定，驾驶机动车不得有下列行为：拨打接听手持电话、观看电视等妨碍安全驾驶的行为。违者扣2分、处警告或20元以上200元以下罚款。发生交通事故后，警方调查时如发现司机可能有开车打电话的行为，通讯记录就相当于是不容抵赖的“铁证”。此外，在一些交通事故中，调取通讯记录，则能够让警方了解司机的一些行动轨迹等更多信息线索。尽管查询个人通信信息“见效快”，但也有观点认为，警方如此处理“并无必要”，“交警处理交通事故的时候检查好路面情况，基本上就可以把事故了解得比较清楚。比如，在事故现场通过观察基本可以清楚判定事故责任，涉嫌酒驾醉驾的可以通过验血判定，不需要查阅、复制通讯记录”。

2018年5月至10月，全国人大常委会法制工作委员会（以下简称法工委）法规备案审查室对全国54个地方现行有效的57部道路交通安全法规进行了专项审查。全国人大常委会法工委经研究认为：《甘肃省道路交通安全条例》和《内蒙古自治区实施〈中华人民共和国道路交通安全法〉办法》中查阅或者复制交通事故当事人通讯记录的规定，侵犯了公民的通信自由及通信秘密。2019年2月，全国人大常委会法工委分别向甘肃省和内蒙古自治区的人大常委会发出审查研究意见。

内蒙古自治区人大常委会对全国人大常委会法工委提出的审查研究意见高度重视，召开主任会议专门进行研究，及时启动法规修改程序。自治区有关部门同时启动对类似问题的自查自纠工作，对自治区现行有效的全部法规进行梳理和排查，对所有涉及公民通信自由和通信秘密的规定进一步研究，确保合宪合法。2019年5月，内蒙古自治区第十三届人大常委会第十三次

① 根据新闻报道和规范性文件备案审查案例编写，详见《地方交规“赋权”警方查个人通话记录全国人大常委会备案审查出手纠正》，载腾讯网，https：//xw.qq.com/cmsid/20190302A04KFF/20190302A04KFF00，2021年8月3日访问；全国人大常委会法制工作委员会法规备案审查室编著：《规范性文件备案审查案例选编》，北京，中国民主法制出版社，2020，31～33页。

会议审议通过《关于修改〈内蒙古自治区城乡规划条例〉等3件地方性法规的决定》，对《内蒙古自治区实施〈中华人民共和国道路交通安全法〉办法》中的相关规定作出修改。

甘肃省人大常委会对全国人大常委会法工委提出的审查研究意见高度重视，及时进行部署，明确由省人大法制委员会、省人大常委会法工委和有关部门进行研究，提出处理意见。省人大法制委员会、省人大常委会法工委专门召开会议，讨论研究审查研究意见，会同省人大监察司法工作委员会、省司法厅、省公安厅及其交管局作深入研究。经研究认为，《甘肃省道路交通安全条例》第76条的规定的确涉及公民的通信自由和通信秘密，缺乏直接上位法依据支撑，应当进行修改。2020年4月，甘肃省第十三届人大常委会第十五次会议对《甘肃省道路交通安全条例》作出修订。

**【涉及的宪法问题】**

1. 通信自由与通信秘密的内涵

通信自由保护的是通信的过程，通信秘密保护的是通信的内容。对通信自由的侵犯，比如剪断电话线、隐匿或者毁弃邮件、利用干扰器干扰通话过程等等；对通信秘密的侵犯，包括监听、偷录、拦截、查阅、复制通信内容等。有学者认为：通信秘密保护的是通信的私密属性，而通信自由保护的是通信私密属性之外的其他利益。通信自由更像是一个“兜底条款”，能为公民的通信权提供全面的保障。

2. 法律保留

宪法中的法律保留是对基本权利限制的授权，即授权国家立法机关通过立法规定基本权利的限制措施。《立法法》中的法律保留在两个角度发挥作用：横向角度，防止中央层面的行政机关、审判机关等国家机关侵犯专属于立法机关的立法权限；纵向角度，防止地方国家机关侵犯专属于中央国家机关的立法权限。

3. 宪法解释

宪法解释是宪法实施过程中不可缺少的环节，多数情况下它融合于宪法的执行和适用的过程之中。在最高权力机关或立法机关解释体制下，宪法解释机关也可以通过决议等方式对宪法作出单独的解释。为保证宪法解释的科学性，宪法解释应当遵循特定的方法和步骤。

**【条文链接】**

**《中华人民共和国宪法》（2018年修正）**

第四十条　中华人民共和国公民的通信自由和通信秘密受法律的保护。除因国家安全或者追查刑事犯罪的需要，由公安机关或者检察机关依照法律规定的程序对通信进行检查外，任何组织或者个人不得以任何理由侵犯公民的通信自由和通信秘密。

**【事例评析】**

宪法教义学发展出了一套三阶段的基本权利审查模式，在判断国家干预基本权利行为的合宪性时，第一步审查基本权利的保护范围，即公民的行为是否受某个基本权利的保护；第二步审查国家是否对落入该基本权利保护范围的行为进行了干预；第三步审查国家的干预是否具备宪法正当性，具体又分为审查形式正当性（比如立法权限、程序、形式要求、援引要求）和审查实质正当性（比如明确性要求、个案法律禁止、本质内涵保障、比例原则）。上述三阶段审查步骤呈现一种递进关系，前一阶段的审查没有通过，不得进入下一阶段的审查。比如某个行为不属于基本权利的保护范围，那么，自然无须审查是否对其构成干预。同样，某个行为虽然受基本权利的保护，但其所遭受的损害并非公权力行为造成的，即谈不上对它的干预，那么也就无所谓干预的合宪性问题。以下将从保护范围、权利限制、限制的正当性三个步骤展开对本条中通信自由与通信秘密的分析。

1. 通信自由与通信秘密的保护范围

通信是指通过媒介将信息由一点传送至另一点的过程。通信具有三个特点：第一，通信发生在两个或两个以上特定人之间，它是一种点对点的交流。第二，通信具有中介性。通信不同于面对面的交谈，后者并没有第三方的介入。第三，通信促成思想的交流。通信传递的是信件、声音、图像等，这些只是思想的载体，通信的目的在于思想的交流。

同时需要注意以下几个问题：其一，关于通信的形式。按照1982年修宪时的意图，我国《宪法》第40条规定的通信仅指信件。在通信手段已经电子化、网络化以后，电话、电报、短信、传真、微信、email等新的借助第三方中介来促成个人之间交流的方式，都应当被纳入通信的范畴。其二，关于通信的地点。不限于国内的通信，从国外发往国内或者从国内发往国外均属于通信。通信只要使用了本国国土上的连接装置，就应当受到保护。其三，关于通信的时间。从通信自由和通信秘密保护的目的，即保护私人之间交流的可信赖性来看，它主要是防止通信在传输过程中被侵犯。随着通信技术的发展，即使通信已经送达，通信的内容仍然可能被作为中介的通信服务提供商所保存，此时通信的时间的判断就不能以送达为限，而应该以通信存储的位置作为判断标准。其四，通信自由和通信秘密保护的是对通信的信任，而非对通信对方当事人的信任。

1954年宪法仅保护通信秘密，1975年和1978年宪法仅保护通信自由，现行宪法同时保护通信自由和通信秘密。应当讲，现行宪法的保护是更加全面的，因为通信自由保护的是通信的过程，通信秘密保护的是通信的内容。对通信自由的侵犯，比如剪断电话线、隐匿或者毁弃邮件、利用干扰器干扰通话过程等等；对通信秘密的侵犯，包括监听、偷录、拦截、查阅、复制通信内容等等。有学者认为：现行宪法将“通信自由”纳入保护确有其必要，它更像是一个“兜底条款”，可以涵盖通信秘密以外的其他通信利益，从而能为公民的通信权提供全面的保障。从这里可以看出，通信秘密保护的是通信的私密属性，而通信自由保护的是通信私密属性之外的其他利益。①

2. 通讯记录或通话记录是否属于通信自由、通信秘密的保护范围

从通信自由和通信秘密保护的目的——保护私人之间交流的可信赖性来看，通信自由和通信秘密主要防止通信在传输过程中被侵犯。例如信件，无论是在发信人手中还是在收信人手中，都不属于通信而是个人隐私的范畴，因为此时个人对信件是可以掌控的，但是当在邮局或送信人的手中的时候，个人无法掌控，此时才有运用通信自由和通信秘密加以保护的必要。在传统通信时期，通信自由和通信秘密的保护界限是一致的，自信息发送之时开始，至信息送达完成之时结束。随着通信技术的发展，通信自由和通信秘密的保护界限产生了分离。通信自由仍然保护通

---

① 参见杜强强：《法院调取通话记录不属于宪法上的通信检查》，载《法学》，2019年第12期。

信在传输过程中不受侵犯，但通信秘密保护的界限，从时间维度来看，拓展至更大的范围。在信息技术高度发达的今天，即使私人之间通信的过程已经完结，通信的内容和相关信息仍然可能被作为中介的通信服务提供商所保存。此时通信秘密的保护范围就不能以通信完结的时间为判断标准，而应该以通信存储的位置作为判断标准。假设甲发送一封电子邮件至乙的电子邮箱，丙通过黑客技术非法侵入乙的电子邮箱获取了这封邮件的内容。从时间维度观察，自甲点击“发送”开始到邮件进入乙的电子邮箱，通信的过程就此完结，但信件的内容与相关记录保存在邮箱运营商的服务器内，甲乙之间的通信仍然受到通信秘密的保护，因此对丙的行为应当定性为对通信秘密的侵犯。

通信秘密所保护的主要是通信内容的私密性，但通信秘密的保护并不以通信内容密封为必要条件。诸如明信片、贺卡之类的通信方式，其通信内容并未密封，但仍然属于通信秘密的保护对象。在这种通信方式中，通信人只是放弃了通信过程中对必要的参与者，如邮递员、分拣员的保密，但并不意味着同时放弃对除此之外的其他人的保密。如果邮递员对明信片或贺卡的内容未尽合理保密义务，仍然构成对通信秘密的侵犯。此外，通信秘密的保护范围也不限于通信内容，还包括通信双方的地址、运输人、运送细节等对于寄送必要的外在信息，这些信息对于维护通信的可信赖性是必要的：有时候，通信人不仅不想让其他人知道通信的内容，甚至都不想让人知道他跟谁通过信。通信的外在信息不仅影响某次通信的可信赖性，还会对未来再次通信的可信赖性产生影响，因为在当前的技术水平下，通过通话记录和通讯记录中非通信内容的数据不仅可以实现对个人的定位，甚至可以实现实时监控。

综上所述，在传统通信时代，通信自由和通信秘密的保护范围都以通信过程为限。在信息技术高度发达的今天，通信秘密的保护范围不再以时间维度的通讯过程为限，而是以通信内容及相关信息的存储空间或获取路径为判别标准：存储于通信服务提供商处的通信内容及相关信息仍然受到通信秘密保护；存储于通信人的通信设备上的通信内容和相关信息，或经由通信人的通信设备获取的通信内容与相关信息不受通信秘密保护，而是受到隐私权或个人信息条款的保护。通讯记录和通话记录形成于通信行为结束之后，一般不受通信自由的保护；通信人的通信设备存储的以及经由通信人的通信设备获取的通讯记录和通话记录，也不受通信秘密的保护；但存储于通信服务提供商处的通讯记录和通话记录属于通信秘密的保护范围。

3. 通信自由与通信秘密的限制

《宪法》第 40 条规定，“中华人民共和国公民的通信自由和通信秘密受法律的保护。”从基本权利限制的角度出发，此款规定属于法律保留的限制方式。宪法条文表述为“受法律的保护”，实质上是《宪法》授权立法机关制定保护通信自由和通信秘密的法律，当然，在法律之中还可以规定对通信自由和通信秘密的限制措施。因此，对法律保留可以理解为宪法对立法机关的授权，立法机关可以据此制定限制基本权利的法律。《宪法》第 40 条第 2 款规定，“除因国家安全或者追查刑事犯罪的需要，由公安机关或者检察机关依照法律规定的程序对通信进行检查外，任何组织或者个人不得以任何理由侵犯公民的通信自由和通信秘密”。对此款规定可以理解为特殊法律保留或“加重法律保留”。“加重法律保留”是指虽宪法对立法机关已作出授权，但宪法又同时限定立法机关所制定的法律在内容上必须符合宪法所预定的条件，如宪法在这里对通信检查主体的限定。既然宪法将通信检查的主体限定为“公安机关或者检察机关”，则即便立法机关也不得在其制定的法律中授权“公安机关或者检察机关”以外的机关来做通信检查。这是“加重法律保留”的应有之义，否则《宪法》第 40 条对通信检查主体的特别限定就毫无意义了。[①] 综上，《宪法》第 40 条蕴含两个层次的法律保留：第一句规定的一般法律保留和第二句规定的特殊法律保留。特殊法律保留指向对通信进行检查的干预措施，要求必须符合宪法预先设定好的特定主体、特定事由等条件，否则规定通信检查措施的法律将是不具合宪性的。一般法律保留针对除通信检查之外的其他干预措施，当然理论上要求此类措施至少不得对公民的通信自由和通信秘密造成实质性损害。

《宪法》第 40 条第二句规定的通信检查是何种性质的通信干预措施？检查的中文意思是为了发现问题而用心查看。如果对照 1982 年《宪法》的英文版，会发现该词对应的英文是“censor”。“Censor”在英文中有着独特的含义，专指新闻审查、书报检查等确保其没有有害内容的活动。由此可见，并非所有的调取或查看通信的活动都属于检查。判断是不是检查，关键在于看其查看的对象和目的是什么。只有那些针对通信内容的审查或者说有可能导致通信人“因言获罪”的行为才称得上检查。反过来，如果不涉及其内容的调取或者虽然涉及内容但并非对内容作价值判断而是用内容来证明某个事实是否发生，则这些都不属于检查。结合本例，如果交警调取和查阅通话记录只是为了查证当事人在特定时间是否有拨打或接听电话的行为而不涉及审查通话内容，或者调取或查阅通讯记录只是为了查证当事人在特定时间是否有通信行为发生而不涉及通讯内容（道路交通执法实践中，多数情况也是如此），不能认定构成《宪法》第 40 条第二句规定的通信检查措施。根据上文对一般法律保留和特殊法律保留的分析，此种通信干预措施满足一般法律保留的条件即可，即由国家立法机关在法律中加以规定并对公民的通信自由和通信秘密不产生实质性损害即可。

*4. 央地关系层面的法律保留*

虽然《宪法》就国家结构形式问题未作出概念性的规定，但宪法学、政治学等的理论和实践中的通论认为中国属于单一制国家，主要依据是《宪法》第 3 条，其中第 1 款规定“中华人民共和国的国家机构实行民主集中制的原则”，第 4 款规定“中央和地方的国家机构职权的划分，遵循在中央的统一领导下，充分发挥地方的主动性、积极性的原则”。在单一制国家中，地方并不享有独立于中央的且受宪法保障的专属权限。基于中央与地方之间领导与被领导的关系，在所有的公共事务和政府事务领域，中央均有权干预地方的决策。

在立法领域，《立法法》对于中央与地方的立法权限也有分工性质的规定。根据《立法法》第 11 条，涉及国家主权的事项，各级人民代表大会、人民政府、人民法院和人民检察院的产生、组织和职权等十一种事项，只能制定法律。依其第 10 条的规定，全国人大及其常委会行使国家立法权，全国人大制定和修改基本法律，全国人大常委会制定和修改基本法律之外的普通法律并在不同基本法律的基本原则相抵触的情况下部分补充和修改基本法律。综合第 10 条和第 11 条的规定，对于第 11 条规定范围之内的事项只能由全国人大或其常委会以制定法律的方式加以规定，其他所有的国家机关在未取得全国人大或其常委会授权的情况下，均不得就上述范围内的事项予以规定。《立法法》第 11 条属于国家立法机关的专属权限，其他所有国家机关都不得侵犯。此条款也被称为“法律保留”。法律保留在纵向的央地关系层面的意义在于，地方的所有国家机关无权就《立法法》第 11 条规定范围内的事项加以规定。此外，《立法法》第 82 条规定了地方立法权限，可以分为执行性立法、地方性立法和先行性立法三种类型。执行性立法和地方性立法都不得与现有的中央立法相抵触，先行性立法以《立法法》第 11 条法律保留范围之外的事

---

① 参见杜强强：《法院调取通话记录不属于宪法上的通信检查》，载《法学》，2019 年第 12 期。

项和尚未制定法律或行政法规为前提，且在法律或者行政法规生效后，地方性法规同法律或者行政法规相抵触的规定无效。

具体到本例而言，在道路交通安全领域，第十届全国人大常委会第五次会议于 2003 年 10 月 28 日审议通过《道路交通安全法》（该法自 2004 年 5 月 1 日起施行）；国务院于 2004 年 4 月 30 日颁布《道路交通安全法实施条例》（该条例自 2004 年 5 月 1 日起施行）。经甘肃省人大常委会于 2011 年 11 月 24 日审议通过并于 2012 年 1 月 1 日生效施行的《甘肃省道路交通安全条例》应当属于执行性地方立法，基本要求是不与作为中央立法和上位法的《道路交通安全法》和《道路交通安全法实施条例》相抵触。但无论是《道路交通安全法》还是《道路交通安全法实施条例》，都没有赋予交警查阅复制当事人通讯记录的权力。甘肃省和内蒙古自治区的地方性法规授权交警查阅复制通讯记录的规定是否与上位法相抵触？在回复某人民法院关于地方性法规增加针对欠缴公路费用违法行为实行暂扣车辆措施是否合法时，全国人大常委会法工委指出：我国《公路法》规定对此行为可责令限期缴纳、加收滞纳金或处罚款，地方不宜再规定新的强制措施。最高人民法院于 2004 年发布的《关于审理行政案件适用法律规范问题的座谈会纪要》（法〔2004〕96 号）总结了审判实践中“下位法不符合上位法”（下位法与上位法相抵触）的常见情形，其中前两种情形是“下位法缩小上位法规定的权利主体范围，或者违反上位法立法目的扩大上位法规定的权利主体范围”和“下位法限制或者剥夺上位法规定的权利，或者违反上位法立法目的扩大上位法规定的权利范围”。全国人大常委会法工委与最高人民法院的核心意见是一致的，即从立法目的角度，下位法不能缩减上位法规定的公民的权利，下位法也不得扩大上位法规定的公民的义务。显而易见，甘肃省和内蒙古自治区的地方性法规授权交警查阅复制当事人通讯记录的规定，较之上位法增加了交管部门的职权，相对应地，较之上位法也增加了公民承担的义务。也许正是出于这种考虑，全国人大常委会法工委在备案审查中认为甘肃省、内蒙古自治区的地方性法规授权交警查阅复制当事人通讯记录的规定“缺乏法律依据”。

5. 评析结论与宪法解释

通过对通信自由和通信秘密保护范围的分析可知，存储在通信服务提供商处的通讯记录和通话记录受到通信秘密的保护；存储在通信人通信设备中的通讯记录和通话记录受隐私权或个人信息条款的保护。甘肃省、内蒙古自治区的地方性法规授权交警查阅复制当事人通讯记录的规定并未明确从何处查阅复制当事人的通讯记录，因此理论上包括从通信服务提供商处和从当事人通信设备中两种可能。从合宪性解释的角度看，为保证地方性法规与宪法的一致性，对甘肃省、内蒙古自治区的地方性法规授权交警查阅复制当事人通讯记录的规定只能进行限缩解释，即交警只得从当事人的通信设备中查阅复制当事人的通讯记录。通过对通信自由和通信秘密的限制的分析可知，《宪法》第 40 条规定了一般法律保留和特殊法律保留，通信检查措施须符合特殊法律保留的标准，除此之外的其他干预措施满足一般法律保留的标准即可。查阅复制当事人的通讯记录不属于通信检查措施，故须满足一般法律保留的标准。从形式角度而言，须在全国人大或其常委会制定的法律中规定此种查阅复制通讯记录的干预措施。但现有的《道路交通安全法》对此类措施并未规定。甘肃省人大常委会和内蒙古自治区人大常委会作为地方立法机关，在《道路交通安全法》尚未规定查阅复制通讯记录的干预措施的情况下，并无此立法权限，作此规定也无法律依据。①

上述内容是运用宪法教义学中的基本权利三阶段审查模式对中国的合宪性审查事件进行分析的尝试。其实，在分析此类事件的每个阶段，都涉及对宪法相关条文以及其蕴含的宪法规范和原则、立宪目的和精神的解释。简言之，宪法解释是对宪法的条文和结构以及其所蕴含的规范、原则、目的和精神的解释与说明。狭义的宪法解释，是由享有宪法解释权的国家机关对宪法进行解释和说明的活动。在合宪性审查或宪法诉讼的制度实践比较发达的国家，宪法解释活动一般不会独立存在，而是蕴含在合宪性审查或宪法诉讼之中，体现在合宪性审查结论或宪法诉讼案件的判决之中。

为确保宪法解释的科学性和正确性，宪法解释应当遵循一定的方法和步骤。宪法解释的方法与法律解释的方法基本相同，包括语义解释、体系解释、历史解释和目的解释。所谓语义解释，即通过分析宪法条文所使用的语词、语句的含义的方式来明确宪法规范的具体含义。所谓体系解释，即通过从形式与内容的角度分析一项宪法规范在宪法整体中的位置、与其他宪法规范的相互关系等的方式明确宪法规范的具体含义。所谓历史解释，即通过立宪、修宪、释宪的历史资料以及立宪、修宪、释宪的特定历史背景等角度明确宪法规范的具体含义。所谓目的解释，即从具体的规范目的和整体的立宪目的角度明确宪法规范的具体含义。上述不同的解释方法并非组成一个可任意选取的宪法解释的工具库，而是有明确而特定的使用要求。在宪法解释过程中，对宪法规范的解释应当遵循语义解释、体系解释、历史解释和目的解释的先后顺序，并且应当完整地使用上述四种解释方法。同时，宪法解释的结论应当符合宪法的基本原则和精神，并注意协调宪法规范与社会实际的关系。

**【延伸阅读】**

1. 张翔．通信权的宪法释义与审查框架：兼与杜强强、王锴、秦小建教授商榷．比较法研究，2021（1）.

2. 王锴．调取查阅通话（讯）记录中的基本权利保护．政治与法律，2020（8）.

3. 杜强强．法院调取通话记录不属于宪法上的通信检查．法学，2019（12）.

4. 秦小建．新通信时代公民通信权的实践争议与宪法回应．政治与法律，2020（7）．

5. 彭錞．再论八二宪法通信权条款：原旨与变迁．法学评论，2023（5）.

## 第三节　宪法的实施与监督

宪法的生命在于实施。宪法的实施即宪法规范在社会实际生活中的贯彻落实。通过宪法的实施，将宪法的理念、基本原则、精神和规范内涵付诸实践，发挥宪法保障基本人权、规范国家权力的功能作用。宪法的实施包括宪法的执行、宪法的适用、宪法的遵守等直接实施的方式。同时宪法还可以通过法律的实施而获得实施，此即宪法间接实施的方式。为保障宪法的有效实施，宪法监督是必不可少的制度设置。当前，中国已经建立起以合宪性审查机制为核心内容的宪法监督制度。

本节选取“国务院举行宪法宣誓仪式”、“齐某苓案”、“收容教育制度的废除”等事例，对宪

---

① 事例评析部分参考王锴教授的论文，详见王锴：《调取查阅通讯（话）记录的基本权利保护》，载《政治与法律》，2020年第8期，107～119页。

法的执行、宪法的适用以及合宪性审查的理论、制度和实践进行分析。

**事例一**

## 国务院举行宪法宣誓仪式[①]

**【事例概况】**

2022年7月5日，国务院在中南海举行宪法宣誓仪式。国务院总理李克强监誓。

根据《宪法》和《国务院及其各部门任命的国家工作人员宪法宣誓组织办法》，国务院任命的35个部门和单位的45名负责人依法进行宪法宣誓。

上午11时，国务委员兼国务院秘书长肖捷宣布宪法宣誓仪式开始。全体起立，唱中华人民共和国国歌。随后，领誓人手抚宪法、领诵誓词，其他宣誓人列队站立、跟诵誓词。

宣誓后，李克强希望大家铭记这一庄严时刻，坚守誓言，以行践诺。他要求：要以习近平新时代中国特色社会主义思想为指导，依宪施政、依法行政，恪尽职守、勤政为民。要依法履职尽责。法乃国之纲纪、行之准绳。要把尊法学法守法用法化为自觉行为和必备素质，运用法治思维和方式作决策、出政策、抓落实，更好发挥法治固根本、稳预期、利长远的作用。要勇于担当作为。志不求易，事不避难，尊重客观规律，立足岗位创造性工作，做出经得起检验的实绩。坚持发展是解决我国一切问题的基础和关键。要全面贯彻新发展理念，高效统筹疫情防控和经济社会发展，务实重干，积极应对困难挑战。把稳增长放在更加突出的位置，统筹稳增长、调结构、推改革，促进经济社会持续健康发展。要倾情竭力为民。细察民情，念兹在兹，以民之所利而利之，及时解决群众急难愁盼问题，在发展中不断增进民生福祉。当前尤其要把群众安危冷暖记在心头，扎实做好民生保障工作。要清廉奉公。既然从事公职就要秉公去私。要以上率下、正己率人，始终绷紧依法依规谨慎用权这根弦，堂堂正正做人，干干净净做事。大家重任在肩，唯有勤勉不怠。要砥砺进取，为建设富强民主文明和谐美丽的社会主义现代化强国不懈奋斗。

**【涉及的宪法问题】**

1. 宪法宣誓制度

现行《宪法》第27条第3款规定，国家工作人员就职时应当依照法律规定公开进行宪法宣誓。为彰显宪法权威，激励和教育国家工作人员忠于宪法、遵守宪法、维护宪法，加强宪法实施，各级人民代表大会及县级以上各级人民代表大会常务委员会选举或者决定任命的国家工作人员，以及各级人民政府、人民法院、人民检察院任命的国家工作人员，在就职时应当公开进行宪法宣誓。

2. 宪法实施

立宪的目的在于行宪，制定宪法就是要通过实施宪法实现宪法的价值和功能。所谓宪法实施，即宪法规范在社会实际生活中的贯彻落实。总体而言，宪法实施的方式既包括直接实施宪法的方式，也包括间接实施宪法的方式。直接实施宪法的方式又可细分为宪法的执行、宪法的适用

---

① 参见《国务院举行宣誓仪式》，载人民网，http：//politics.people.com.cn/n1/2022/0706/c1024-32467010.html，2022年8月2日访问。

以及宪法的遵守。

3. 宪法执行

宪法执行，是指宪法执行的主体即宪法设立的国家机关，直接依据宪法行使公共管理职能的活动。宪法执行是宪法实施中基础性的方式，宪法规范主要通过宪法执行的方式在社会实际生活中得到贯彻落实。具体而言，宪法执行包括依据宪法设立国家机关形成国家机构体系，依据宪法对宪法进行修改，依据宪法对宪法进行解释，依据宪法进行立法，依据宪法对具体事项作出决定或决议等形式。

**【条文链接】**

**《中华人民共和国宪法》(2018 年修正)**

“序言”(第十三自然段)　本宪法以法律的形式确认了中国各族人民奋斗的成果，规定了国家的根本制度和根本任务，是国家的根本法，具有最高的法律效力。全国各族人民、一切国家机关和武装力量、各政党和各社会团体、各企业事业组织，都必须以宪法为根本的活动准则，并且负有维护宪法尊严、保证宪法实施的职责。

第二十七条　一切国家机关实行精简的原则，实行工作责任制，实行工作人员的培训和考核制度，不断提高工作质量和工作效率，反对官僚主义。

一切国家机关和国家工作人员必须依靠人民的支持，经常保持同人民的密切联系，倾听人民的意见和建议，接受人民的监督，努力为人民服务。

国家工作人员就职时应当依照法律规定公开进行宪法宣誓。

**《全国人民代表大会常务委员会关于实行宪法宣誓制度的决定》(2018 年修订)**

一、各级人民代表大会及县级以上各级人民代表大会常务委员会选举或者决定任命的国家工作人员，以及各级人民政府、监察委员会、人民法院、人民检察院任命的国家工作人员，在就职时应当公开进行宪法宣誓。

…………

**【事例评析】**

本事例直接涉及现行宪法规定的国家公职人员宪法宣誓制度，同时涉及宪法宣誓制度在国家政治生活中的贯彻落实，即宪法实施（宪法执行）的问题。现分别详述。

1. 宪法宣誓制度

2015 年 7 月 1 日，第十二届全国人民代表大会常务委员会第十五次会议通过《关于实行宪法宣誓制度的决定》。此决定认为：宪法是国家的根本法，是治国安邦的总章程，具有最高的法律地位、法律权威、法律效力。国家工作人员必须树立宪法意识，恪守宪法原则，弘扬宪法精神，履行宪法使命。为彰显宪法权威，激励和教育国家工作人员忠于宪法、遵守宪法、维护宪法，加强宪法实施，各级人民代表大会及县级以上各级人民代表大会常务委员会选举或者决定任命的国家工作人员，以及各级人民政府、人民法院、人民检察院任命的国家工作人员，在就职时应当公开进行宪法宣誓。宣誓誓词如下：“我宣誓：忠于中华人民共和国宪法，维护宪法权威，履行法定职责，忠于祖国、忠于人民，恪尽职守、廉洁奉公，接受人民监督，为建设富强、民主、文明、和谐的社会主义国家努力奋斗！”2018 年 2 月 24 日，第十二届全国人民代表大会常务委员会第三十三次会议修改《关于实行宪法宣誓制度的决定》，将宣誓誓词中的最后一句修改为“为建设富强民主文明和谐美丽的社会主义现代化强国努力奋斗！”2018 年 3 月 11 日，第十三届全国人民代表大会第一次会议通过的《中华人民共和国宪法修正案》第40条规定，“国家工作人员就职时应当依照法律规定公开进行宪法宣誓”。自此，国家工作人员就职时的宪法宣誓成为一项宪法制度。

除去前述宪法宣誓的国家工作人员范围和宣誓誓词之外，《关于实行宪法宣誓制度的决定》还包括以下内容：(1) 全国人民代表大会选举或者决定任命的中华人民共和国主席、副主席，全国人民代表大会常务委员会委员长、副委员长、秘书长、委员，国务院总理、副总理、国务委员、各部部长、各委员会主任、中国人民银行行长、审计长、秘书长，中华人民共和国中央军事委员会主席、副主席、委员，国家监察委员会主任，最高人民法院院长，最高人民检察院检察长，以及全国人民代表大会专门委员会主任委员、副主任委员、委员等，在依照法定程序产生后，进行宪法宣誓。宣誓仪式由全国人民代表大会会议主席团组织。(2) 在全国人民代表大会闭会期间，全国人民代表大会常务委员会任命或者决定任命的全国人民代表大会专门委员会个别副主任委员、委员，国务院部长、委员会主任、中国人民银行行长、审计长、秘书长，中华人民共和国中央军事委员会副主席、委员，在依照法定程序产生后，进行宪法宣誓。宣誓仪式由全国人民代表大会常务委员会委员长会议组织。(3) 全国人民代表大会常务委员会任命的全国人民代表大会常务委员会副秘书长，全国人民代表大会常务委员会工作委员会主任、副主任、委员，全国人民代表大会常务委员会代表资格审查委员会主任委员、副主任委员、委员等，在依照法定程序产生后，进行宪法宣誓。宣誓仪式由全国人民代表大会常务委员会委员长会议组织。(4) 全国人民代表大会常务委员会任命或者决定任命的国家监察委员会副主任、委员，最高人民法院副院长、审判委员会委员、庭长、副庭长、审判员和军事法院院长，最高人民检察院副检察长、检察委员会委员、检察员和军事检察院检察长，中华人民共和国驻外全权代表，在依照法定程序产生后，进行宪法宣誓。宣誓仪式由国家监察委员会、最高人民法院、最高人民检察院、外交部分别组织。(5) 国务院及其各部门、国家监察委员会、最高人民法院、最高人民检察院任命的国家工作人员，在就职时进行宪法宣誓。宣誓仪式由任命机关组织。(6) 宣誓仪式根据情况，可以采取单独宣誓或者集体宣誓的形式。单独宣誓时，宣誓人应当左手抚按《中华人民共和国宪法》，右手举拳，诵读誓词。集体宣誓时，由一人领誓，领誓人左手抚按《中华人民共和国宪法》，右手举拳，领诵誓词；其他宣誓人整齐排列，右手举拳，跟诵誓词。宣誓场所应当庄重、严肃，悬挂中华人民共和国国旗或者国徽。宣誓仪式应当奏唱中华人民共和国国歌。负责组织宣誓仪式的机关，可以根据该决定并结合实际情况，对宣誓的具体事项作出规定。(7) 地方各级人民代表大会及县级以上地方各级人民代表大会常务委员会选举或者决定任命的国家工作人员，以及地方各级人民政府、监察委员会、人民法院、人民检察院任命的国家工作人员，在依照法定程序产生后，进行宪法宣誓。宣誓的具体组织办法由省、自治区、直辖市人民代表大会常务委员会参照该决定制定，报全国人民代表大会常务委员会备案。

2. 宪法的直接实施

立宪的目的在于行宪，制定宪法就是要通过实施宪法实现宪法的价值和功能。反言之，要实现宪法的价值和功能，宪法实施是必经环节。总体而言，宪法实施既有直接实施的方式，也有间接实施的方式。本部分主要讨论宪法的直接实施方式。

根据主流宪法教材的观点，直接实施宪法的方式又可细分为宪法的执行、宪法的适用以及宪法的遵守。(1) 宪法的执行，是指宪法执行的主体即宪法设立的国家机关，直接依据宪法行使公共管理职能的活动，例如：国家权力机关制定法律，监督其他国家机关，针对特定的事项作出具体的决定或决议等；行政机关依照宪法行使行政权，管理国家事务和社会公共事务；监察机关依照宪法行使监察权，监督一切行使公权力的公职人员，查处职务犯罪和职务违法行为；司法机关依照宪法独立行使审判权、检察权；等等。在我国，宪法的执行主要包括依据宪法设立国家机关形成国家机构体系，依据宪法对宪法进行修改，依据宪法对宪法进行解释，依据宪法进行立法，依据宪法对具体事项作出决定或决议等形式。(2) 宪法的适用，是指宪法规定的特定国家机关适用宪法解决争议的活动。宪法争议主要有法律等规范性文件的规定是否符合宪法、国家机关之间的包括横向的国家机关之间和纵向的国家机关之间的权限争议、选举争议、弹劾案，在有的国家还包括政党是否违宪的争议等。在我国，全国人大和全国人大常委会作为监督宪法实施的国家机关，有权适用宪法判断所有法律等规范性文件的规定是否符合宪法，除此之外的其他国家机关无权直接适用宪法解决宪法上的争议。(3) 宪法的遵守，是指一切国家机关、政党、社会组织和个人遵循宪法规定从事各种行为。国家机关不仅执行宪法，其本身也有遵守宪法的职责。政党、社会组织和个人要以宪法为根本的活动准则。宪法的遵守是宪法实施的内在要求，也是宪法实施的重要形式。①

根据主流宪法教材的观点，宪法的执行、适用和遵守似乎是平行关系，相互之间并无交叉重叠。依笔者之见，宪法的执行、适用和遵守之间的关系要更为复杂。首先，国家机关执行宪法的规定，其本身也是在遵守宪法。如果未能按照宪法的规定执行宪法规范的内容，则属于违反宪法。其次，当国家机关存在违反宪法的争议时，由宪法规定的特定的国家机关依据宪法予以解决的活动属于宪法的适用。依照中国的宪法监督体制，宪法适用的主要情形是对法律等规范性文件的规定是否违宪的争议予以处理。因此，宪法的适用是对国家机关违宪行为，同时也是不遵守宪法行为的监督，本身具有监督国家机关执行宪法的性质。再次，从宪法适用机关的角度而言，其适用宪法解决宪法争议的行为本身也是在执行宪法相关规定的活动，同时具有宪法执行的性质。宪法适用机关依照宪法解决宪法争议，也是对宪法的遵守。最后，宪法的遵守与宪法的执行和适用并不处于同一个层次，宪法的遵守是所有宪法实施活动的最终目的。

前述全国人大修改宪法，规定“国家工作人员就职时应当依照法律规定公开进行宪法宣誓”，全国人大常委会制定和修改《关于实行宪法宣誓制度的决定》，以及国务院举行宪法宣誓仪式等的活动和行为，虽然行为的主体、性质有所不同，但均属宪法实施的活动，是将宪法的精神、原则和规范内涵付诸实际的行动。

### 3. 宪法的间接实施

在前述内容中，全国人大常委会制定和修改《关于实行宪法宣誓制度的决定》是对宪法规定的宪法宣誓条款的具体化，国务院举行宪法宣誓仪式是对全国人大常委会《关于实行宪法宣誓制度的决定》的直接实施，同时也是对宪法规定的宪法宣誓条款的间接实施。

从可实施性的角度而言，宪法规范可以被区分为可直接实施的规范和不可直接实施的规范。如《宪法》第 64 条规定的宪法修改程序，具有明确而具体的可操作性，是可直接实施的宪法规范；《宪法》第 14 条规定的社会保障制度，只是一项原则性和纲领性的条款，并未明确规定其具体内容，社会保障的职权主体和权利主体、范围与条件、资金筹集与管理等一系列具体规范，只能由享有立法权的国家机关制定法律，将其具体化方可具备可实施性，因此属于不可直接实施的规范。对于可直接实施的宪法规范，相应的国家机关直接执行或适用即可。对于不可直接实施

---

① 参见《宪法学》编写组：《宪法学》，北京，高等教育出版社、人民出版社，2011，322～325 页。

的宪法规范，待具有立法权的国家机关依据宪法制定法律，将宪法的规定具体化之后，方能贯彻和落实于社会生活实际。依据宪法制定的法律将宪法的精神、原则和规范内涵融合于其中后，如果法律得到全面的实施，宪法也会得到实施。此即通过法律实施的宪法实施，亦即宪法的间接实施。

关于宪法的法律实施问题，早在20世纪80年代初期就有学者指出：只有宪法而没有各种具体法律，宪法的各项原则规定就很难得到贯彻。所有只有通过各种具体法律加以体现，宪法才能得到全面实施。宪法具有不同于一般法律的重要独特之处，它的原则性、总括性、凝练性、方向性强，因而必须通过完备的法律法规推动宪法的实施。通过不断完善法律法规和配套的其他规范性文件，保证宪法确立的制度和原则得到落实。因此，法律实施方法被视为当下我国宪法实施的主要路径与方法。①

关于通过法律的宪法实施，应当注意以下三个方面的问题：

其一，宪法的法律实施要求形成全面的法律规范体系。在2011年第十一届全国人大第四次会议上，全国人大常委会工作报告宣布中国特色社会主义法律体系已经形成，其主要标志是：第一，涵盖社会关系各方面的法律部门已经齐全；第二，各法律部门中基本的、主要的法律已经制定，相应的行政法规和地方性法规比较完备，法律体系内部总体做到科学、和谐、统一；第三，国家经济建设、政治建设、文化建设、社会建设以及生态文明建设的各个方面实现有法可依。全面的法律体系已经形成，并不意味着完备的法律规范体系已经形成。形成全面的法律体系，只是意味着法律体系的基本框架已经建立和形成。从宪法实施的角度看，形成完备的法律规范体系意味着宪法文本所规定的内容全面转化为具有法律逻辑结构的、可操作性强的具体实施的法律规范，只有宪法中的所有内容都化为此种法律规范，才能得出宪法在法律上得到全面实施的结论。检视当下的法律实践状况，在中央与地方的关系、宪法解释的程序、合宪性审查的具体机制等国家制度的各个方面，虽然已经确立其基础性内容和基本的框架，但更加详细、具体且更具操作性的法律规范仍然存有疏漏，相应的法律规范体系并不完备。

其二，宪法的法律实施要求高层次的立法。我国的法律体系是由宪法、法律、行政法规、地方性法规、规章、自治条例和单行条例等不同效力等级的规范性文件组成的。从法律保留的宪法原则出发，对宪法规范的具体化应当由国家立法机关制定的法律来完成。但当前有关国家组织的宪法规范的相关内容是由层次较低的规范性文件转化为法律规范的：虽然制定有《国务院组织法》《地方各级人民代表大会和地方各级人民政府组织法》，确立起行政机关的基本框架，但一些较为细节性的内容以及行政机关的设置均由上级行政机关主导完成。

其三，宪法的法律实施要求完善的合宪性审查机制。完备的法律规范体系和高效力等级的法律规范只是宪法的法律实施的前提条件。宪法的法律实施要求所有的法律规范均与宪法的精神、原则和规范内涵保持一致，因此应当建立完善的合宪性审查机制并确保此项机制的有效实施，将与宪法相违背、相抵触的法律规范排除出法律规范体系，确保宪法的最高效力地位，实现法律规范与宪法规范的和谐统一。

**【延伸阅读】**


1. 陈端洪．权力的圣礼：宪法宣誓的意义．中外法学，2018（6）.

2. 胡锦光．领导干部宪法宣誓的宪法意涵．人民论坛，2019（18）.


---

① 参见范进学：《论宪法全面实施》，载《当代法学》，2020年第5期。

**事例二**

## 齐某苓案[①]

**【事例概况】**

齐某苓与陈某琪均是滕州市第八中学（以下简称滕州八中）的1990年应届初中毕业生，当时同在滕州八中驻地滕州市鲍沟镇××村居住，二人相貌有明显差异。齐某苓在1990届毕业生统考中取得成绩441分，虽未达到当年统一招生的录取分数线，但超过了委培生的录取分数线。当年录取工作结束后，济宁商校发出了录取齐某苓为该校90级财会专业委培生的通知书，该通知书由滕州八中转交。

陈某琪在1990年中专预选考试中，因成绩不合格，失去了继续参加统考的资格。为能继续升学，陈某琪从滕州八中将齐某苓的录取通知书领走。陈某琪之父陈某政为此联系了滕州市鲍沟镇政府作陈某琪的委培单位。陈某琪持齐某苓的录取通知书到济宁商校报到时，没有携带准考证；报到后，以齐某苓的名义在济宁商校就读。陈某琪在济宁商校就读期间的学生档案，仍然是齐某苓在初中阶段及中考期间形成的考生资料，其中包括贴有齐某苓照片的体格检查表、学期评语表以及齐某苓参加统考的试卷等相关材料。在陈某琪读书期间，陈某政将原为陈某琪联系的委培单位变更为中国银行滕州支行。1993年，陈某琪从济宁商校毕业，自带档案到委培单位中国银行滕州支行参加工作。

陈某政曾于1991年中专招生考试体检时，办理了贴有陈某琪照片并盖有“山东省滕州市招生委员会”钢印的体格检查表，还填制了贴有陈某琪照片并加盖“滕州市第八中学”印章的学期评语表。1993年，陈某政利用陈某琪毕业自带档案的机会，将原齐某苓档案中的材料抽出，换上自己办理的上述两表。至诉讼时在中国银行滕州支行的人事档案中，陈某琪使用的姓名仍为“齐某苓”，“陈某琪”一名只在其户籍中使用。经鉴定，陈某政办理的体格检查表上加盖的“山东省滕州市招生委员会”钢印，确属滕州市教委的印章；学期评语表上加盖的“滕州市第八中学”印章，是由滕州八中的“滕州市第八中学财务专章”变造而来的。

齐某苓认为，陈某琪、陈某政、济宁商校、滕州八中、滕州市教委的行为共同侵犯其姓名权、受教育权以及其他相关权益，便向枣庄市中级人民法院提起诉讼，请求法院判令停止侵害、赔礼道歉，赔偿经济损失16万元，赔偿精神损失40万元。

枣庄市中级人民法院经审理后认为：陈某琪在中考落榜、升学无望的情况下，由其父陈某政策划并为主实施冒用齐某苓姓名上学的行为，构成对齐某苓姓名的盗用和假冒，是侵害《民法通则》* 第99条规定的姓名权的一种特殊表现形式。受教育权则属于公民一般人格权范畴，是公民丰富和发展自身人格的自由权利，但齐某苓主张侵犯受教育权的证据不足，不能成立。依据《民法通则》第120条规定，枣庄市中级人民法院判决被告陈某琪停止对原告齐某苓姓名权的侵害，被告陈某琪、陈某政、济宁商校、滕州八中、滕州市教委向原告齐某苓赔礼道歉，赔偿原告支付的律师代理费825元和鉴定费400元，赔偿精神损失费35 000元。

齐某苓不服一审判决，向山东省高级人民法院提起上诉。山东省高级人民法院认为，本案存在适用法律方面的疑难问题，便依照《人民法院组织法》第33条的规定，报请最高人民法院进

---

① 参见(最高人民法院公报) 2001年第5期。

* 已被废止。——编辑注

行解释。最高人民法院对本案进行研究后认为：当事人齐某苓主张的受教育权，来源于我国《宪法》第 46 条第 1 款的规定。根据本案事实，陈某琪等以侵犯姓名权的手段，侵犯了齐某苓依据宪法规定所享有的受教育的基本权利，并造成了具体的损害后果，应承担相应的民事责任。据此，最高人民法院以法释〔2001〕25 号批复了山东省高级人民法院的请示。

山东省高级人民法院据此讨论后认为：齐某苓通过初中中专预选后，填报了委培志愿，并被安排在统招兼委培考场，表明其有接受委培教育的愿望。齐某苓统考的分数超过了委培分数线，济宁商校已将其录取并发出了录取通知书。由于滕州八中未将统考成绩及委培分数线通知到齐某苓本人，且又将录取通知书交给前来冒领的陈某琪，才使陈某琪能够在陈某政的策划下有了冒名上学的条件。又由于济宁商校对报到新生审查不严，在既无准考证又无有效证明的情况下接收陈某琪，才让陈某琪冒名上学成为事实，从而使齐某苓失去了接受委培教育的机会。陈某琪冒名上学后，滕州市教委帮助陈某政伪造体格检查表，滕州八中帮助陈某政伪造学期评语表，济宁商校违反档案管理办法让陈某琪自带档案，给陈某政提供了撤换档案材料的机会，致使陈某琪不仅冒名上学，而且冒名参加工作，使侵权行为延续。该侵权是由陈某琪、陈某政、滕州八中、滕州市教委的故意和济宁商校的过失造成的。这种行为在形式上表现为侵犯齐某苓的姓名权，其实质是侵犯齐某苓依照宪法所享有的公民受教育的基本权利。陈某琪、陈某政、滕州八中、滕州市教委和济宁商校对该侵权行为所造成的后果，应当承担民事责任。最终，山东省高级人民法院依照《宪法》第 46 条、最高人民法院法释〔2001〕25 号批复以及《民事诉讼法》第 153 条的规定作出终审判决，维持一审判决中的停止侵害、赔礼道歉、赔偿律师代理费等部分内容，并改判：陈某琪、陈某政赔偿齐某苓因受教育权被侵犯造成的直接经济损失 7 000 元、间接经济损失 41 045 元，滕州八中、滕州市教委和济宁商校承担连带赔偿责任；陈某琪、陈某政、滕州八中、滕州市教委和济宁商校赔偿齐某苓精神损害费 50 000 元。

**【涉及的宪法问题】**

齐某苓案经最高人民法院批复和山东省高级人民法院判决后，迅速引起宪法学界的广泛热议。虽然齐某苓案的实体内容是关于《宪法》第 46 条规定的受教育权，但学界讨论的热点是“宪法司法化”等宪法或基本权利的适用和效力等问题。

1. 宪法适用问题

狭义的宪法适用主要是指合宪性审查机关将宪法适用于个案之中并作出判断的活动，即通过引用并解释宪法条款，将系争案件中所适用的下位法规范或者其他行为与对宪法条款的解释相比照，作出是否不合宪的判断。① 宪法适用不同于宪法实施，宪法实施是指宪法在国家现实生活中的贯彻落实，是使宪法规范的内容转化为具体社会关系中的人的行为。狭义的宪法实施主要通过国家机关作出宪法行为的方式得到实现，包括依据宪法作出立法行为和依据宪法作出具体行为。②

2. 宪法司法化问题

在 20 世纪 90 年代初，“宪法司法化”的概念由王磊、胡锦光等学者提出并系统阐述。在 2001 年最高人民法院作出法释〔2001〕25 号批复后，以“宪法司法化”为主题的论文呈现快速

① 参见林来梵：《宪法学讲义》，北京，清华大学出版社，2018，149 页。
② 参见《宪法学》编写组：《宪法学》，北京，高等教育出版社、人民出版社，2011，296 页。

增长的趋势，学界围绕宪法司法化展开了激烈的争论，“宪法司法化”一词也得到了十分广泛的使用。也正是随着这一概念的迅速推广，学界对“宪法司法化”概念的使用状况越来越混乱，“宪法司法化”一词的含义也逐渐泛化。①

3. 宪法效力问题

宪法的效力是指宪法的法律约束力。宪法的效力可以分为纵向的和横向的两个方面。宪法的纵向效力是指宪法在多层级的法律体系中所具有的最高法律效力。宪法的横向效力，也可称宪法的适用范围，包括空间效力、时间效力、对人效力和对事效力。宪法的对人效力是指宪法对哪些主体发生效力，具体分为两个方面：对公权力主体的效力和对基本权利主体的效力。宪法的对事效力是指宪法对社会生活的哪些领域、哪些事项发生效力。

**【条文链接】**

**《中华人民共和国宪法》（2018 年修正）**

第四十六条　中华人民共和国公民有受教育的权利和义务。

国家培养青年、少年、儿童在品德、智力、体质等方面全面发展。

**《中华人民共和国教育法》（2021 年修正）**

第九条　中华人民共和国公民有受教育的权利和义务。

公民不分民族、种族、性别、职业、财产状况、宗教信仰等，依法享有平等的受教育机会。

第八十三条　违反本法规定，侵犯教师、受教育者、学校或者其他教育机构的合法权益，造成损失、损害的，应当依法承担民事责任。

**【事例评析】**

齐某苓案，自最高人民法院于 2001 年 8 月 13 日公布法释〔2001〕25 号《关于以侵犯姓名权的手段侵犯宪法保护的公民受教育的基本权利是否应承担民事责任的批复》后，到 2008 年最高人民法院废止该批复，该案一直都备受各方关注，在法学界、司法界和社会上引起了强烈的反响，而该案所引发的法学界与司法界的激烈争论与分歧更是智者见智、仁者见仁。

1. 宪法、法律适用问题

齐某苓案中，齐某苓的姓名被冒用，受教育的机会也由此被剥夺，齐某苓的姓名权和受教育权受到侵犯无疑。对于最高人民法院法释〔2001〕25 号批复以及山东省高级人民法院据此作出的终审判决的实体内容宪法学界和社会公众均无争议。姓名权为民法上人格权的重要内容，《民法通则》② 第 99 条第 1 款作出明确规定，“公民享有姓名权，有权决定、使用和依照规定改变自己的姓名，禁止他人干涉、盗用、假冒”。第 120 条规定，“公民的姓名权、肖像权、名誉权、荣誉权受到侵害的，有权要求停止侵害，恢复名誉，消除影响，赔礼道歉，并可以要求赔偿损失”。关于姓名权的侵权以及赔偿，《民法通则》已有明确、具体的规定，并无法律适用上的疑难问题。

关于齐某苓的受教育权受侵犯后的赔偿问题出现法律适用上的困难。受教育权并不是典型的人身权或财产权，《民法通则》没有作出明确规定。陈某琪、陈某政、滕州八中、滕州市教委、济宁商校等个人或组织的侵权行为发生在 1990 年，规定公民受教育权的《教育法》是 1995 年 3

① 参见谢宇：《宪法司法化理论与制度生命力的重塑》，载《政治与法律》，2018 年第 7 期，66～79 页。

② 虽然《民法通则》已经废止，但鉴于本案发生时应当适用《民法通则》的相关规定，本部分依然引用《民法通则》进行分析。

月 18 日由第八届全国人大第三次会议通过并于 1995 年 9 月 1 日施行的。根据 2000 年 7 月 1 日起施行的《立法法》第 84 条关于“法律、行政法规、地方性法规、自治条例和单行条例、规章不溯及既往，但为了更好地保护公民、法人和其他组织的权利和利益而作的特别规定除外”的规定，《教育法》并不具有溯及既往的效力，对齐某苓案并不能适用《教育法》。当时只有《宪法》第 46 条对公民的受教育权作出明确规定。因此，在齐某苓案发生之时，公民的受教育权是“一种在宪法上有明确规定而又没有具体化为普通法律规范的权利”。

山东省高级人民法院在遇到法律适用困难时，报请最高人民法院进行解释。最高人民法院以法释〔2001〕25 号司法解释批复了山东省高级人民法院的请示：根据本案事实，陈某琪等以侵犯姓名权的手段，侵犯了齐某苓依据宪法规定所享有的受教育的基本权利，并造成了具体的损害后果，应承担相应的民事责任。关于最高人民法院的这一批复，有学者认为：最高人民法院仅仅在“引用”宪法，而非“适用宪法”；引用宪法的目的是对《民法通则》第 106 条进行合宪性解释。《民法通则》第 106 条只是规定“侵害他人财产、人身”，没有规定侵害他人的受教育权，而受教育权又很难为财产权、人身权所涵盖。此时可以根据该条文保护公民权利的宗旨，从“侵害他人财产、人身应承担民事责任”类推出“侵害他人受教育权也应承担民事责任”。此种扩大解释的依据就是《宪法》第 46 条，因为《宪法》第 46 条规定了公民享有受教育的权利。但这仍然是对《民法通则》第 106 条的扩大解释，属于法律的“合宪性解释”，而不是宪法解释（没有解释《宪法》第 46 条）。[①] 从内容层面看，暂且不论最高人民法院的批复有没有对《宪法》第 46 条进行解释，单从合宪性审查的逻辑过程而言，“只解释法律不解释宪法，如何判断法律解释是否符合宪法呢”[②]？合宪性解释中，对法律的解释和对宪法的解释是必不可少、缺一不可的两个组成部分，因此，即便认为最高人民法院的上述批复是一种合宪性解释，其中也必然涉及对宪法相关条款的解释。

最高人民法院作出批复后，山东省高级人民法院认为：原审判决认定被上诉人陈某琪等侵犯上诉人的姓名权并判决其承担相应的民事责任，是正确的。但原审判决认定齐某苓放弃接受委培教育，缺乏事实根据。齐某苓要求被上诉人承担侵犯其受教育权的责任，理由正当，应当支持。据此，山东省高级人民法院依照《宪法》第 46 条、最高人民法院法释〔2001〕25 号批复以及《民事诉讼法》（1991 年）第 153 条第 1 款第 3 项的规定，判决陈某琪等被上诉人对齐某苓因受教育权被侵犯所遭受的损害承担赔偿责任。在山东省高级人民法院的判决中，《宪法》第 46 条也成为直接依据。虽然这是存在法律疏漏的情况下，宪法条文基于填补法律漏洞的目的而被适用，但仍然具有极高的学术讨论价值和极强的现实制度意义。

#### 2. “宪法司法化”问题

面对如何才能有效地实施宪法的问题，20 世纪 90 年代部分学者提出“宪法司法化”的解决思路，将其作为中国宪法实施的新路径。最高人民法院法释〔2001〕25 号使“宪法司法化”的概念与理念进入了司法实践，诞生了被称为“宪法司法化”第一案的齐某苓案，“宪法司法化”的理论与实践逐渐进入高潮。

从 20 世纪末开始，宪法学界围绕着“宪法司法化”问题进行了二十多年的争论。“宪法司法化”并不是一个有着明确含义的学术概念，从 20 世纪 90 年代至今，研究“宪法司法化”的学者

① 参见马岭：《合宪性审查制度：是什么？不是什么？》，载《东南法学》，2018 年第 2 期，63～70 页。

② 黄卉：《合宪性解释及其理论检讨》，载《中国法学》，2014 年第 1 期。

并不是在同一含义和层次上使用这个概念，导致“宪法司法化”概念的繁荣与泛化。在宽泛的“宪法司法化”的含义中，存在着三个层次的内涵，或者说三种不同的“宪法司法化”的具体模式。第一层次的“宪法司法化”，主要是指合宪性解释，即按照宪法的精神对法律的内涵进行解释，法院在对个案裁判所应适用的法律进行解释时，应当将宪法原则和精神纳入考量范围。第二层次的“宪法司法化”，是指法院适用宪法进行说理和裁判，但不进行宪法审查，宪法审查仍然由专门的机关进行。第三个层次的“宪法司法化”，是指法院既适用宪法进行说理和裁判，又进行宪法审查。[①] 从法院司法权能的角度而言，在第一层次的“宪法司法化”中，法院的权能最小，法院只能在个案裁判时通过合宪性解释的解释方法，在裁判文书的说理部分，将宪法的原则和精神融入其中。在第三层次的“宪法司法化”中，法院的权能最大：不仅能够直接依据宪法进行个案裁判，而且通过宪法审查享有对立法机关和行政机关进行制衡的权力。适用宪法进行个案裁判可以被理解为具有司法权本质属性或司法权分内的权能，但制衡立法机关和行政机关的权力则属于司法权外溢的权能。在第二层次的“宪法司法化”中，法院的权能则处于中间地位，是第一和第三层次“宪法司法化”中司法权能的折中。由此来看，齐某苓案中的“宪法司法化”当属第二层次的，其中包含了合宪性解释（最高人民法院关于齐某苓案的批复）和适用宪法进行裁判（山东省高级人民法院在二审判决书中直接依据宪法作出判决）。

在 2008 年法释〔2001〕25 号批复在争议中被最高人民法院低调废止，“宪法司法化”第一案所体现的宪法适用方式被认为已经“宣告死亡”，反对“宪法司法化”的声音明显占据上风，“宪法司法化”的提法也逐渐淡出了人们的视野。但在司法实践中，宪法仍然在不同程度上为司法机关所适用。在学术领域中，“宪法司法化”的核心观点即法院在司法实践中适用宪法仍为许多学者所坚持。当然，第三层次的“宪法司法化”因与现行宪法所确立的宪法秩序不相容，已为多数宪法学者所抛弃。但关于第一和第二层次的“宪法司法化”与现行宪法之间是否相容，学者间有不同的观点。有许多学者也提出相应的具体制度设计方案来消解“宪法司法化”与现行宪法的紧张关系。我们必须承认的是，一定层次的“宪法司法化”不仅能够发挥保障公民基本权利、树立宪法权威等作用，还能够为当前的合宪性审查制度提供重要的制度支撑，同时为中国宪法教义学的知识体系产生促进作用。

3. 宪法的效力问题

当我们说某规范是有效力的时，就是指该规范对它所调整的人的行为具有拘束力。[②] 基于前述基本权利与国家义务之间的对应关系，与基本权利对应的义务是由国家承担的，也就意味着基本权利条款对国家具有拘束力，国家或代表国家的国家机关须担负和履行特定的作为或不作为的义务，如果国家或代表国家的国家机关未能履行宪定或法定义务，即为违宪或违法，须依宪、依法承担相应的责任。按照传统宪法理论，基本权利条款的拘束对象是国家，私人行为并不受到基本权利条款的约束。私人行为只受到私法的约束，如果私人行为侵害了基本权利，受害人只得通过私法寻求救济，而不得通过宪法诉讼等公法途径寻求解决。随着现代社会的发展，传统宪法理论已经无法应对私法主体势力崛起的挑战。随着社会经济结构的变化，一些私法主体势力不断壮大，使得其与他人之间的关系处于不对等状态。这些私法主体的行为往往具有类似政府行为的垄断性或公益性，这些主体实际上取得类似国家机关的支配地位，使其行为具有事实

① 参见谢宇：《宪法司法化理论与制度生命力的重塑》，载《政治与法律》，2018 年第 7 期，66～79 页。

② 参见［奥］凯尔森：《法与国家的一般理论》，沈宗灵译，北京，中国大百科全书出版社，1996，32 页。

上的某种强制性，从而它们利用优势地位对处于劣势地位的私人的基本权利造成侵害或妨碍的可能性明显增大。由此产生基本权利条款能否约束私法主体的问题。

按照传统宪法理论，宪法基本权利条款只对国家或作为国家代表的国家机关产生拘束力，只有国家或代表国家的国家机关违反宪法侵犯公民的基本权利时，宪法才有适用的可能或必要。如果是私法主体之间的侵权行为，适用普通法律判定侵权赔偿责任予以权利救济即可。在齐某苓案中，齐某苓的受教育权受到陈某琪等个人的侵犯，严格而言并不属于宪法所调整的社会关系范畴，宪法并无适用的必要。①

中国宪法是在马克思主义等的指导下制定的，同时中国传统文化也具有很强的集体主义倾向。因此在中国传统宪法理论和宪法文本中，并不强调基本权利条款仅仅对公权力组织产生效力和约束力。在中国《宪法》条文中，第 36 条第 2 款规定“任何国家机关、社会团体和个人”不得强制公民信教或不信教，不得歧视信教或不信教的公民；第 40 条规定“任何组织或者个人”不得以任何理由侵犯公民的通信自由和通信秘密；第 41 条第 2 款规定“任何人”不得压制和打击报复提出申诉、控告或检举的公民。此外，《宪法》“序言”也明确规定“全国各族人民、一切国家机关和武装力量、各政党和各社会团体、各企业事业组织”，都必须以宪法为最根本的活动准则。可见，在中国宪法中，基本权利条款所规制的对象从来就不仅仅是国家，而是包括国家在内的所有机关、组织和个人。

**【延伸阅读】**

1. 王锴．再疑“宪法司法化”．西南政法大学学报，2003（6）.
2. 王锴．宪法案例的拘束力．江苏行政学院学报，2010（3）.
3. 袁文峰．受教育权的宪法条款援引、内涵及救济路径．政治与法律，2015（4）.
4. 张翔．基本权利的规范建构．北京：法律出版社，2017.
5. ［日］高桥和之，陈道英．“宪法上人权”的效力不及于私人间．财经法学，2018（5）.
6. 马岭．合宪性审查制度：是什么？不是什么？．东南法学，2018（2）.
7. 谢宇．宪法司法化理论与制度生命力的重塑．政治与法律，2018（7）.

**事例三**

## 收容教育制度的废除②

**【事例概况】**

2018 年 3 月全国政协十三届一次会议期间，有全国政协委员提出关于对收容教育制度进行合宪性审查的提案（全国政协十三届一次会议提案第 3891 号）。③ 该提案认为：《全国人民代表大会常务委员会关于严禁卖淫嫖娼的决定》第 4 条的规定和对国务院的立法授权，不符合《宪

① 当然，滕州市教委以及滕州八中、济宁商校等国家机关与社会组织代表国家行使相应职权，在此过程中出于故意或过失导致齐某苓的受教育权受到侵犯，在宪法基本权利条款的规制范围内。

② 参见全国人大常委会法制工作委员会法规备案审查室：《规范性文件备案审查案例选编》，北京，中国民主法制出版社，2020，1～3 页。

③ 提出此项提案的是全国政协委员、中华全国律师协会副会长朱征夫。2014 年、2016 年和 2017 年，朱征夫曾经三次提出废除收容教育制度的提案，“但是结果未尽如人意”。参见《政协委员对收容教育制度提合宪性审查获肯定答复》，载《北京青年报》。转引自网易网，https：//www. 163. com/news/article/E99GOJ4F0001875P. html，2022 年 8 月 11 日访问。

法》第5条第1款“中华人民共和国实行依法治国，建设社会主义法治国家”和第33条第3款“国家尊重和保障人权”，也不符合《立法法》（2000年）第8条、第9条的规定[①]；国务院制定的《卖淫嫖娼人员收容教育办法》中有关限制人身自由的内容，超越了《立法法》规定的立法权限。建议对收容教育制度进行合宪性审查。

全国人大常委会法工委法规备案审查室具体负责承办此提案。法规备案审查室结合之前的有关审查建议开展研究，就收容教育制度有关问题与公安部进行座谈，并请公安部提供收容教育制度实施的有关情况。

为深入了解实际情况，全国人大常委会法工委与全国人大监察和司法委员会、公安部、司法部等单位组成联合调研组，于2018年8月、9月，先后赴江苏、广东、北京进行调研，在当地召开座谈会，听取省（市）人大有关专门委员会、常委会工作机构，省（市）卫健委、疾病预防控制中心，公安厅（局）法制总队、监管总队、治安总队，公安局法制支队、治安警察支队，省（市）妇联等有关单位的意见；并专门到这三个地方的收容教育所实地了解情况。9月11日，全国人大常委会法工委召开会议，专门就收容教育制度存废问题进行座谈，了解收容教育制度实施情况，听取有关方面对收容教育制度存废问题的意见。中央政法委、全国人大监察和司法委员会、公安部、司法部、国家卫健委、最高人民法院、最高人民检察院、全国妇联的有关同志，部分全国人大代表以及专家学者参加会议。

综合调研情况和各有关方面意见，全国人大常委会法工委法规备案审查室经研究认为：(1)收容教育制度的主要法律依据是1991年通过的《全国人民代表大会常务委员会关于严禁卖淫嫖娼的决定》(以下简称《决定》)，其中规定：“对卖淫、嫖娼的，可以由公安机关会同有关部门强制集中进行法律、道德教育和生产劳动，使之改掉恶习。期限为六个月至二年。具体办法由国务院规定。”制定《决定》主要是为了补充修改当时的《刑法》和《治安管理处罚条例》的有关规定，坚决取缔卖淫嫖娼违法活动，以及遏制不良社会风气蔓延；制定程序和内容均符合宪法规定。1993年国务院依据《决定》制定了《卖淫嫖娼人员收容教育办法》(以下简称《办法》)。总的来看，收容教育制度实行多年来，在维护社会治安秩序、净化社会风气、教育挽救卖淫嫖娼人员、遏制性病蔓延等方面发挥了积极作用。(2)近年来，随着经济的发展和情况的变化，特别是随着我国民主法治建设的推进和人权司法保障制度的不断完善，收容教育制度存在的问题也日益凸显，不断有各方面提出废除收容教育制度的意见，主要理由是：根据2000年制定的《立法法》的规定，限制人身自由的强制措施和处罚的立法权专属于全国人大常委会，只能由法律规定，不能授权国务院制定行政法规，《决定》中关于授权国务院制定具体办法的规定与《立法法》的规定不一致；《治安管理处罚法》对卖淫嫖娼行为规定了行政拘留并处罚款的行政处罚，对卖淫嫖娼人员再进行强制收容教育，容易引起这是对同一违法行为进行重复、加重处罚的质疑；收容教育制度涉及对公民人身自由的限制且期限较长，对卖淫嫖娼行为的调查、取证、处理、执行等环节都由公安机关进行，缺乏有效监督制约等。此外，据向公安部了解，目前绝大多数地方的公安机关实际上已不再实施收容教育措施。

2018年12月，在第十三届全国人大常委会第七次会议上，全国人大常委会法工委主任沈春耀所作的关于2018年备案审查工作的报告中，针对收容教育制度明确指出：制定《决定》主要是为了补充修改当时的《刑法》和《治安管理处罚条例》的有关规定，制定程序和内容均符合宪

---

① 2023年《立法法》修改后调整为第11条、第12条。

法规定。随着我国经济社会的快速发展和民主法治建设的深入推进，特别是2013年废止劳动教养制度后，情况发生了很大变化。近年来，收容教育措施的运用逐年减少，收容教育人数明显下降，有些地方已经停止执行。通过调研论证，各有关方面对废止收容教育制度已经达成共识，启动废止工作的时机已经成熟。为了深入贯彻全面依法治国精神，建议有关方面适时提出相关议案，废止收容教育制度。

2019年3月，在第十三届全国人大第二次会议期间，河南代表团霍晓丽等30位全国人大代表联名提出了关于废止收容教育制度的议案。结合议案办理，全国人大常委会法工委与中央政法委、全国人大监察和司法委员会、公安部、司法部等有关方面一道，持续推动废止收容教育制度有关工作，并就工作进展情况专门赴河南与领衔代表进行当面沟通。

2019年11月，国务院向全国人大常委会提出《关于废止收容教育制度的议案》。12月，根据国务院提出的议案，第十三届全国人大常委会第十五次会议审议通过《关于废止有关收容教育法律规定和制度的决定》，明确废止《关于严禁卖淫嫖娼的决定》第4条第2款、第4款，以及据此实行的收容教育制度。

2020年3月，《国务院关于修改和废止部分行政法规的决定》（国务院令第726号）公布，明确废止了《办法》。

**【涉及的宪法问题】**

1. 宪法监督

所谓宪法监督，有广义和狭义之分。狭义的宪法监督是指特定的国家机关依据宪法对宪法执行行为进行审查并予以相应处理的活动或制度。宪法监督的核心在于对执行宪法的行为是否符合宪法进行审查，主要涉及宪法监督的主体、对象、方式、程序、标准、责任等方面的问题。

2. 合宪性审查

合宪性审查机制是中国宪法监督制度的核心内容，是指全国人大及其常委会（主要是全国人大常委会）依据宪法对法律、行政法规、地方性法规、司法解释等规范性文件是否符合宪法予以审查并作出相应处理的制度。

**【条文链接】**

**《中华人民共和国宪法》（2018年修正）**

第五条　中华人民共和国实行依法治国，建设社会主义法治国家。

国家维护社会主义法制的统一和尊严。

一切法律、行政法规和地方性法规都不得同宪法相抵触。

一切国家机关和武装力量、各政党和各社会团体、各企业事业组织都必须遵守宪法和法律。一切违反宪法和法律的行为，必须予以追究。

任何组织或者个人都不得有超越宪法和法律的特权。

**《中华人民共和国立法法》（2023年修正）**

第一百零八条　改变或者撤销法律、行政法规、地方性法规、自治条例和单行条例、规章的权限是：

（一）全国人民代表大会有权改变或者撤销它的常务委员会制定的不适当的法律，有权撤销全国人民代表大会常务委员会批准的违背宪法和本法第八十五条第二款规定的自治条例和单行条例；

（二）全国人民代表大会常务委员会有权撤销同宪法和法律相抵触的行政法规，有权撤销同宪法、法律和行政法规相抵触的地方性法规，有权撤销省、自治区、直辖市的人民代表大会常务委员会批准的违背宪法和本法第八十五条第二款规定的自治条例和单行条例；

（三）国务院有权改变或者撤销不适当的部门规章和地方政府规章；

（四）省、自治区、直辖市的人民代表大会有权改变或者撤销它的常务委员会制定的和批准的不适当的地方性法规；

（五）地方人民代表大会常务委员会有权撤销本级人民政府制定的不适当的规章；

（六）省、自治区的人民政府有权改变或者撤销下一级人民政府制定的不适当的规章；

（七）授权机关有权撤销被授权机关制定的超越授权范围或者违背授权目的的法规，必要时可以撤销授权。

**《法规、司法解释备案审查工作办法》（2019 年）**

第二十八条　对法规、司法解释进行审查研究，对涉及国务院职权范围内的事项，可以征求国务院有关方面的意见。

第二十九条　对法规、司法解释进行审查研究，可以根据情况征求有关专门委员会、常委会工作机构的意见。

第三十条　对法规、司法解释进行审查研究，可以通过座谈会、听证会、论证会、委托第三方研究等方式，听取国家机关、社会团体、企业事业组织、人大代表、专家学者以及利益相关方的意见。

第三十一条　根据审查建议对法规、司法解释进行审查研究，可以向审查建议人询问有关情况，要求审查建议人补充有关材料。

第三十二条　对法规、司法解释进行审查研究，根据需要可以进行实地调研，深入了解实际情况。

**【事例评析】**

为了保障宪法得到全面、准确、有效的实施，维护宪法的权威和尊严，需要建立完备而有效的监督宪法执行行为是否符合宪法的制度。中国宪法学一般将此种制度称为“宪法监督”。现结合前述事例对宪法监督的一般原理、中国合宪性审查机制的主要内容以及合宪性审查工作程序予以简要述评。

1. 宪法监督

宪法监督有广义和狭义之分。依据《立法法》第 110 条第 2 款，如果公民认为某法律、法规的规定与宪法条文或精神相抵触，可向全国人大常委会提出书面的审查建议。公民提出的审查建议具有监督宪法实施的功能。此类性质的活动即属于广义的宪法监督。所谓狭义的宪法监督，即由特定的国家机关对宪法执行行为是否符合宪法予以审查并作出相应处理的活动或制度。中国宪法学一般称之为“宪法监督”，主要原因在于现行《宪法》第 62 条和第 67 条分别规定全国人大和全国人大常委会有权“监督宪法的实施”。对“宪法监督”可以理解为“监督宪法的实施”的简称。其他国家因自身制度特性，称之为“违宪审查”、“司法审查”、“宪法审查”或“宪法诉讼”等。

根据宪法监督机关、审查方式和审查程序的不同，可将世界范围内的宪法监督制度分为普通法院模式、专门机关模式和代议机关模式三种类型。（1）普通法院模式：普通法院在审理具体案件过程中附带地对作为案件审理依据的法律的合宪性进行审查，即通过普通司法程序审查、裁决立法机关和行政机关的行为是否违宪。因此它也被称为“司法审查”。此种模式的宪法监督制度根植于“三权分立”的政治体制，普通法院的宪法监督权力代表司法权对立法权和行政权的制约，是三权相互制衡措施的组成部分。(2) 专门机关模式：在国家机构中设立专门的保障宪法实施的机关，以特定的程序和方式审查法律文件是否符合宪法。此种模式又可被细分为宪法法院模式和宪法委员会模式。宪法法院模式注重结合具体案件对立法机关已经通过并生效的法律等规范性文件进行事后的、具体的合宪性审查。宪法委员会模式注重对议会已通过但尚未公布、生效的法律等规范性文件进行事前的、抽象的合宪性审查。随着宪法监督制度的发展，宪法法院模式和宪法委员会模式也出现相互借鉴和逐步融合的迹象。(3) 代议机关模式：由作为民意代表机关的国家权力机关或立法机关审查宪法行为是否符合宪法的制度。此种模式又可被细分为英国模式和社会主义国家模式。在英国，基于议会至上理念和议会主权原则，如果法院认为议会的立法违反了《欧洲人权公约》，只得表示谴责并须继续适用此法律，法律只能由议会自行修改或废除。在社会主义国家，因为在国家机构体系中存在最高国家权力机关的设置，宪法监督的权力只能由最高国家权力机关行使。

宪法监督制度的核心功能在于确保一切国家机关的行为都符合宪法的规定。若仔细观察，宪法监督制度的细分功能在世界范围内经历了一个演变和转化的过程。在宪法监督制度建立之初，其主要功能在于解决国家机关之间的权限争议，如：“马布里诉麦迪逊案”，其核心是美国联邦最高法院与国会、总统之间的权限划分问题；法国 1958 年宪法创设的宪法委员会，其核心功能是有效监督议会，平衡议会与政府之间的权力关系。宪法监督制度发展至当代，其功能转向对公民基本权利的保障，宪法监督制度实践中产生的司法审查案例或宪法诉讼案例绝大多数都涉及公民基本权利的保障问题。

从制度类型上看，我国的宪法监督制度属于代议机关模式中的社会主义国家模式，主要包括以下内容：(1) 宪法解释机制。宪法解释是宪法实施的重要内容，也是监督宪法实施的必要机制。当前，我国的宪法解释机制还需进一步健全。(2) 合宪性审查机制。合宪性审查是宪法监督制度的主要内容和重要机制。依据现行《宪法》和《立法法》等法律的规定，全国人大和全国人大常委会负责对法律等规范性文件进行合宪性审查。(3) 备案审查制度。针对不同性质和效力的规范性文件，我国已经建立起多套备案审查机制：全国人大常委会对法律、法规、司法解释的备案审查，全国人大常委会对特别行政区法律的备案审查，国务院对地方性法规、规章等规范性文件的备案审查，中央军委法制局对军事规章等规范性文件的备案审查，地方人大常委会对本行政区域其他国家机关和下级人大及其常委会的规范性文件的备案审查，中共中央办公厅及上级党组织对党内法规及规范性文件的备案审查。由此，我国建立起面向所有规范性文件的备案审查制度。(4) 违宪责任追究制度。对违宪的规范性文件主要通过合宪性审查机制予以撤销和纠正。同时，通过行政复议、行政诉讼、国家机关的层级监督等制度，相应的国家机关可以对相关规范性文件的合法性作出判断，撤销或改变违宪或违法的规范性文件。上述宪法监督制度的内容并不是毫不相关的独立部分，而是相互交织、融为一体的，由此确立合宪性审查与合法性审查相融合的整体性制度。

2. 合宪性审查

依据现行宪法、立法法、监督法等的相关规定，我国已经建立起相对完善的合宪性审查制度，主要包括合宪性审查的主体、对象、程序、处理、反馈与公开、报告等方面的内容。现分述之。

（1）合宪性审查的主体。

现行《宪法》第62条和第67条分别规定全国人大及其常委会“监督宪法的实施”，因此全国人大及其常委会是合宪性审查的特定机关。现行宪法、立法法、监督法等的规定，作为全国人大专门委员会的宪法和法律委员会以及作为全国人大常委会工作机构的法工委协助全国人大及其常委会进行合宪性审查工作。

（2）合宪性审查的对象。

中国共产党十八届四中全会作出《中共中央关于全面推进依法治国若干重大问题的决定》，其中规定，“加强备案审查制度和能力建设，把所有规范性文件纳入备案审查范围，依法撤销和纠正违宪违法的规范性文件”；“一切违反宪法的行为都必须予以追究和纠正”。但是将全国范围内的所有规范性文件都交由全国人大或其常委会进行合宪性审查，显然并不现实。全国人大及其常委会主要对下列规范性文件进行合宪性审查：现行《宪法》第5条和《立法法》第98条规定全国人大及其常委会制定的法律“不得同宪法相抵触”，《立法法》第108条规定全国人大有权改变或者撤销全国人大常委会制定的不适当的法律，因此全国人大及其常委会制定的法律都是合宪性审查的对象；根据《立法法》第108条和《法规、司法解释备案审查工作办法》第10条的规定，行政法规、监察法规、地方性法规、自治条例和单行条例、经济特区法规、司法解释也都是全国人大和全国人大常委会合宪性审查的对象。此外，国务院的决定、命令，省、自治区、直辖市人大及其常委会的决议、决定，以及最高人民法院、最高人民检察院的司法解释以外的其他规范性文件，也都属于全国人大常委会合宪性审查的对象。

（3）合宪性审查的程序。

合宪性审查程序启动的方式多种多样，具体情形见下图：

合宪性审查程序启动方式
- 依职权审查
  - 备案审查：法规、司法解释报全国人大常委会备案
  - 批准审查：自治区人大制定的自治条例和单行条例报全国人大常委会批准
  - 移送审查：通过备案审查衔接联动机制移送
  - 专项审查：对存在共性问题的相关法规、司法解释一并审查
- 依申请审查
  - 提出审查要求：国务院、中央军委、最高人民法院、最高人民检察院、省级人大常委会
  - 提出审查建议：其他国家机关、社会团体、企业事业组织、公民

在除国务院等特定国家机关之外的其他国家机关、社会团体、企业事业组织或公民向全国人大常委会提出审查建议之后，全国人大常委会法工委经初步研究之后，认为存在下列情形之一的，可以不启动合宪性审查程序：建议审查的法规或者司法解释的相关规定已经修改或者废止的；此前已就建议审查的法规或者司法解释与制定机关作过沟通，制定机关明确表示同意修改或者废止的；此前对建议审查的法规或者司法解释的同一规定进行过审查，已有审查结论的；建议审查的理由不明确或者明显不成立的；其他不宜启动审查程序的情形。

合宪性审查程序启动之后，审查机关在审查研究中发现法规、司法解释的规定违反宪法时，针对不同启动方式应当或可以函告制定机关，要求制定机关在一个月内作出说明并反馈意见。

如果被审查的法规是须经批准的法规，则须同时抄送批准机关。在对法规、司法解释进行审查研究时，审查机关可以采取下列具体措施：对国务院职权范围内的事项，可以征求国务院有关方面的意见；可以根据情况征求全国人大有关专门委员会、全国人大常委会工作机构的意见；可以通过座谈会、听证会、论证会、委托第三方研究等方式，听取国家机关、社会团体、企业事业组织、人大代表、专家学者以及利益相关方的意见；可以向审查建议人询问有关情况，要求审查建议人补充有关材料；根据需要可以进行实地调研，深入了解实际情况；全国人大专门委员会、全国人大常委会法工委在审查研究中认为有必要进行共同审查的，可以召开联合审查会议；全国人大有关专门委员会、全国人大常委会法工委在审查研究中有较大意见分歧的，经报秘书长同意，向委员长会议报告。

全国人大有关专门委员会、全国人大常委会法工委一般应当在审查程序启动后三个月内完成审查研究工作，提出书面审查研究报告。

（4）合宪性审查的处理。

全国人大有关专门委员会、全国人大常委会法工委在审查研究中发现法规、司法解释可能存在违反宪法规定、宪法原则或宪法精神问题的，可以与制定机关沟通，或者采取书面形式向制定机关进行询问。经审查研究，认为法规、司法解释存在违反宪法规定、宪法原则或宪法精神问题，需要予以纠正的，在提出书面审查研究意见前，可以与制定机关沟通，要求制定机关及时修改或者废止：经沟通，制定机关同意对法规、司法解释予以修改或者废止，并书面提出明确处理计划和时限的，可以不再向其提出书面审查研究意见，审查中止。经沟通没有结果的，应当依照《立法法》第112条规定，向制定机关提出书面审查研究意见，要求制定机关在两个月内提出书面处理意见。制定机关收到审查研究意见后逾期未报送书面处理意见的，全国人大有关专门委员会、全国人大常委会法工委可以向制定机关发函督促或者约谈制定机关有关负责人，要求制定机关限期报送处理意见：制定机关按照书面审查研究意见对法规、司法解释进行修改、废止的，审查终止。制定机关未按照书面审查研究意见对法规及时予以修改、废止的，全国人大有关专门委员会、全国人大常委会法工委可以依法向委员长会议提出予以撤销的议案、建议，由委员长会议决定提请常委会会议审议。制定机关未按照书面审查研究意见对司法解释及时予以修改、废止的，全国人大有关专门委员会、全国人大常委会法工委可以依法提出要求最高人民法院或者最高人民检察院予以修改、废止的议案、建议，或者提出由全国人大常委会作出法律解释的议案、建议，由委员长会议决定提请常委会会议审议。

（5）合宪性审查的反馈、公开与报告。

国务院等特定国家机关对法规、司法解释提出审查要求的，在审查工作结束后，由全国人大常委会办公厅向提出审查要求的机关进行反馈。国家机关、社会团体、企业事业组织以及公民对法规、司法解释提出审查建议的，在审查工作结束后，由全国人大常委会法工委向提出审查建议的公民、组织进行反馈。

全国人大有关专门委员会、全国人大常委会工作机构应当将开展备案审查工作的情况以适当方式向社会公开。

全国人大常委会法工委应当每年向全国人大常委会专项报告开展备案审查工作的情况，由全国人大常委会会议审议。备案审查工作情况报告，根据全国人大常委会组成人员的审议意见修改后，在全国人大常委会公报和中国人大网刊载。备案审查工作情况报告的内容一般包括接收备案的情况，开展依职权审查、依申请审查和专项审查的情况，对法规、司法解释纠正处理的情况，开展备案审查制度和能力建设的情况，根据备案审查衔接联动机制开展工作的情况，对地方人大常委会备案审查工作进行业务指导的情况，下一步工作建议、考虑和安排等。

3. 收容教育制度的合宪性审查

(1) 关于合宪性审查的程序问题。

如前所述，根据相关法律和其他规范性文件的规定，合宪性审查程序启动的方式包括依职权审查和依申请审查，二者又可细分为若干种类。但是，在本事例中，全国政协委员朱征夫以政协提案的方式提出对收容教育制度进行合宪性审查的建议。全国人大常委会法工委作为政协提案的具体承办机构，开启对收容教育制度的合宪性审查程序。在程序进行过程中，霍晓丽等 30 位全国人大代表提出废止收容教育制度的议案，全国人大常委会法工委与其他党政机关一道，和领衔代表进行沟通。由此，将对收容教育制度的合宪性审查程序与政协委员提案的办理、人大代表的议案办理融为一体。

在合宪性审查程序中，广泛征求意见和实地调研是极具中国式民主的特色。根据《法规、司法解释备案审查工作办法》相关条文的规定，在合宪性审查过程中，可以向国务院、全国人大有关专门委员会、全国人大常委会工作机构征求意见，可以通过座谈会、听证会、论证会、委托第三方研究等方式听取国家机关、社会团体、企业事业组织、人大代表、专家学者以及利益相关方的意见，可以进行实地调研，深入了解实际情况。在本事例中，全国人大常委会法工委与全国人大监察和司法委员会、公安部、司法部等单位组成联合调研组，先后赴江苏、广东、北京进行调研，通过召开座谈会听取有关单位意见，并专门到三个地方的收容教育所实地了解情况。同时，全国人大常委会法工委组织召开由中央政法委、全国人大监察和司法委员会、公安部、司法部、国家卫健委、最高人民法院、最高人民检察院、全国妇联的有关同志，部分全国人大代表以及专家学者参加的会议，专门就收容教育制度存废问题进行座谈，了解收容教育制度实施情况，听取有关方面对收容教育制度存废问题的意见。

(2) 关于合宪性审查的实体问题。

根据朱征夫委员的提案，合宪性审查的对象主要是《关于严禁卖淫嫖娼的决定》，其中第 4 条的规定和对国务院的立法授权，不符合《宪法》第 5 条第 1 款关于“中华人民共和国实行依法治国，建设社会主义法治国家”和第 33 条第 3 款关于“国家尊重和保障人权”的规定。同时，《关于严禁卖淫嫖娼的决定》也不符合《立法法》(2000 年) 第 8 条、第 9 条的规定。[①] 国务院据此制定的《卖淫嫖娼人员收容教育办法》中有关限制人身自由的内容，超越了《立法法》规定的立法权限。朱征夫委员的提案实质上包含两类审查活动：一是对《关于严禁卖淫嫖娼的决定》相关内容的合宪性审查，二是对《关于严禁卖淫嫖娼的决定》相关内容以及国务院据此制定的《卖淫嫖娼人员收容教育办法》的合法性审查。在我国的合宪性审查体制中，一个突出的特征是合宪性审查与合法性审查的交叉融合。本事例即为典型的体现。

从全国人大常委会法工委法规备案审查室的结论来看，法规备案审查室秉持慎言违宪的基本精神与合宪性推定的基本原则，不轻易得出法律、法规违宪的研究结论。法规备案审查室采用历史逻辑的分析方法：1991 年通过的全国人大常委会《关于严禁卖淫嫖娼的决定》，其制定程序和内容并不违背当时的宪法，国务院据此制定的《卖淫嫖娼人员收容教育办法》也发挥了积极的社会作用。但 2000 年《立法法》生效、实施以及 2004 年“国家尊重和保障人权”入宪之后，无

---

① 《立法法》于 2023 年修改，第 8 条、第 9 条是现在的第 11 条、第 12 条。

论是全国人大常委会《关于严禁卖淫嫖娼的决定》还是《卖淫嫖娼人员收容教育办法》，其合宪性与合法性都引发较大的疑问。法规备案审查室的历史逻辑分析论证思路符合关于法的溯及力的一般原理，无不妥之处。此种情形也是近些年来合宪性审查领域的典型代表，收容遣送制度、劳动教养制度等的废止与收容教育制度的废止均属同类情况，即先前存在的某项法律制度与修改后的宪法的精神、原则和规范内涵相抵触，与之后的立法不统一。实际上，对此类情形可以通过及时的法律法规清理予以解决，由此可以预防此类违宪质疑的出现。

**【延伸阅读】**

1. 林来梵．废止收容教育制度让人期待．人民之友，2019（2）.
2. 李少文．备案审查与合宪性审查关系重构．政治与法律，2023（2）.

# 第二章　国家制度

我国现行宪法规定，社会主义制度是中华人民共和国的根本制度。以此为前提和基础，宪法对政治、经济、文化、社会、生态文明制度作出了规定，主要包括：以社会主义公有制为主体、多种所有制经济共同发展的基本经济制度和社会主义初级阶段的分配制度、社会主义市场经济体制为主要内容的经济制度；以人民代表大会制度这一根本政治制度，以及中国共产党领导的多党合作和政治协商制度、民族区域自治制度、基层群众自治制度等基本政治制度为核心内容和基本框架的政治制度。建立在此基础上并为此服务的，还有以坚持马克思主义在意识形态领域占指导地位为特征的文化制度和以构建社会主义和谐社会为目标的社会制度等。本章主要对国家政治制度、经济制度、社会制度、文化制度和生态文明制度等进行介绍。

## 第一节　政治制度

政治制度是指在特定的社会中，统治阶级通过组织政权来实现其政治统治的原则和规则的总和。它由一系列规范政治主体活动的准则、体制、惯例等因素构成，包括国家政权的组织形式、国家结构形式、政党制度、选举制度等。

**事例一**

**选举法修改实现代表人数城乡同比例**

**【事例概况】**

《中华人民共和国全国人民代表大会和地方各级人民代表大会选举法》（以下简称《选举法》）制定于1953年，在1979年进行了一次全面修订，此后在1982年、1986年、1995年、2004年、2010年、2015年、2020年先后进行了修改。在历次《选举法》修改的过程中，代表所代表的人口数比例也几经修改。1979年修订时规定：选举全国，省、自治区，自治州、县、自治县的人大代表，农村与城市每一代表所代表的人口数比例，分别为8∶1、5∶1和4∶1。到1995年，又将选举全国、省、自治区的人大代表，农村与城市每一代表所代表的人口数比例统一为4∶1：“农村每一代表所代表的人口数四倍于城市每一代表所代表的人口数”。第六次修改时《选举法》明确：一步到位实行城乡按相同人口比例选举人大代表，以实现城乡居民选举的“同票同权”。

**【涉及的宪法问题】**

人民民主专政的实质是人民当家作主。人民代表大会制度作为我国根本政治制度，要求人民首先通过选举参与国家事务。因此，选举制度是人民代表大会制度的基础，《选举法》是保障公民依法行使选举权和被选举权、依法产生各级人大代表的重要法律。城乡比例的差异在我国有其历史合理性，但随着我国政治、经济、文化的发展，实行城乡按相同人口比例选举代表，有利于扩大人民民主，保障公民享有平等的选举权，保障各地方在国家权力机关有平等的参与权。

**【条文链接】**

**《中华人民共和国宪法》（2018 年修正）**

第二条　中华人民共和国的一切权力属于人民。

人民行使国家权力的机关是全国人民代表大会和地方各级人民代表大会。

人民依照法律规定，通过各种途径和形式，管理国家事务，管理经济和文化事业，管理社会事务。

第三条（第二款）　全国人民代表大会和地方各级人民代表大会都由民主选举产生，对人民负责，受人民监督。

第三十四条　中华人民共和国年满十八周岁的公民，不分民族、种族、性别、职业、家庭出身、宗教信仰、教育程度、财产状况、居住期限，都有选举权和被选举权；但是依照法律被剥夺政治权利的人除外。

**《中华人民共和国全国人民代表大会和地方各级人民代表大会选举法》（1995 年，已废止）**

第十六条　省、自治区、直辖市应选全国人民代表大会代表的名额，由全国人民代表大会常务委员会按照农村每一代表所代表的人口数四倍于城市每一代表所代表的人口数的原则分配。

**《中华人民共和国全国人民代表大会和地方各级人民代表大会选举法》（2020 年修正）**

第十五条（第一款）　地方各级人民代表大会代表名额，由本级人民代表大会常务委员会或者本级选举委员会根据本行政区域所辖的下一级各行政区域或者各选区的人口数，按照每一代表所代表的城乡人口数相同的原则，以及保证各地区、各民族、各方面都有适当数量代表的要求进行分配。在县、自治县的人民代表大会中，人口特少的乡、民族乡、镇，至少应有代表一人。

**【事例评析】**

选举是人民当家作主的基本途径，人民代表大会制度的正常运转以选举制度为基本前提。经过历次修改，我国选举制度的设计更趋于公正、平等。

1.《选举法》的历次修改

我国第一部《选举法》是在 1953 年 3 月 1 日由中央人民政府颁布并实施的。新中国第一部《选举法》确立了选举的许多基本原则和重要内容，主要有以下几点：选举权的普遍性、选举权的平等性、直接选举和间接选举并用、无记名投票和举手表决并用、候选人的提名采用等额方式。

我国现行有效的《选举法》在 1979 年 7 月 4 日由全国人大常委会委员长令第 2 号公布并自 1980 年 1 月 1 日正式施行。该法分别于 1982 年、1986 年、1995 年、2004 年、2010 年、2015 年、2020 年进行了七次修改，在选区划分、名额分配、选举程序等方面，随着社会现实的需求越来越完善。其中，城乡代表名额分配比例也经过了数次变迁。

2. 城乡代表名额分配比例的立法变迁

1953 年《选举法》规定“各省应选全国人民代表大会代表的名额，按人口每八十万人选代表一人”。“人口特少的省，代表名额不得少于三人”。“中央直辖市和人口在五十万以上的省辖工业市应选全国人民代表大会代表的名额，按人口每十万人选代表一人。”该规定并未堂而皇之地歧视城乡选民，但由于地区不平等而变相地导致了城乡选举权的差异。截至 1957 年年底，全国划分为 22 个省、4 个自治区、3 个直辖市、1 个地方（西藏）、1 个地区（昌都）。所设建制为省的，如吉林省、辽东省、甘肃省、山东省等，大多是农村人口占多数的地方；所设建制为市的，如北京市、天津市、沈阳市、长春市、上海市、武汉市、广州市等，几乎集中了当时中国全部的工业布局。因此，代表名额看似在地区之间不平等，实质上导致了农业人口与工业人口之间的不平等。

1979年《选举法》第14条明确将“农村每一代表所代表的人口数八倍于城市每一代表所代表的人口数”作为全国人大代表名额分配原则，更加凸显出了城乡差别。

1995年，随着城镇化进程的推进和公民政治意识的增强，第八届全国人民代表大会常务委员会第十二次会议上通过了对城乡选举比例的又一次修改，将城乡选举人大代表的比例由8∶1修改为4∶1。时任全国人大常委会法委会主任顾昂然在第八届全国人民代表大会常务委员会第十一次会议上也作出了相应的说明：“平等是选举的一条重要原则……四十多年来，特别是改革开放十多年来，我国政治、经济、文化已经有了很大的发展，城乡人口比例也有了较大的变化，应当根据新的情况，缩小农村与城市每一代表所代表的人口数的比例。”①

2010年《选举法》规定：“全国人民代表大会代表名额，由全国人民代表大会常务委员会根据各省、自治区、直辖市的人口数，按照每一代表所代表的城乡人口数相同的原则，以及保证各地区、各民族、各方面都有适当数量代表的要求进行分配。”这一规定取消了代表名额分配的城乡差别。

综上，城乡代表名额的分配体现了不同历史条件下选举制度的设计，无论是8∶1还是4∶1，都符合当时的社会现实需求。实现城乡选举的同票同权，同样是《选举法》在面对社会发展时作出的适时修改，有其深刻的现实意义。

3.“城乡按相同人口比例选举人大代表”的意义

城乡同比例选举实现了公民选举权的平等。作为宪法赋予公民的一项重要的政治权利，选举权是公民参与国家生活的基础性权利。在选举中，不同背景、职业、民族、阶层的选民都应当被平等对待。城乡同比例选举，有利于实现公民选举权的平等。

城乡同比例选举实现了公民人权的平等。2004年，“国家尊重和保障人权”被写入宪法。选举权是公民政治权利的重要组成部分，实现城乡同比例选举是对我国公民人权保障的一次重大完善。

实行城乡同比例选举符合习近平新时代中国特色社会主义思想的要求。坚持以人民为中心是习近平新时代中国特色社会主义思想的重要精神内核，城乡同比例选举立足于最广大人民的根本利益，有助于广大人民参与政治生活，是一项稳预期、利长远的立法。

实行城乡同比例选举推进了我国和谐社会建设，实现了公平，有利于社会稳定，有利于构建一个民主法治、诚信友爱、公平正义、安定有序、充满活力、人与自然和谐相处的社会，有助于民主法治建设和维护公平正义。

**【延伸阅读】**

1. 韩大元．“城乡按相同人口比例选举人大代表”的规范分析及影响．国家行政学院学报，2010（2）.

---

① 顾昂然：《关于修改〈中华人民共和国全国人民代表大会和地方各级人民代表大会选举法〉的决定（草案）和修改〈中华人民共和国地方各级人民代表大会和地方各级人民政府组织法〉的决定（草案）的说明》，载《全国人民代表大会常务委员会公报》，1995年第1期，21页。

2. 李锦峰．从平等走向自由：关于城乡人大代表差别选举的理论思考．行政与法，2010(8).

**事例二**

## 人民代表大会及其常务委员会否决政府与法院的工作报告

**【事例概况】**

各级人民代表大会（以下简称人大）及其常委会行使监督权有宪法依据，《中华人民共和国各级人民代表大会常务委员会监督法》（以下简称《监督法》）详细规定了行使监督权的具体程序。近些年来，各地人大及其常委会否决政府与法院工作报告的事件时有发生，在此择取以下几个典型事例进行分析。

1. 沈阳市中级人民法院工作报告未获人民代表大会通过

2001年2月14日召开的辽宁省沈阳市第十二届人民代表大会全体会议上，在对沈阳市中级人民法院的工作报告进行表决时，应到代表508名，出席会议代表474名，报告获赞成票218票、反对票126票、弃权票82票，9人未按表决器，使法院工作报告未获通过。同时大会主席团作出了关于对沈阳市中级人民法院工作报告继续审议的意见：沈阳市第十二届人民代表大会第四次会议对沈阳市中级人民法院工作报告进行了审议，经表决未获通过。大会主席团一致意见，由沈阳市人大常委会继续审议，并将审议结果向沈阳市第十二届人民代表大会第五次会议报告。

2. 郑州人大常委会首次否决政府工作报告

2006年10月24日，在郑州市第十二届人大常委会第二十四次会议上，郑州市政府有关负责人作了《〈关于解决城乡弱势群体看病难、看病贵问题〉代表议案办理情况的汇报》（以下简称《代表议案办理情况的汇报》），但这份报告在表决中未获通过。

3. 衡阳市人大代表“否决”市中级人民法院工作报告

2007年1月24日上午，衡阳市第十二届人大第五次会议审议表决衡阳市中级人民法院工作报告，由于赞成票未超过该市人大全体代表的1/2，报告未获通过，成为继2001年2月14日沈阳市中级人民法院的工作报告未被人大通过之后又一宪法监督新闻。

4. 常德市临澧县人大常委会否决县政府工作报告

2009年7月，临澧县人大常委会组织开展了《中华人民共和国水污染防治法》执法检查，并在当年9月向县政府发出了审议意见函，除要求县政府抓好法律宣传、落实防治责任、加大财政投入外，还向县政府提出了八大急需整改的重大污染问题，并给出了四个月的整改期限。同时，临澧县人大常委会还成立了三个督查组，一月一督查，一月一碰头，一月一通报。为确保整改工作取得实效，临澧县人大常委会主任会议经过研究，先后两次延长整改期限。

2010年4月30日，临澧县第十五届人大常委会第二十一次会议听取了县政府整改工作情况汇报，认为虽然县政府为落实县人大审议意见做了一些工作，也取得了一些成绩，但关于一些重点污染问题迟迟未见行动，有的虽有动作但效果不理想。在随后进行的投票表决中，该工作报告因“满意”票和“基本满意”票未过半数而被否决。临澧县第十五届人大常委会第二十一次会议以整改工作未达到预期效果为由否决了临澧县政府工作报告，并发出了本届人大常委会第一份督办函，要求政府继续整改，5个月后再次向县人大常委会汇报整改结果。

5. 北海市人大常委会首次采取票决制，政府环境整治报告遭否决

2008年8月，北海市人大常委会向社会征集热点、难点问题作为对政府专项工作监督审议的议题，市容卫生和环境污染方面的意见最为集中。9月上旬，北海市人大常委会经过一个多月调查，形成调查报告，要求政府大力进行环境整治。

在2008年10月28日召开的北海市人大常委会上，北海市政府一位副秘书长受委托向市人大常委会作《关于整治环境污染专项工作的报告》。北海市人大常委会组成人员和列席会议的市人大代表听取报告后，对报告进行了分组审议和集中审议，认为效果不尽如人意，并在投票时对报告进行了否决。

1票满意，3票基本满意，21票不满意。北海市人大常委会首次采取票决制形式，对市政府整治城市环境污染专项工作报告"未予通过"。

面对"未予通过"的结果，受委托的报告人表示虚心接受市人大常委会的监督，将对城市环境污染加大整治力度。

**【涉及的宪法问题】**

本案涉及的是各级人大及其常委会对政府与法院的监督权。

人大的监督权，是指宪法和法律赋予各级人大及其常委会，对由它产生的国家机关的工作和宪法、法律、法规的实施，进行检查、调查、督促、纠正、处理的强制性权力。人大的监督权从根本上说，是人民当家作主、参与国家事务管理权利的表现。

人大及其常委会的监督权（以下简称人大监督权），是宪法和法律赋予国家权力机关的重要职权，是人民的神圣权利。人大监督制度，是作为国家根本政治制度的人民代表大会制度的重要组成部分。人大监督权是宪法和法律赋予地方各级人大及其常委会最基础、最重要和运用最广泛、最经常的职权。地方人大监督职能能否充分行使，直接影响人民行使管理国家权力作用的发挥和整个国家监督机制的健康运行，也直接影响地方人大工作的顺利进行，对于不断推进我国的依法治国和民主法治进程具有十分重要的政治意义。

**【条文链接】**

**《中华人民共和国宪法》（2018年修正）**

第三条　中华人民共和国的国家机构实行民主集中制的原则。

全国人民代表大会和地方各级人民代表大会都由民主选举产生，对人民负责，受人民监督。

国家行政机关、监察机关、审判机关、检察机关都由人民代表大会产生，对它负责，受它监督。

中央和地方的国家机构职权的划分，遵循在中央的统一领导下，充分发挥地方的主动性、积极性的原则。

第一百零四条　县级以上的地方各级人民代表大会常务委员会讨论、决定本行政区域内各方面工作的重大事项；监督本级人民政府、监察委员会、人民法院和人民检察院的工作；撤销本级人民政府的不适当的决定和命令；撤销下一级人民代表大会的不适当的决议；依照法律规定的权限决定国家机关工作人员的任免；在本级人民代表大会闭会期间，罢免和补选上一级人民代表大会的个别代表。

第一百一十条（第一款）　地方各级人民政府对本级人民代表大会负责并报告工作。县级以上的地方各级人民政府在本级人民代表大会闭会期间，对本级人民代表大会常务委员会负责并

报告工作。

**《中华人民共和国各级人民代表大会常务委员会监督法》(2007年)**

第五条　各级人民代表大会常务委员会对本级人民政府、人民法院和人民检察院的工作实施监督，促进依法行政、公正司法。

第六条　各级人民代表大会常务委员会行使监督职权的情况，应当向本级人民代表大会报告，接受监督。

**【事例评析】**

1. 各级人大及其常委会行使监督权的宪法依据

在我国，宪法规定了全国人大和地方各级人大是人民行使国家权力的机关，由它产生的同级人民政府、监察委员会、人民法院和人民检察院对它负责，并受它监督。我国《宪法》第3条第1～3款规定："中华人民共和国的国家机构实行民主集中制的原则。""全国人民代表大会和地方各级人民代表大会都由民主选举产生，对人民负责，受人民监督。""国家行政机关、监察委员会、审判机关、检察机关都由人民代表大会产生，对它负责，受它监督。"第104条规定："县级以上的地方各级人民代表大会常务委员会讨论、决定本行政区域内各方面工作的重大事项；监督本级人民政府、监察委员会、人民法院和人民检察院的工作；撤销本级人民政府的不适当的决定和命令；撤销下一级人民代表大会的不适当的决议；依照法律规定的权限决定国家机关工作人员的任免；在本级人民代表大会闭会期间，罢免和补选上一级人民代表大会的个别代表。"第110条规定："地方各级人民政府对本级人民代表大会负责并报告工作。""县级以上的地方各级人民政府在本级人民代表大会闭会期间，对本级人民代表大会常务委员会负责并报告工作。""地方各级人民政府对上一级国家行政机关负责并报告工作。全国地方各级人民政府都是国务院统一领导下的国家行政机关，都服从国务院。"这为人大监督权的行使提供了宪法依据。

2. 各级人大及其常委会行使监督权的法律依据

2006年8月27日第十届全国人大常委会第二十三次会议通过了《监督法》，在《监督法》第二章专门规定了各级人大及其常委会的监督权："听取和审议人民政府、人民法院和人民检察院的专项工作报告"。其中，第8条规定："各级人民代表大会常务委员会每年选择若干关系改革发展稳定大局和群众切身利益、社会普遍关注的重大问题，有计划地安排听取和审议本级人民政府、人民法院和人民检察院的专项工作报告。""常务委员会听取和审议专项工作报告的年度计划，经委员长会议或者主任会议通过，印发常务委员会组成人员并向社会公布。"第9条规定："常务委员会听取和审议本级人民政府、人民法院和人民检察院的专项工作报告的议题，根据下列途径反映的问题确定：（一）本级人民代表大会常务委员会在执法检查中发现的突出问题；（二）本级人民代表大会代表对人民政府、人民法院和人民检察院工作提出的建议、批评和意见集中反映的问题；（三）本级人民代表大会常务委员会组成人员提出的比较集中的问题；（四）本级人民代表大会专门委员会、常务委员会工作机构在调查研究中发现的突出问题；（五）人民来信来访集中反映的问题；（六）社会普遍关注的其他问题。""人民政府、人民法院和人民检察院可以向本级人民代表大会常务委员会要求报告专项工作。"

虽然宪法赋予了各级人大及其常委会以监督权，但由于缺乏明确的法律规范，人大的监督职能往往难以落到实处。这也使人大一度被称作"橡皮图章"。2006年《监督法》的制定和颁布实施，从法律层面上进一步确认和规范了各级国家权力机关的监督职权，使各级人大及其常委会对监督权的行使更加规范化、程序化，实现了监督工作的法律化、规范化、制度化。

上述三个事例正好反映了各级人大及其常委会依照《宪法》和《监督法》的规定，充分履行了宪法赋予它们的职责。

**【延伸阅读】**

1. 秦前红．论人大监督重大行政决策的强化．东方法学，2022（4）.

2. 许安标．坚持正确监督、有效监督：新时代加强改进人大监督工作的实践与探索．中国法律评论，2021（5）.

3. 韩大元．地方人大监督权与人民检察院法律监督权的合理界限：兼评北京市人大常委会决议．国家检察官学院学报，2009（3）.

**事例三**

## 梁某镇身兼两地人大代表事件①

**【事例概况】**

2008年，广东省云浮市“亿万富翁”梁某镇因涉嫌挪用公款犯罪被立案侦查。鉴于其云浮市人大代表身份，经云浮市人民检察院申请，该市人大常委会许可检察院对其采取强制措施并移送法院进行刑事审判。然而，广西壮族自治区百色市人大常委会表示了不同的意见。2008年3月，远在千里之外的百色市人大常委会副主任谭某携带该市人大常委会的决定来到云浮市人民检察院，告诉检察长：因为梁某镇是百色市人大代表，云浮市人民检察院没有经过百色市人大常委会的许可，就要对梁某镇采取强制措施并移送法院进行刑事审判，“是严重的违法”。两地人大常委会因意见相左，检察机关无所适从，当时案件被迫搁置。

**【涉及的宪法问题】**

1. 人大代表的选举资格

人大代表是国家权力机关的组成人员。全国人大代表是最高国家权力机关的组成人员，地方各级人大代表是地方各级国家权力机关的组成人员。

关于人大代表的选举资格，我国《宪法》和《选举法》都作了规定。我国《宪法》第34条规定：“中华人民共和国年满十八周岁的公民，不分民族、种族、性别、职业、家庭出身、宗教信仰、教育程度、财产状况、居住期限，都有选举权和被选举权；但是依照法律被剥夺政治权利的人除外。”《选举法》第4条关于选举权与被选举权的规定和宪法的规定完全相同。

2. 人大代表的选举方式

人大代表的选举采取直接选举和间接选举两种方式。不设区的市、市辖区、县、自治县、乡、民族乡、镇的人大代表，由选民直接选举产生。全国人大代表，省、自治区、直辖市、设区的市、自治州的人大代表，通过间接选举方式，由下一级人大选举产生。

3. 人大代表的选举办法

在直接选举中，不设区的市、市辖区、县、自治县、乡、民族乡、镇的人大代表名额分配到选区，按选区进行选举。选区可以按居住状况划分，也可以按生产单位、事业单位、工作单位划

---

① 参见《法办涉案人大代表有多难》，载 http：//npc.people.com.cn/GB/7335579.html。

分。代表候选人由各政党、各人民团体联合或单独推荐，选民 10 人以上联名也可推荐代表候选人。实行差额选举，代表候选人人数多于应选代表人数 1/3 至 1 倍。选举采用无记名投票方法。选区全体选民的过半数参加投票，选举有效。代表候选人要获得参加投票选民的过半数的选票才当选。

在间接选举中，按照选举单位提名代表候选人产生代表，如省级人大代表是由省辖的设区的市、自治州、不设区的市、县、自治县的人大选举产生的。全国人大代表是由省、自治区、直辖市的人大选举产生的，但中国人民解放军的全国人大代表是由军人选出的；香港、澳门特别行政区的全国人大代表是由香港、澳门居民中的中国公民依法选出的；台湾省的全国人大代表是由在祖国大陆的台湾省籍同胞协商选举会议选出的。全国人大代表的数量不超过 3 000 人。

**【条文链接】**

**《中华人民共和国全国人民代表大会和地方各级人民代表大会选举法》(2020 年修正)**

第五条　每一选民在一次选举中只有一个投票权。

第四十八条　公民不得同时担任两个以上无隶属关系的行政区域的人民代表大会代表。

**【事例评析】**

“梁某镇事件”是对我国相关立法的挑战。2010 年修改前的《选举法》《中华人民共和国全国人民代表大会和地方各级人民代表大会代表法》(以下简称《代表法》) 对于公民身兼数个代表资格的问题，只规定可以兼任不同级别（还必须有行政区域上的隶属关系）的人大代表，但关于是否可以兼任同一级别不同行政区域的人大代表，或不同级别的无行政区域隶属关系的人大代表，法律并未作明确规定。由此引发了不同的判断，以致出现“梁某镇现象”。对于此种现象，学者众说纷纭。有的认为我国《选举法》未明确规定禁止兼任属于同一级别的两地人大代表，因此按照“法无明文禁止即可为”的法理原则，梁某镇同时兼任属于同一级别的两地人大代表是“合法”的。大部分学者则认为，即使法律没有明确规定，但从宪法和选举法的基本原则与法律规范的规定可以判断，这种做法是不合法的。

从《代表法》来看，跨区担任人大代表实际上是被禁止的。《代表法》第 49 条规定：“代表有下列情形之一的，其代表资格终止：（一）地方各级人民代表大会代表迁出或者调离本行政区域的……”这一规定的规范意义在于禁止人大代表两地兼任。这是因为既然代表不在本区域内居住或工作，那么代表与本选区或选举单位之间的实际利益关系不再存续，无法有效地代表本选区或选举单位参加行使国家权力，也就失去了担任人大代表的法律意义。从选举法来看，我国选区的划分可以按居住状况，也可以按生产单位、事业单位、工作单位，但选民只能选择其中的一种形式，不能重复参加选举。在选民登记程序中，选民一般是在户口所在地进行登记的，如在非户口所在地参加选举，必须由户口所在地开具在当地没有参加选举的证明。其目的也是防止重复投票。如果选民已经迁居外地，但没有转出户口，则在取得原选区选民资格的证明后，在现居住地参加选举，需出示户籍所在地开具的本人放弃原户籍所在地选举权的证明。

从《宪法》和《选举法》的基本原则来看，“身兼两地人大代表”直接违反了选举权的平等原则。《选举法》第 5 条规定，“每一选民在一次选举中只有一个投票权”。每个公民只能在一个地方进行选民登记，只能在他登记的地方有选举权和被选举权。现在，梁某镇既在户口所在地当选人大代表，又在其企业投资地即工作地点当选人大代表，他实际上就有了特权：具有双倍的选举权和被选举权。如果这样的做法推广开来，那么一个大企业家因为可以同时在几个地方投资或工作，就可以在几个地方成为人大代表，在他触犯法律以后，只要有一个地方的人大常委会出于地方保护主义，就可能阻拦对他实行强制措施，法律也就变成一纸空文了。

2010年3月4日第十一届全国人大第三次会议通过了《关于修改〈中华人民共和国全国人民代表大会和地方各级人民代表大会选举法〉的决定》。该决定第19条规定：《选举法》增加一条，作为第45条："公民不得同时担任两个以上无隶属关系的行政区域的人民代表大会代表。"此规定的出现，正是在梁某镇事件发生后为了弥补原有的法律空白作出的，同时也使法律的规定明确化，为解决实际问题提供了确切的法律依据。

**【延伸阅读】**

1. 丁爱萍．法办"身兼两地富翁代表"风波之思考．人大研究，2008（11）.
2. 翟峰．杜绝"身兼两地人大代表"现象应完善立法．公民导刊，2008（10）.

**事例四**

## 人大代表的身份保障权[①]

**【事例概况】**

2020年5月28日，浙江省衢州市召开第七届人民代表大会常务委员会第二十六次会议，通过了关于许可对毛某翔采取刑事强制措施的决定。该决定大概内容为：根据市人大常委会主任会议提请的关于许可对市七届人大代表毛某翔采取刑事强制措施的议案，衢州市七届人大代表毛某翔因涉嫌开设赌场罪，按照《代表法》有关规定，衢州市第七届人民代表大会常务委员会第二十六次会议决定，许可公安机关对衢州市七届人大代表毛某翔采取刑事强制措施。

**【涉及的宪法问题】**

1. 人大代表的职权

根据宪法和有关法律的规定，人大代表的职权主要有审议权，表决权，提名权，选举权，提出议案权，质询权，提出罢免案权，提出建议、批评、意见权，提议权，言论表决免究权，人身特别保护权，执行代表职务保障权等。

2. 人大代表执行职务的保障

《代表法》在第四章规定了"代表执行职务的保障"，主要包括四个方面：司法保障、时间保障、物质保障、组织保障。司法保障具体包括：（1）言论免责保障。代表在人大各种会议上的发言和表决不受法律追究。（2）身份保障权。非经本级人大主席团许可，在本级人大闭会期间非经本级人大常委会许可，不受逮捕或者刑事审判。

**【条文链接】**

**《中华人民共和国宪法》（2018年修正）**

第七十四条　全国人民代表大会代表，非经全国人民代表大会会议主席团许可，在全国人民代表大会闭会期间非经全国人民代表大会常务委员会许可，不受逮捕或者刑事审判。

第七十五条　全国人民代表大会代表在全国人民代表大会各种会议上的发言和表决，不受法律追究。

---

① 参见衢州人大网，https：//www.quzhourd.gov.cn/tzgg/notice/notice_article/J827058ac33b4df9a395e75add5d445e。

**《中华人民共和国全国人民代表大会和地方各级人民代表大会代表法》(2015 年修正)**

第三十一条　代表在人民代表大会各种会议上的发言和表决，不受法律追究。

第三十二条　县级以上的各级人民代表大会代表，非经本级人民代表大会主席团许可，在本级人民代表大会闭会期间，非经本级人民代表大会常务委员会许可，不受逮捕或者刑事审判。如果因为是现行犯被拘留，执行拘留的机关应当立即向该级人民代表大会主席团或者人民代表大会常务委员会报告。

对县级以上的各级人民代表大会代表，如果采取法律规定的其他限制人身自由的措施，应当经该级人民代表大会主席团或者人民代表大会常务委员会许可。

人民代表大会主席团或者常务委员会受理有关机关依照本条规定提请许可的申请，应当审查是否存在对代表在人民代表大会各种会议上的发言和表决进行法律追究，或者对代表提出建议、批评和意见等其他执行职务行为打击报复的情形，并据此作出决定。

乡、民族乡、镇的人民代表大会代表，如果被逮捕、受刑事审判或者被采取法律规定的其他限制人身自由的措施，执行机关应当立即报告乡、民族乡、镇的人民代表大会。

第三十三条　代表在本级人民代表大会闭会期间，参加由本级人民代表大会常务委员会或者乡、民族乡、镇的人民代表大会主席团安排的代表活动，代表所在单位必须给予时间保障。

第三十四条　代表按照本法第三十三条的规定执行代表职务，其所在单位按正常出勤对待，享受所在单位的工资和其他待遇。

无固定工资收入的代表执行代表职务，根据实际情况由本级财政给予适当补贴。

**【事例评析】**

1. 议员身份保障权的起源

综观世界各国，议员的身份保障权是指议员非经议会批准不受逮捕或审判的豁免权利。这项特权在确立初期主要是为了确保议员在参政议政时不受封建势力的干扰和迫害，后来主要是为了确保议员不受无根据的司法干扰。早在 6 世纪，英国就有对参加“贤人会议”者不可加以留难或损伤的传统。1314 年，爱德华二世颁布法令，禁止法庭判决拘禁议员，从而致使其无法参加议会会议。该法令确立了议员在议会会议期间，其人身不受逮捕的原则。随着议会制度的不断发展和完善，英国的这一规定也被其他国家借鉴。《美利坚合众国宪法》(1787 年) 明确规定了议员的人身特别保障权，其第 1 条第 6 款规定：两院议员除犯叛国罪、重罪以及扰乱治安罪外，在出席各该院会议及往返各该院途中，有不受逮捕之特权。《苏维埃社会主义共和国联盟宪法》(1936 年) 规定：苏联最高苏维埃代表，非经苏联最高苏维埃同意，在苏联最高苏维埃闭会期间非经苏联最高苏维埃主席团同意，不受审判或者逮捕。《日本国宪法》(1946 年) 第 50 条专门规定“除法律规定外，两院议员不受逮捕，开会前被捕的议员，如其所属议院提出要求，必须在开会期间予以释放”。法国宪法 (1958 年) 第 26 条规定：“议会的任何议员都不得由于本人在行使职权中所发表的意见或者所投的票而受追诉、搜查、逮捕、拘留或者审判。议会的任何议员在议会会议期间，非经所属议院的许可，不得因刑事案件或者轻罪案件受追诉或者逮捕，但现行犯除外。议会的任何议员在议会闭会期间，非经所属议院秘书厅许可，不受逮捕，但现行犯、已经认可的追诉或者已经确定判决的除外。对议会议员的拘留或者追诉，如经议员所属议院的请求，应即停止进行。”

2. 我国人大代表的身份保障权

《代表法》第 3 条规定了代表的权利：“代表享有下列权利：(一) 出席本级人民代表大会会

议，参加审议各项议案、报告和其他议题，发表意见；（二）依法联名提出议案、质询案、罢免案等；（三）提出对各方面工作的建议、批评和意见；（四）参加本级人民代表大会的各项选举；（五）参加本级人民代表大会的各项表决；（六）获得依法执行代表职务所需的信息和各项保障；（七）法律规定的其他权利。”上述事例中，对人大代表采取刑事强制措施的特别程序体现了对人大代表的身份保障权，人大代表享有非经特别许可不受逮捕或审判及其他限制人身自由的权利。

根据现行《宪法》和《代表法》的相关规定，人大代表在人大各种会议上的发言和表决不受法律追究。对县级以上的各级人大代表，如果采取法律规定的其他限制人身自由的措施，应当经该级人大主席团或者人大常委会许可。如果因为是现行犯被拘留，执行拘留的机关应当立即向该级人大主席团或者人大常委会报告。

**【延伸阅读】**

1. 郑文阳. 论我国人大代表的法律保护：我国人大代表和外国议员法律保护的比较研究. 人大研究，2017（8）.

2. 徐天红. 关于人大代表人身特别保护权适用中的许可程序：代表法第三十条之议. 中国人大，2004（13）.

3. 苏绍龙. “监督＋监察”体制下失范人大代表的调查处置：由人大代表“被责令辞职”展开的思考. 政法论坛，2022（2）.

## 事例五

## 部分省市变更部分行政区划事件

**【事例概况】**

### （一）

2010年6月28日，国务院下发国函〔2010〕55号文，正式批复了北京市政府关于调整首都功能核心区行政区划的请示，同意：撤销北京市东城区、崇文区，设立新的北京市东城区，以原东城区、崇文区的行政区域为东城区的行政区域；撤销北京市西城区、宣武区，设立新的北京市西城区，以原西城区、宣武区的行政区域为西城区的行政区域。这次行政区划调整，是北京市52年来规模最大的一次行政区划调整。批复要求北京市尽快明确新设区政府驻地位置，并按程序报批。行政区划调整涉及的各类机构要按照“精简、统一、效能”的原则设置，涉及的行政区域界线要按规定及时勘定，所需人员编制和经费由北京市自行解决。7月1日下午，北京市召开了四城区区级领导干部会议。会上宣布了中共北京市委关于新的东城区、西城区主要领导班子的人事任命，并成立了新的东城区、西城区筹备工作委员会。

### （二）

2012年6月21日，民政部公告宣布，国务院正式批准：撤销西沙群岛、南沙群岛、中沙群岛办事处，建立地级三沙市，政府驻西沙永兴岛。当年7月21日，45名三沙市人大代表产生。2020年，海南省三沙市设立西沙区、南沙区。三沙市西沙区管辖西沙群岛的岛礁及其海域，代管中沙群岛的岛礁及其海域，西沙区人民政府驻永兴岛。三沙市南沙区管辖南沙群岛的岛礁及其海域，南沙区人民政府驻永暑礁。

### （三）

2023年1月20日，新疆维吾尔自治区人民政府网站发布《新疆维吾尔自治区人民政府关于党中央、国务院批准设立县级白杨市的公告》：党中央、国务院于近日批准，设立县级白杨市。白杨市人民政府驻光明路1号。白杨市由新疆维吾尔自治区直辖，管理方式按有关文件规定执行。

**【涉及的宪法问题】**

1. 行政区划

行政区划就是国家根据政治和行政管理的需要，根据有关法律规定，充分考虑经济联系、地理条件、民族分布、历史传统、风俗习惯、地区差异、人口密度等客观因素，将全国的地域划分为若干层次大小不同的行政区域，设置相应的地方国家机关，实施行政管理。行政区划以国家或次级地方在特定的区域内建立一定形式、具有层次唯一性的政权机关为标志。行政区划因不同的国家结构形式而不同。

2. 行政区域变更

行政区域的变更包括行政区域的设立、调整、撤销和更名。我国现行《宪法》对行政区域变更的法律程序有明确的规定。

(1) 省、自治区、直辖市的设立、撤销、更名，特别行政区的成立，应由全国人大审议决定。

(2) 省、自治区、直辖市行政区域界线的变更，自治州、县、自治县、市、市辖区的设立、撤销、更名或者隶属关系的变更，自治州、自治县的行政区域界限的变更，县、市的行政区域界线的重大变更，都须经国务院审批。

(3) 县、市、市辖区部分行政区域界线的变更，由国务院授权省、自治区、直辖市人民政府审批。

(4) 乡、民族乡、镇的设立、撤销、更名或者变更行政区域的界线，由省、自治区、直辖市人民政府审批。

**【条文链接】**

**《中华人民共和国宪法》(2018年修正)**

第三十条　中华人民共和国的行政区域划分如下：

(一) 全国分为省、自治区、直辖市；

(二) 省、自治区分为自治州、县、自治县、市；

(三) 县、自治县分为乡、民族乡、镇。

直辖市和较大的市分为区、县。自治州分为县、自治县、市。

自治区、自治州、自治县都是民族自治地方。

第六十二条　全国人民代表大会行使下列职权：

…………

(十三) 批准省、自治区和直辖市的建置；

…………

第八十九条　国务院行使下列职权：

…………

(十五) 批准省、自治区、直辖市的区域划分，批准自治州、县、自治县、市的建置和区域划分；

…………

第一百零七条（第三款） 省、直辖市的人民政府决定乡、民族乡、镇的建置和区域划分。

**【事例评析】**

1. 我国行政区划的原则

行政区划是事关国家政治、经济、社会发展全局的重大战略性问题。行政区划及其管理应当遵循以下原则：

一是要有利于经济发展。搞好经济建设，提高人民群众物质和文化水平是我们当前的中心任务，各项工作都要紧紧围绕这一中心任务进行，划分行政区域也不例外。在具体操作时，要照顾到各地经济、文化发展水平，包括资源、交通、人口等因素，以有利于社会主义现代化建设事业的顺利发展。

二是要有利于行政管理和人民管理国家。行政区域划分的主要目的和动因就是更好地发挥国家机器管理社会的职能。同时，我国的国家性质决定了人民是国家和社会的主人，要发挥人民群众的智慧，使他们便于参加对国家的民主管理。

三是要有利于各民族的团结与发展。我国是由五十六个民族共同组成的社会主义大家庭。各民族共同奋斗，创造了中华文明。同时，各个民族由于历史、地理、宗教等原因，又各具特色。在划分行政区域时，对此要作通盘考虑，尤其对少数民族要予以照顾，在少数民族聚居的地方实行民族区域自治，激励各族人民为建设中国特色社会主义共同奋斗。

四是要照顾自然条件和历史状况。我国是一个大国，各地自然条件相差甚大。同时，我国又是一个具有悠久历史的国家，有许多地方的地域划分、区划名称已经延续了数百年甚至上千年，这些地区早已形成了比较固定的行政区域范围。在划分区域时，不能不考虑这些情况，否则，必将产生不良后果。

2. 我国行政区域变更的原则和程序

行政区划应当保持总体稳定，但并非一成不变。随着国家的政治和经济发生变化，经济体制改革的不断深入，生产力水平的日益提高，以及交通、通讯条件的逐渐改善，行政区划也要变更。

从变更的原则看，《行政区划管理条例》第 2 条中规定："行政区划应当保持总体稳定，必须变更时，应当本着有利于社会主义现代化建设、有利于推进国家治理体系和治理能力现代化、有利于行政管理、有利于民族团结、有利于巩固国防的原则，坚持与国家发展战略和经济社会发展水平相适应、注重城乡统筹和区域协调、推进城乡发展一体化、促进人与自然和谐发展的方针，制订变更方案，逐级上报审批。"近几年来，全国各地对行政区划的调整比较多，这些调整首先都是为了与经济发展水平相适应，本着有利于促进区域经济发展的目的进行的：通过优化要素资源配置和生产力布局，加大区域资源整合力度，加快工业化、城镇化和农业现代化，培育壮大中心城市，推动经济转型升级，坚定不移地走科学发展道路。其次，这些调整是为了提高行政效率，方便行政管理，优化行政机构组织设置，探索建立新的行政管理体制和运行机制，加快建设服务型政府。国务院对行政区划调整的批复要求"行政区划调整涉及的各类机构要按照'精简、统一、效能'的原则设置"，因此，行政区划调整必须在提高行政效能、节约行政成本上下功夫。行政区划调整得是否科学合理，直接关系到国家管理机制能否顺畅有效运行、国民经济能否健康发展、生产力布局是否科学合理，关系到中央能否有效管理地方、地方能否充分发挥能动性和创造性。

从程序上看，对行政区划的变更一定要按照法律规定的程序进行审批。在我国对行政区划的变更，除宪法有明确规定外，《行政区划管理条例》较为详细地规定了行政区划变更的有关事项。相关程序如下：

（1）省、自治区、直辖市的设立、撤销、更名，报全国人民代表大会批准。

（2）省、自治区、直辖市的行政区域界线的变更，人民政府驻地的迁移，简称、排列顺序的变更；自治州、县、自治县、市、市辖区的设立、撤销、更名和隶属关系的变更，自治州、自治县、设区的市人民政府驻地的迁移；自治州、自治县的行政区域界线的变更，县、市、市辖区的行政区域界线的重大变更；凡涉及海岸线、海岛、边疆要地、湖泊、重要资源地区及特殊情况地区的隶属关系或者行政区域界线的变更，由国务院审批。

（3）县、市、市辖区的部分行政区域界线的变更，县、不设区的市、市辖区人民政府驻地的迁移，国务院授权省、自治区、直辖市人民政府审批。批准变更时，同时报送国务院备案。

（4）乡、民族乡、镇的设立、撤销、更名，行政区域界线的变更，人民政府驻地的迁移，由省、自治区、直辖市人民政府审批。

**【延伸阅读】**

1. 周伟，周剑波．论行政区域变更的正当程序．江汉大学学报（社会科学版），2024（2）.

2. 张震．依宪完善行政区划调整标准体系及其构建．政治与法律，2023（3）.

**事例六**

## 香港特别行政区提请全国人大常委会解释基本法

**【事例概况】**

### （一）

2005 年 3 月 12 日，国务院批准董建华辞去香港特别行政区行政长官职务的请求，行政长官职位由当日起出缺。根据《香港特别行政区基本法》53 条，行政长官缺位时，应在 6 个月内，依《香港特别行政区基本法》第 45 条的规定产生新的行政长官。按照《行政长官选举条例》第 10 条，如行政长官出缺后的第 120 天是星期日，便在当日举行选举。所以香港特别行政区政府须于 2005 年 7 月 10 日（周日）举行选举。

2005 年 4 月 6 日，香港特别行政区署理行政长官曾荫权向国务院呈送了报告，请求国务院提请全国人大常委会就《香港特别行政区基本法》第 53 条第 2 款作出解释，以明确新的行政长官的任期为原行政长官的剩余任期。国务院决定提请全国人大就香港补选特首任期释法。

### （二）

2011 年 6 月 8 日，香港特别行政区终审法院以 3∶2，就一家美国公司诉刚果（金）及中铁公司案［以下简称“刚果（金）案”］作出判决，决定就《香港特别行政区基本法》第 13 条第 1 款和第 19 条第 3 款涉及的与“外交事务”有关的 4 个问题提请全国人大常委会作出解释。这是香港回归近 14 年来，特别行政区终审法院第一次启用基本法第 158 条第 3 款规定的程序，主动向全国人大常委会提请释法。

刚果（金）案起因于一家以收购不良债权为业的“秃鹫基金公司”。该基金公司于 2008 年 5 月向香港特别行政区法院提起诉讼，申请截留中铁公司应向刚果（金）支付的矿权费 1.75 亿美元，以执行苏黎世和巴黎两个仲裁庭针对刚果（金）作出的仲裁裁决。这场官司历经一审、二审，最终打到特别行政区终审法院。诉讼各方争议的焦点在于，香港特别行政区采取的国家豁免制度是否必须与中央政府的立场一致。如答案是肯定的，则根据中央政府一贯奉行的“绝对豁免”立场，刚果（金）在此案中享有管辖豁免，特别行政区法院应驳回起诉。然而，特别行政区高等法院上诉庭在其二审判决中恰恰作出一个截然相反的结论。这就引发了国家外交政策能否在香港特别行政区有效落实，以及如何处理中央外交权与特别行政区司法权的关系等重大宪制问题。

在案件审理过程中，外交部驻香港特别行政区特派员公署三度致函特别行政区政府，说明中国采取绝对豁免立场，并指出：国家豁免问题是影响国家间关系的重要问题，如香港特别行政区实行与中央政府立场不一致的国家豁免原则，将明显对国家主权和整体国家利益造成损害。特别行政区政府律政司司长作为介入人参与诉讼，明确提出：确定适用何种国家豁免制度，属于应由中央政府负责管理的外交事务，不属特别行政区自治范围，特别行政区在此问题上适用的法律规则必须与中央政府的立场相符。但特别行政区高等法院上诉庭在二审判决中武断地认定，特别行政区适用与中央政府的立场不一致的国家豁免制度，不会损害国家主权，香港应继续沿用回归前港英时期的普通法。

香港特别行政区终审法院多数法官认为：香港作为中国的一个特别行政区，没有主权属性；在国家豁免这一与外交事务有关的事宜上，特别行政区法院必须尊重中央政府的决定并遵照其决定行事。这是一项必须遵循的宪法规定，绝无采取不同政策的空间。外交部函件正是对此问题具权威性的事实陈述。由于本案涉及的基本法第13条关乎中央政府负责的外交事务、第19条涉及中央与特别行政区的关系，因此，特别行政区终审法院在作出最终判决前，有责任提请全国人大常委会进行释法。

为此，香港特别行政区终审法院依据《香港特别行政区基本法》第158条第3款的规定，提请全国人大常委会解释如下问题：(1) 根据基本法第13条第1款的真正解释，中央人民政府是否有权力决定中华人民共和国的国家豁免规则或政策。(2) 如有此权力的话，根据第13条第1款和第19条的真正解释，香港特别行政区（包括香港特别行政区的法院）是否：1) 有责任援用或实施中央人民政府根据第13条第1款所决定的国家豁免规则或政策；或2) 反之，可随意偏离中央人民政府根据第13条第1款所决定的国家豁免规则或政策，并采取一项不同的规则。(3) 中央人民政府决定国家豁免规则或政策是否属于基本法第19条第3款第一句中所说的“国防、外交等国家行为”。(4) 香港特别行政区成立后，基本法第13条第1款、第19条和香港作为中华人民共和国的特别行政区的地位，对香港原有（1997年7月1日之前）的有关国家豁免的普通法（如果这些法律与中央人民政府根据第13条第1款所决定的国家豁免规则或政策有抵触）所带来的影响，是否令到这些普通法法律，须按照基本法第8条和第160条及于1997年2月23日根据第160条作出的全国人大常委会的决定的规定，在适用时作出必要的变更、适应、限制或例外，以确保关于这方面的普通法符合中央人民政府所决定的国家豁免规则或政策。

2011年8月26日第十一届全国人大常委会第二十二次会议通过关于《香港特别行政区基本法》第13条第1款和第19条的解释。

**【涉及的宪法问题】**

本案涉及特别行政区基本法的解释权。《香港特别行政区基本法》第158条、《澳门特别行政区基本法》第143条明确规定基本法的解释权属于全国人大常委会。香港特别行政区终审法院上述提请解释的做法符合《香港特别行政区基本法》第158条第3款的规定。同时，考虑到特别行政区法院审理案件的需要，香港、澳门基本法又规定全国人大常委会可授权特别行政区法院对关于特别行政区自治范围的条款自行解释。

**【条文链接】**

**《中华人民共和国宪法》(2018 年修正)**

第六十七条 全国人民代表大会常务委员会行使下列职权：

（一）解释宪法，监督宪法的实施；

…………

**《中华人民共和国香港特别行政区基本法》(1990 年)**

第一百五十八条 本法的解释权属于全国人民代表大会常务委员会。

全国人民代表大会常务委员会授权香港特别行政区法院在审理案件时对本法关于香港特别行政区自治范围内的条款自行解释。

香港特别行政区法院在审理案件时对本法的其他条款也可解释。但如香港特别行政区法院在审理案件时需要对本法关于中央人民政府管理的事务或中央和香港特别行政区关系的条款进行解释，而该条款的解释又影响到案件的判决，在对该案件作出不可上诉的终局判决前，应由香港特别行政区终审法院请全国人民代表大会常务委员会对有关条款作出解释。如全国人民代表大会常务委员会作出解释，香港特别行政区法院在引用该条款时，应以全国人民代表大会常务委员会的解释为准。但在此以前作出的判决不受影响。

全国人民代表大会常务委员会在对本法进行解释前，征询其所属的香港特别行政区基本法委员会的意见。

**【事例评析】**

1. “一国两制”与香港特别行政区

第一，“一国两制”的内涵。

根据《香港特别行政区基本法》的规定，香港保留原有的资本主义制度和生活方式 50 年不变，并享有高度自治权。但是，香港保留原有的制度也好，享有高度自治权也好，都是在“一国”的前提下。离开了“一国”这一前提，香港的资本主义制度，香港的高度自治权，都不可能保留/享有。

第二，中央与香港特别行政区的关系，以及香港的法律地位。

根据《香港特别行政区基本法》的规定，香港是中华人民共和国的一个地方，香港特别行政区政府是中华人民共和国中央人民政府直辖下的一级地方政府。虽然香港享有高度自治权，而且其高度自治权甚至比联邦制国家的组成部分所享有的权力还要大，但是，香港特别行政区的设立，并没有改变我们国家单一制的国家结构形式，只是丰富了我们国家单一制的国家结构形式的内容。也就是说，香港特别行政区所享有的高度自治权仍然是中央通过法律授予的，而不是其自身所固有的。甚至香港特别行政区的设立也是由全国人大决定的。

既然香港为中华人民共和国的组成部分，特别行政区为中华人民共和国的一个地方政权，那么中央人民政府当然地在香港特别行政区行使与其地位相当的权力，其中包括决定香港政制未来的发展。而且对“决定香港未来政制的发展”应当理解为这是由中央人民政府决定的事项，因为只有中央人民政府才有能力从总体上把握香港未来的政制发展。

2.《香港特别行政区基本法》的解释权

《香港特别行政区基本法》于 1990 年 4 月 4 日在七届全国人大三次会议上通过，自 1997 年 7

月 1 日起实施。基本法作为特别行政区的宪制性法律文件，对回归后香港的稳定繁荣起到了巨大的作用。《香港特别行政区基本法》依宪法的规定而制定，它涵盖了香港的社会、经济制度，居民的基本权利和自由，以及行政管理、立法、司法制度。《香港特别行政区基本法》是全国人大制定的在全国范围内适用的法律，属于效力和位阶仅低于宪法的基本法律。根据我国现行宪法所确立的法律解释体制，全国人大及其常委会制定的法律的解释权属于全国人大常委会，《香港特别行政区基本法》是由全国人大制定的，属于基本法律的范畴，故对其进行解释是全国人大常委会的职权。

全国人大对《香港特别行政区基本法》的解释权限来自《宪法》和《香港特别行政区基本法》的规定。根据《宪法》第 67 条的规定，全国人大常委会有权解释宪法和法律，负责监督宪法的实施。《香港特别行政区基本法》第 158 条第 1 款也明文规定："本法的解释权属于全国人民代表大会常务委员会。"全国人大常委会对宪法和法律的解释是最终的权威解释。《立法法》第 48 条规定："法律解释权属于全国人民代表大会常务委员会。""法律有以下情况之一的，由全国人民代表大会常务委员会解释：（一）法律的规定需要进一步明确具体含义的；（二）法律制定后出现新的情况，需要明确适用法律依据的。"第 53 条规定："全国人民代表大会常务委员会的法律解释同法律具有同等效力。"

《香港特别行政区基本法》第 158 条第 3 款规定：香港特别行政区法院在审理案件时对本法的其他条款也可解释。但如香港特别行政区法院在审理案件时需要对本法关于中央人民政府管理的事务或中央和香港特别行政区关系的条款进行解释，而该条款的解释又影响到案件的判决，在对该案件作出不可上诉的终局判决前，应由香港特别行政区终审法院请全国人大常委会对有关条款作出解释。如全国人大常委会作出解释，香港特别行政区法院在引用该条款时，应以全国人大常委会的解释为准。但在此以前作出的判决不受影响。但同时，基本法还规定"全国人民代表大会常务委员会授权香港特别行政区法院在审理案件时对本法关于香港特别行政区自治范围内的条款自行解释"（第 158 条第 2 款）。

自 1997 年 7 月 1 日《香港特别行政区基本法》实施以来，全国人大常委会共对它作过三次解释。

第一次是在 1999 年的香港"无证儿童案"中，全国人大常委会就《香港特别行政区基本法》第 22 条第 4 款和第 24 条第 2 款第 3 项进行了解释：港人在内地所生子女要求进入香港，需要经过内地机构审批，并持有有效证件方可进入香港；第 2 款第 3 项规定是指无论本人是在香港特别行政区成立以前出生还是成立以后出生，在其出生时，其父母双方或一方须是香港永久性居民。全国人大常委会该次释法并不影响香港特别行政区终审法院于 1999 年 1 月 29 日所作的判决。

第二次是在香港特别行政区就政制发展问题的讨论十分热烈而各界对《香港特别行政区基本法》附件中有关行政长官和立法会的产生办法争论颇大的背景下，全国人大常委会主动对《香港特别行政区基本法》附件一、附件二进行解释。全国人大常委会于 2004 年 4 月 6 日作出了《关于〈中华人民共和国香港特别行政区基本法〉附件一第七条和附件二第三条的解释》，就《香港特别行政区基本法》附件中存在争议和模糊之处进行了解释，通过解释使基本法中的有关规定更为明确和具体。这次解释主要有四项内容：（1）关于附件中规定的"2007 年以后"的含义；（2）附件中"如需"修改的含义；（3）对行政长官和立法会产生办法进行修改的启动程序；（4）对行政长官和立法会产生办法无须修改时原有规定的适用问题。

第三次是国务院批准董建华辞去香港特别行政区行政长官职务的请求，行政长官空缺之后，香港特别行政区署理行政长官曾荫权请求国务院提请全国人大常委会就《香港特别行政区基本法》第 53 条第 2 款有关新的行政长官任期作出解释。全国人大常委会征询香港特别行政区基本法委员会的意见后，于 2005 年 4 月 27 日对此作出解释：在行政长官 5 年任期届满前出缺的情况下，由任期 5 年的选举委员会选出的新的行政长官只能完成原行政长官未任满的剩余任期。

2011 年 8 月 26 日，对香港特别行政区终审法院在审理“刚果（金）案”时，涉及香港特别行政区是否应适用中央人民政府决定采取的国家豁免规则或政策的问题，第十一届全国人大常委会第二十二次会议通过了《全国人民代表大会常务委员会关于〈中华人民共和国香港特别行政区基本法〉第十三条第一款和第十九条的解释》。

《香港特别行政区基本法》的解释权曾引发了中央与特别行政区不同程度的争议。全国人大常委会对《香港特别行政区基本法》解释权的行使，不仅体现了对我国宪法以及《香港特别行政区基本法》赋予的权力的行使，更是体现了“一国两制”中“一国”的要求。

《香港特别行政区基本法》第 158 条的第 2 款和第 3 款分别规定了全国人大常委会授予香港法院对《香港特别行政区基本法》的解释权。第 158 条第 2 款规定：“全国人民代表大会常务委员会授权香港特别行政区法院在审理案件时对本法关于香港特别行政区自治范围内的条款自行解释。”“香港特别行政区法院在审理案件时对本法的其他条款也可解释。但如香港特别行政区法院在审理案件时需要对本法关于中央人民政府管理的事务或中央和香港特别行政区关系的条款进行解释，而该条款的解释又影响到案件的判决，在对该案件作出不可上诉的终局判决前，应由香港特别行政区终审法院请全国人民代表大会常务委员会对有关条款作出解释。如全国人民代表大会常务委员会作出解释，香港特别行政区法院在引用该条款时，应以全国人民代表大会常务委员会的解释为准。但在此以前作出的判决不受影响。”

香港特别行政区终审法院在审理“刚果（金）案”时，涉及香港特别行政区是否应适用中央人民政府决定采取的国家豁免规则或政策的问题，虽然《香港特别行政区基本法》第 158 条规定全国人大常委会授予香港特别行政区法院在审理案件时解释基本法的权利，但是这种“授权”不是“分权”，不意味着香港法院本身拥有基本法的解释权，全国人大常委会也不因“授权”而丧失其依宪法和基本法获得的解释权。全国人大常委会依据《宪法》第 67 条以及《香港特别行政区基本法》第 158 条，征询全国人大常委会香港特别行政区基本法委员会的意见后，对香港特别行政区终审法院提出的相关问题及时作出了解释。

前述案件涉及的解释条款不属于前述基本法第 158 条第 2 款规定的“自治范围内的条款”，而应属于第 158 条第 3 款规定的情形，因为“依照《中华人民共和国宪法》第八十九条第（九）项的规定，国务院即中央人民政府行使管理国家对外事务的职权，国家豁免规则或政策属于国家对外事务中的外交事务范畴，中央人民政府有权决定中华人民共和国的国家豁免规则或政策”。关于香港特别行政区终审法院提出的“中央人民政府决定国家豁免规则或政策是否属于基本法第十九条第三款第一句中所说的‘国防、外交等国家行为’”，全国人大常委会的解释为：“国家豁免涉及一国法院对外国国家及其财产是否拥有管辖权，外国国家及其财产在一国法院是否享有豁免，直接关系到该国的对外关系和国际权利与义务。因此，决定国家豁免规则或政策是一种涉及外交的国家行为。基于上述，《中华人民共和国香港特别行政区基本法》第十九条第三款规定的‘国防、外交等国家行为’包括中央人民政府决定国家豁免规则或政策的行为。”

【延伸阅读】

1. 秦前红，黄明涛．对香港终审法院就“刚果金案”提请人大释法的看法．法学，2011 (8).

2. 焦洪昌．香港基本法解释冲突之原因分析：以居港权系列案件的讨论为例．广东社会科学，2008 (3).

3. 邹平学．香港基本法解释机制基本特征刍议．法学，2009 (5).

4. 李昌道．香港基本法解释机制探析．复旦大学学报（社会科学版），2008 (3).

5. 朱国斌．香港基本法第 158 条与立法解释．法学研究，2008 (2).

6. 董立坤，张淑钿．香港特别行政区法院的违反基本法审查权．法学研究，2010 (3).

7. 莫纪宏．特别行政区内的宪法适用问题研究．环球法律评论，2022 (5).

## 第二节 经济制度

经济制度是指通过宪法和法律确认、调整的，在人类社会发展到一定历史阶段时占主要地位的生产关系以及在此基础上建立的各种经济关系的总和，又称社会经济结构。在我国，社会主义初级阶段的基本经济制度以公有制为主体，多种所有制经济共同发展。以公有制为主体的表现之一就是自然资源的全民所有制。本部分通过“彭州天价乌木归属案”“住宅建设用地使用权续期争议”对矿产资源和土地的权属关系进行分析。

### 事例一

### 彭州天价乌木归属案

【事例概况】

2012 年 2 月，四川省彭州市通济镇××村的村民吴某某，在家门口散步时，发现自家承包地边的河滩底下埋藏有乌木。经聘请的专家鉴定和雇用的专业探测公司勘探，确证了该地下有巨大乌木。其后吴某某雇用了挖掘机进行挖掘，不久一根巨型乌木逐渐露出地表。有专家表示该乌木当前市场价在 1 000 万元至 2 000 万元，因此媒体戏称为“天价乌木”。通济镇政府知悉此事后认为乌木属国有财产，并于当晚派警力对乌木挖掘现场进行保护。在随后几天，镇政府领导反复劝说吴某某放弃乌木，吴家则组织亲属阻止镇政府发掘，吴某某坚持认为乌木归自己所有。双方最终未能达成一致。之后吴某某向成都市中级人民法院提起了行政诉讼，请求确认其对乌木的所有权。成都市中级人民法院裁定驳回该项请求，认为确认所有权不属于行政诉讼的范围。吴某某继而向四川省高级人民法院就该裁定提起了上诉。四川省高级人民法院回避了争议焦点并没有回答乌木的所有权问题，最终作出了驳回并维持成都市中级人民法院裁定的处理。由此，乌木在法律上的归属问题，引发了人们的思考与激烈讨论。

【涉及的宪法问题】

《宪法》在第 9 条规定了我国的自然资源权属制度，在第 12 条宣誓了社会主义公有财产的神圣地位和相应的保障制度，在第 13 条规定了我国公民私有财产即财产权的相关内容。埋藏在土地中的乌木，其究竟属于天然孳息、埋藏物、无主物、有主物还是自然资源？众说纷纭。乌木究竟是归国家所有还是归个人所有，其是否属于《宪法》第9条规定的“等自然资源”的涵盖范围，是我们需要正视并尝试通过规范解释予以说明和解决的宪法问题。

**【条文链接】**

**《中华人民共和国宪法》（2018年修正）**

第九条　矿藏、水流、森林、山岭、草原、荒地、滩涂等自然资源，都属于国家所有，即全民所有；由法律规定属于集体所有的森林和山岭、草原、荒地、滩涂除外。

国家保障自然资源的合理利用，保护珍贵的动物和植物。禁止任何组织或者个人用任何手段侵占或者破坏自然资源。

第十二条　社会主义的公共财产神圣不可侵犯。

国家保护社会主义的公共财产。禁止任何组织或者个人用任何手段侵占或者破坏国家的和集体的财产。

第十三条　公民的合法的私有财产不受侵犯。

国家依照法律规定保护公民的私有财产权和继承权。

国家为了公共利益的需要，可以依照法律规定对公民的私有财产实行征收或者征用并给予补偿。

**《中华人民共和国民法典》（2020年）**

第二百四十二条　法律规定专属于国家所有的不动产和动产，任何组织或者个人不能取得所有权。

第二百四十七条　矿藏、水流、海域属于国家所有。

第三百一十九条　拾得漂流物、发现埋藏物或者隐藏物的，参照适用拾得遗失物的有关规定。法律另有规定的，依照其规定。

第三百二十一条（第一款）　天然孳息，由所有权人取得；既有所有权人又有用益物权人的，由用益物权人取得。当事人另有约定的，按照其约定。

**《中华人民共和国矿产资源法》（2009年修正）**

第三条（第一款）　矿产资源属于国家所有，由国务院行使国家对矿产资源的所有权。地表或者地下的矿产资源的国家所有权，不因其所依附的土地的所有权或者使用权的不同而改变。

**《中华人民共和国矿产资源法实施细则》（1994年）**

第二条（第一款）　矿产资源是指由地质作用形成的，具有利用价值的，呈固态、液态、气态的自然资源。

第三条　矿产资源属于国家所有，地表或者地下的矿产资源的国家所有权，不因其所依附的土地的所有权或者使用权的不同而改变。

国务院代表国家行使矿产资源的所有权。国务院授权国务院地质矿产主管部门对全国矿产资源分配实施统一管理。

**【事例评析】**

自然资源与人类的生产生活息息相关，有关自然资源权益的归属，是每个国家的宪法文本及制宪者都不可避免的问题。确定符合国家性质的自然资源权属制度，划定合理的公共财产和私人财产的界限，对于保障国家的发展与提高人民的生活水平至关重要。

1. 乌木的形成与争议辨析

乌木也称阴沉木，据相关学者的研究①，是在大约两千至一万年前，由于剧烈地块运动，地表的动植物随着地壳的运动被埋入地下古河床、淤泥河里，在缺氧、高压力、细菌和其他微生物结合的特殊环境下，经过几千年的炭化过程而形成的，是一种介于碳和木之间的拥有独特木质特征的“碳化木”。

乌木不属于埋藏物。埋藏物存在的前提是人的埋藏，其本身的存在离不开人的主动参与。显然，经过自然事件而被埋藏的乌木，其在性质上不是法律所规定的埋藏物。

乌木也不属于孳息。孳息是指从原物产生的受益，可分为法定孳息和天然孳息。首先，乌木肯定不属于法定孳息，但其是否属于天然孳息，学者间存在争议和分歧。笔者认为将乌木认定为孳息，是一种有偏差的理解，因为孳息在与原物分离之前是原物的一部分，土地按照其自身性质所产生的物不会包括乌木，显然，乌木不是土地的一部分，也不宜将它认定为附属于土地的天然孳息。据此不应把乌木作为孳息而适用私有财产相关规定。对乌木性质的恰当理解是，乌木属于《宪法》第9条规定的国家所有的自然资源，也即包含在“等”的概括性规定范围之内。

2. 自然资源权属规范中“等”的技术与内涵

为了弥补人在当下的认识与未来发展之间的不足，使法律能够适应社会不断发展并保持自身的稳定与权威，缓解规范的抽象性与社会生活的复杂性之间的矛盾，在立法时立法机关往往会用“等”对尚未列举的情形予以概括性规定，这就需要我们在适用规范时结合具体情况予以解释。

如何作出符合实际的扩大解释而不是类推解释一直是困扰法理学者的难题。在与上述乌木案相类似的案件中，更暗含着如何划定国家所有和私人所有的界限的重大宪法课题。哈特曾在他的名著《法律的概念》一书中提出了“意思中心与开放结构”的论断，认为一个词语或者概念有其十分确定的没有争议的意思中心，也有一个不确定的边缘地带即开放结构，扩大解释与类推解释的区分就看有没有超出边缘地带。但是哈特的解释只提供了理论上的逻辑，并不具备技术上的操作可能。从技术上的操作可能来讲，逻辑学的种属划分方法为我们提供了区分扩大解释与类推解释的基础可能，两者最主要的区分标准或识别标志是解释的结果是否超出了“属”的范围。《宪法》第9条规定了自然资源的属概念，又列举了一系列如矿藏、水流等典型的种概念，乌木从其自然属性和生成过程来看显然和列举的种概念之间性质相符，也属于自然资源属概念之下的种概念。乌木属于宪法上规定的自然资源的范畴，所以其应当属于国家所有。《宪法》第9条中的“等”字体现了国家自然资源范围的开放性。

依《宪法》第9条形成了我国以国家所有为主、以集体所有为辅的自然资源所有权制度体系，其具体内容为：集体所有的森林、山岭、草原、荒地、滩涂，国家所有的森林、山岭、草原、荒地、滩涂，以及国家绝对所有、不允许集体所有的矿藏和水流。《宪法》第9条对集体所有的自然资源作了明确规定，除此以外的一切自然资源，包括人类已经发现和尚未发现的自然资源，均应归国家所有。按照相关法律规定，由国务院代表国家行使矿产资源的所有权。但要注意的是对自然资源进行解释时应有所限定，自然资源必须具备最基本的特性：价值性、有限性、可控性，2012年某地用地方性法规规定“气候”资源属于自然资源，是对宪法规范的内容理解

① 参见张本光：《中国阴沉木的形成与分布探讨》，载《中国园艺文摘》，2018年第8期。

偏差所致。

3. 规范运用自然资源权属制度的意义

合理地利用自然资源是人类生存和发展的重要起点，因为自然资源本身的稀缺性，所以对其权属的合理界定至关重要。“公地悲剧”“科斯定理”的提出，都是源于法学对于如何界定合理、明晰的产权的深刻思考。此类问题也是法经济学关注的重点课题之一。

我国宪法所确立的自然资源权属制度，具有维护社会公平、国家安全等诸多方面的合理性与合法性支撑。宪法如何规定、实施和监督自然资源国家所有条款，以及宪法实践主体如何理解、执行和评价宪法所规定的自然资源国家所有条款，不但决定了矿藏、森林、滩涂等自然资源能否得到合理分配、利用及有效保护，而且从逻辑上留下了解决尚未列举的自然资源物的所有权归属问题的推理思维和推理方式，并事关社会经济发展和自然生态的平衡及稳定。

自然资源权属制度一方面是我国社会主义制度的彰显，另一方面是对自然资源的保护和适用。故而，在对其内涵进行解释时，应当考虑到自然资源国家所有权的法系统呈现出公、私法交错的状态，蕴含着调整垂直关系的宪法规范和调整水平关系的民法规范，体现为“宪法所有权—民法所有权”的法律构造。因此，关于我国宪法规定的自然资源权属制度的实施和完善，应当将以下几个方面纳入考虑范围：一是要实现自然资源分配的高效原则，在高质量发展理念的指导下，通过完善分配制度来提高自然资源的利用效率，使之在绿色发展理念下产出更多的经济价值。二是要保护自然资源使用权人的相关权利，激发其保护自然资源的主动性，并通过宪法对民法、行政法的价值辐射，即民法、行政法对宪法的执行，来制约自然资源使用权人及其他主体非法使用和破坏自然资源的行为。三是自然资源是形成社会财富的基础性材料，面对宪法未明确规定的自然资源类型时需要结合具体情形进行解释，且其界定应当体现并维护公共利益。

**【延伸阅读】**

1. 金可可．论乌木之所有权归属：兼论国家所有权之种类及其限度．东方法学，2015 (3).

2. 朱虎．国家所有和国家所有权：以乌木所有权归属为中心．华东政法大学学报，2016 (1).

3. 刘练军．自然资源国家所有的制度性保障功能．中国法学，2016 (6).

**事例二**

## 住宅建设用地使用权续期争议

**【事例概况】**

改革开放以来，国家允许了土地使用权的转让，并对各种土地使用权的期限予以了限定。2016 年 4 月，温州一批 20 年产权的住宅土地的使用权到期，温州市政府要求续期时须按一定比例缴费。实践中，各地使用权期限不一，出让金补交方法各异，引起了极大争议。之后，中共中央、国务院发布了《关于完善产权保护制度依法保护产权的意见》，明确要“研究住宅建设用地等土地使用权到期后续期的法律安排，推动形成全社会对公民财产长久受保护的良好和稳定预期”。

**【涉及的宪法问题】**

住宅建设用地使用权的续期问题，事关国家土地使用制度的合理建构。如何缓解“自动续期”和“土地国有”之间的张力？自动续期是否需要申请？续期的次数和期限如何确定？续期是不是无偿的？若为有偿的续期，收费的标准如何确定？这是一系列需要回答的法律问题。如何通过宪法和法律合理设置由土地使用权及其条件、程序组成的土地使用制度，从而实现社会公平，达到居有所住、共同富裕的目标，是我国继续深化改革开放，推进社会主义法治体系完善与发展的一道必答题。

**【条文链接】**

**《中华人民共和国宪法》(1982 年，已修改)**

第十条（第四款） 任何组织或者个人不得侵占、买卖、出租或者以其他形式非法转让土地。

**《中华人民共和国宪法》(2018 年修正)**

第十条（第四款） 任何组织或者个人不得侵占、买卖或者以其他形式非法转让土地。土地的使用权可以依照法律的规定转让。

**《中华人民共和国城镇国有土地使用权出让和转让暂行条例》(2020 年修改)**

第四十条 土地使用权期满，土地使用权及其地上建筑物、其他附着物所有权由国家无偿取得。土地使用者应当交还土地使用证，并依照规定办理注销登记。

第四十一条 土地使用权期满，土地使用者可以申请续期。需要续期的，应当依照本条例第二章的规定重新签订合同，支付土地使用权出让金，并办理登记。

**《中华人民共和国物权法》(2007 年，已废止)**

第一百四十九条（第一款） 住宅建设用地使用权期间届满的，自动续期。

**《中华人民共和国土地管理法》(2019 年修正)**

第二条 中华人民共和国实行土地的社会主义公有制，即全民所有制和劳动群众集体所有制。

全民所有，即国家所有土地的所有权由国务院代表国家行使。

任何单位和个人不得侵占、买卖或者以其他形式非法转让土地。土地使用权可以依法转让。

国家为了公共利益的需要，可以依法对土地实行征收或者征用并给予补偿。

国家依法实行国有土地有偿使用制度。但是，国家在法律规定的范围内划拨国有土地使用权的除外。

**《中华人民共和国民法典》(2021 年)**

第三百五十九条（第一款） 住宅建设用地使用权期限届满的，自动续期。续期费用的缴纳或者减免，依照法律、行政法规的规定办理。

**【事例评析】**

住宅建设用地使用制度的合理建构，以“住宅建设用地使用权”为表现，也是实现每个公民“住有所居”的权利基础，同样属于国家国土资源空间规划科学编制问题、如何有效利用国有土地的基础问题。通过宪法、法律建立和形成一系列完备的，包含申请审批、使用期限及期限延展等实体权利义务和程序要求的住宅建设用地使用制度，对于保障公民的私有财产和维护社会主义公有土地制度至关重要。

1. 住宅建设用地使用权续期问题的源起

在计划经济时代，土地的开发与利用完全是靠政府相关部门的划拨来调配的，故 1982 年《宪法》明确规定不得侵占、买卖、出租或者以其他形式非法转让土地。但是随着改革开放的逐步深化，外资通过建设工厂、酒店等形式与我国开展各项经济建设项目的合作，客观需要使用我国沿海地区的土地资源。为了解决紧迫的现实问题，在 1988 年对《宪法》修改时修改了相关的内容，规定土地的使用权可以依照法律的规定转让。

1990 年国务院颁布了《城镇国有土地使用权出让和转让暂行条例》（以下简称《暂行条例》)，针对不同类型的土地用途，规定了长短不一的最高使用年限，并规定土地使用权具体的最高年限，由县级以上人民政府报请国务院批准以后确定，也就是说，地方政府可以设立低于最高年限的土地使用年限。在此条例的授权下，温州市在 20 世纪 90 年代的时候针对不同类型的土地设置了 20 年到 70 年若干档次的使用权有效期限。

另外，《暂行条例》第 40 条和第 41 条也对土地使用权有效期届满时如何处理作了原则性规定：土地使用权期满之后，将地上建筑物无偿收归国有，使用期限届满之后可以“申请”续期。

但 2007 年制定的《中华人民共和国物权法》（以下简称《物权法》）第 149 条规定了住宅建设用地使用权期限届满时的“自动”续期。显然《暂行条例》与《物权法》的规定相矛盾。按照上位法优于下位法和新法优于旧法的原则进行冲突解决时，应当以《物权法》的规定为准。

2016 年温州一批使用期限为 20 年的住宅的土地使用权到期后，“自动续期”后要不要申请，是无偿的还是有偿的续期，如果有偿续期收费标准又是什么，第二次续期时间的长短如何确定，这一系列急需解决的问题开始浮出水面。同年 12 月，国土资源部就浙江省国土资源局关于上述三个问题如何解决的请示作出了答复。该答复提出了“两不一正常”的过渡性办法，即不需要申请、不收取费用和正常办理交易、登记手续。

2020 年制定的《民法典》，对于使用权期限届满的情况，采取的也是“自动”续期的方法，并且规定续期费用的缴纳或者减免，依照法律、行政法规的规定办理。

至此，确定了续期是以“自动”的形式作出的，且自动续期的费用可以减轻或者免除，但大部分不收取费用。然而，续期收费的标准、续期的年限和次数等依旧没有确定，与土地使用权制度相关的法律法规也没有作出明确规定。

2. “自动续期”的学理处理与宪法视角

对于自动续期问题的处理主要有两种学说，分别为无偿自动续期说和有偿自动续期说。无偿自动续期说认为，我国城市的土地属于国家所有，按照对《宪法》第 9 条的理解“国家所有，即全民所有”，可以认为人民直接享有土地的利益，所以在自动续期时不应当缴纳费用。

此种观点虽然完成了逻辑上的闭环，但是有动摇我国土地所有制度存续根基之虞。如果无限期地无偿续期，将会导致个人对国有土地在事实上的永久占有。这在本质上是对国有土地的私有化，会导致国有土地所有权虚化和国有资产的流失。①

有偿续期说又分为“无差别”的有偿收取观点和“合理区别”之下的有偿收取观点，笔者更加赞同“合理区别”之下的有偿收取，因对事物进行合理的类型化区分，是我们认识事物、解决问题的前提。

同样的一套房子，对于不同公民的意义大相径庭：对于一些人而言可能是解决生存问题的刚需，是其生活工作的“重心”；而对于另一些人而言也许只是锦上添花的资产投资。因此，在对财产权所指向的客体课予义务时，应当分类处理，以更好地促进社会实现公平正义，共享发展成果。

---

① 参见叶剑平、成立：《对土地使用权续期问题的思考》，载《中国土地》，2016 年第 5 期。

我们可以采取解决所得税征收问题的方法，来应对“合理区别”之下的自动续期问题。我们可以确立维护公民生存保障的免征面积，对超出部分实行阶梯式递进收费，从而实现对不同群体的精准施策。

3. 对“自动续期”予以差别对待的意义

在我国历史上，此起彼伏的封建王朝更替，大都可归因于土地私有制带来的土地过度兼并所引发的社会问题。面对历史的教训，中国共产党带领中国人民进行土地革命，为新中国继续进行土地改革、形成和建立绝对的土地公有制，打下了坚实的基础。土地公有制的建立，消灭了因为土地私有而产生的剥削和压迫。在我国的社会主义建设进程中，我们经历了计划经济到市场经济的转型，但在转型初期，我们在坚持土地公有制的同时，关于对土地的使用也施加了严格限制，致使我们的土地使用权制度的实际运行与宪法规定之间产生了张力。随着社会主义法律体系的形成、发展和完善，对土地使用权的认识更加完善，使所关联的土地使用权制度承载了土地资源利用、经济发展、住有所居和共同富裕等价值。

基于此，“住有所居”作为党和国家改善民生的大政方针之一，可以实现“大庇天下寒士俱欢颜”的伟大夙愿。以宪法为核心的法律体系适时地对土地使用权制度进行适度调整，使在改革开放初期我国得以借助社会力量建设房屋，让公民“住有所居”的实现有了更大的可能。随着使用权期限的届满，住宅建设用地使用权自动续期可以使“有恒产者有恒心”，可以使国家对公民的土地使用权、房屋所有权及居住权利提供更加全面的保障。

**【延伸阅读】**

1. 孙煜华．在宪法框架内设定住宅用地使用权续期方案．法学评论，2016（6）.

2. 王利明．住宅建设用地使用权自动续期规则．清华法学，2017（2）.

3. 张翔．“共同富裕”作为宪法社会主义原则的规范内涵．法律科学（西北政法大学学报），2021（6）.

## 第三节　社会制度

社会制度，是指宪法和法律在调整社会关系中形成的规范人们社会行为的规则和原则的总和。宪法规定的社会制度主要包括教育、就业、医疗卫生、社会保障、社会管理等内容。以下选取我国的计划生育制度进行分析。

**事例**

### 2016 年“放开二孩”政策与计划生育制度

**【事例概况】**

我国长期执行的“一孩政策”虽然使经济与社会发展面临的各项压力有所减轻，但是也带来了人口老龄化、人口结构失调等问题。中共十八届五中全会公报指出：“促进人口均衡发展，坚持计划生育的基本国策，完善人口发展战略，全面实施一对夫妇可生育两个孩子政策，积极开展应对人口老龄化行动。”2016 年 1 月 1 日，修订后的《人口与计划生育法》正式施行。该法第 18 条第 1 款明确规定：“国家提倡一对夫妻生育两个子女。”

在 2016 年“放开二孩”后，为了进一步优化生育政策，促进人口长期均衡发展，中共中央政治局于2021年5月31日召开会议，提出：实施一对夫妻可以生育三个子女的政策及配套支持措施，有利于改善我国人口结构、落实积极应对人口老龄化国家战略、保持我国人力资源禀赋优势。

2021年6月26日中共中央、国务院《关于优化生育政策促进人口长期均衡发展的决定》明确指出，预计“十四五”期间我国人口将进入中度老龄化阶段，面对人口老龄化所产生的诸多社会问题，提高人口出生率是最根本的一种解决途径。为此，中共中央对计划生育政策的内容作出了深度调整，并依照宪法的规定将之上升为法律法规。

**【涉及的宪法问题】**

宪法和法律规范的内涵绝非一成不变的，要应时而变、因势而动。计划生育是我国的一项基本国策，但是因为其规范内容高度的原则性，其具体规范内涵需要在宪法实施中结合国家不同发展阶段具体地把握，从而确立不同的规范内涵，进而形成具体政策。每一次具体政策的变化都是窥探时代的棱镜，计划生育具体政策的调整反映了国家对当下人口问题的认识和对未来发展的展望。制定符合社会发展规律的计划生育政策，对于保护公民的生育权至关重要。同时，宪法规定的计划生育义务对公民生育权利的限制，要符合比例原则，构建良好的互动关系，才可以使个人与国家取得长足发展。

**【条文链接】**

**《中华人民共和国宪法》（2018年修正）**

第二十五条　国家推行计划生育，使人口的增长同经济和社会发展计划相适应。

第四十九条（第二款）　夫妻双方有实行计划生育的义务。

**《中华人民共和国人口和计划生育法》（2001年，已修改）**

第十八条（第一款）　国家稳定现行生育政策，鼓励公民晚婚晚育，提倡一对夫妻生育一个子女；符合法律、法规规定条件的，可以要求安排生育第二个子女。具体办法由省、自治区、直辖市人民代表大会或者其常务委员会规定。

**《中华人民共和国人口和计划生育法》（2015年，已修改）**

第十八条（第一款）　国家提倡一对夫妻生育两个子女。

**《中华人民共和国人口和计划生育法》（2021年修正）**

第十八条（第一款）　国家提倡适龄婚育、优生优育。一对夫妻可以生育三个子女。

**【事例评析】**

最新计划生育政策的调整和确立，是我们面对当下人口形势变化、积极应对人口老龄化挑战，审时度势作出的重要选择。计划生育是每个公民必须履行的宪法义务。作为一项政策性义务，其具体内容具有极强的变动性，随着经济和社会发展，其内涵会发生变迁，要求适时通过政策宣告或法律修改来进行规范内涵的释明。缓和计划生育义务与公民生育权两者间的张力，保障国家计划生育政策的达成，促进公民生育权的真正实现，通过明确宪法下“计划生育”政策调整的意涵来理顺二者的关系至关重要。

1. 计划生育条款下的历次生育政策调整

1982年修订《宪法》时，根据当时的人口现实，为了减轻过多的人口对各项资源的压力，在第25条规定了“计划生育”的国策。这使我国的计划生育政策于宪有据，开启了在法制轨道上的建设进程。但其作为一项政策性的规定，具体内涵并不明确，且当时未通过法律得到细化，于是各地产生了诸多“土政策”，加剧了公民生育权与宪法计划生育条款及计划生育政策落实间的冲突。

为了满足完善我国社会主义法制的要求，对计划生育条款以法律的形式进行细化被提上了日程。我国现行有效的具体规定计划生育制度的法律，是于2001年制定的《中华人民共和国人口和计划生育法》(以下简称《人口和计划生育法》)。该法主要规定了执行计划生育政策的国家机关，生育调节的目标与手段、奖励与相关的保障，违反的法律责任等重大问题。这是我国第一次以法律的形式细化了宪法文本中的“计划生育”条款的内涵。

随着我国经济、社会条件的变迁，《人口和计划生育法》分别经过了2015年、2021年的两次修正，其中最为主要的是对第18条内容的修正，该次修正是为了符合国家的发展规划要求，故其内容经过了“一孩政策”到“二孩政策”，再到现在“三孩政策”的三次变迁。

2. 计划生育义务与生育权

1968年通过的《德黑兰宣言》提道：“父母享有自由负责决定子女人数及其出生时距的基本人权”。这是关于生育权最早的界定。该项定义揭示了生育权是一种自我决定生与不生、生育数量以及生育间隙的自由权。

在我国虽然宪法没有明文规定公民的生育权，但是按照“法律关系中权利与义务在结构上是对应的”这一法理逻辑，同时依据《宪法》第49条第2款的规定，我们可以得出公民有生育权的结论。此外，《宪法》第33条第3款规定了“国家尊重和保障人权”。该条款一方面宣告了对人权的尊重保障；另一方面也表明中国作为国际社会的重要成员，通过缔结国际公约，对上述国际通行的生育权观念予以肯认。毋庸置疑，尽管宪法文本中未予规定，但生育权是人权的重要组成部分，是一种应然权利，国家应当予以尊重和保护，尤其是通过法律的形式进行规定。

生育行为虽然是一种生理现象，在生物个体层面上体现着自然属性，但同时具有极强的社会属性。宪法上的生育权是一种自由权，但公民在行使该项权利时具有强烈的“社会化面向”，不得不受制于社会经济条件和生育观等上层建筑。国家为了社会的整体利益，往往会对公民的生育权进行一定的限制，因此该项权利不是绝对的。

生育权的稳健行使，对于公民其他权利的实现、国家的平稳发展起着至关重要的作用。宪法通过法律及政策对生育权进行科学、适度的调整是合理且正当的。《宪法》第25条和第49条第2款组成的计划生育制度，就是我国为应对人口和生育权问题所作的宪法回答。

计划生育在我国宪法规范中是以国策的身份出现的，这意味着国家要动用一切国家力量予以实现，如该条款要求立法机关及时制定法律，以为国策的落实提供标准；同时也生成了国家公权力介入计划生育的合宪性依据与基础。《宪法》第89条第7项规定的国务院职权中的“领导……计划生育工作”就是“计划生育”国策条款的两种效力的最直接体现。国家尤其是立法机关应当制定法律法规，从而辐射国家的价值取向，纠正不符合“计划生育”国策的行为。在《人口和计划生育法》中规定的“社会抚养费”征收，就是针对违反行为在效果上的一种负激励。

计划生育是宪法明确规定的宪法义务，其最主要指向的是公民的生育自由权，在本质上是对公民生育权的一种限制。虽然为了协调各个领域的发展，国家可以限制公民的基本权利，但是国家对基本权利的限制也要受到限制：在根据具体国情的变化而制定具体政策时必须符合比例原则。在制定规范性文件予以限制的时候，要制定效力级别高、稳定性强的法律予以规定。在制定符合当下时代发展特点的具体政策时，要考虑手段的适当性和必要性，采取对公民生育自由权干预最小的手段。

3. 计划生育制度适时变迁的意义

人口是构成一个主权国家所需的四大要素之一，对于维护国家安全、维持民族生存、促进社会发展起着巨大的作用。政治经济学家马尔萨斯在《人口原理》一书中的论述，为人们带来了如何科学匹配人口数量与社会发展的深刻思考。这也是我们实现中华民族伟大复兴必须要回答的问题。

社会终究是人的社会，是实现人发展的社会，人口总量的合理规划是关系到中华民族行稳致远的重要课题。自党的十八大以来，党中央一直高度重视人口问题，针对我国人口发展所带来的新变化新问题，作出了一系列调整完善，促进长期、均衡发展的相关决策，使我们的人口工作取得了显著成效。

面对百年未有之大变局，通过对当下国情的深刻把握，2021 年党中央、国务院作出了《关于优化生育政策促进人口长期发展均衡发展的决定》。这样的重大决策，为我们今后的人口发展规划工作提供了思想指引和路径方法。建立符合社会发展规律的计划生育制度，是我们解决社会安全与人口发展问题的关键一招，也是促进人与自然和谐共生、防范和化解重大风险、实现高质量发展的应有之义。

**【延伸阅读】**

1. 王贵松．中国计划生育制度的合宪性调整．法商研究，2008 (4).
2. 秦奥蕾．生育权、“计划生育”的宪法规定与合宪性转型．政法论坛，2016 (5).
3. 张震．从生育政策到生育权：理论诠释规范再造及功能定位．当代法学，2023 (2).

## 第四节 文化制度

文化制度是指一国通过宪法和法律规范社会文化生活，调整以社会意识形态为核心的各种文化生活的基本原则和规则的总和。文化制度的范畴十分广泛，主要包括与社会意识形态有关的基本价值观念，文学艺术、体育、科学技术、新闻广播出版等方面的文化事业和国家政策等。以下通过“基因编辑婴儿事件”和“民族自治地方民族教育条例有关通用语言文字教育教学的规定被废止”等事例对相关的文化制度进行简要分析。

**事例一**

### 基因编辑婴儿事件

**【事例概况】**

2018 年 11 月 26 日，南方科技大学的贺某奎团队宣布，世界首例免疫艾滋病的基因编辑婴儿在中国诞生。11 月 27 日，科技部副部长徐南平表示，本次“基因编辑婴儿”如果确认已出生，属于被明令禁止的，将按照中国有关法律和条例进行处理。11 月 28 日，国家卫生健康委员会、科学技术部发布了关于“免疫艾滋病基因编辑婴儿”有关信息的回应：对违法违规行为坚决予以查处。

2019 年 1 月 21 日，广东省“基因编辑婴儿事件”调查组查明，该事件系南方科技大学副教授贺某奎为追逐个人名利，自筹资金，蓄意逃避监管，私自组织有关人员，实施国家明令禁止的以生殖为目的的人类胚胎基因编辑活动。同年 12 月 30 日，对“基因编辑婴儿”案深圳市南山区人民法院一审公开宣判。贺某奎、张某礼、覃某洲等3名被告人因共同非法实施以生殖为目的的人类胚胎基因编辑和生殖医疗活动，构成非法行医罪，分别被依法追究刑事责任。

2020年12月26日，第十三届全国人大常委会第二十四次会议通过《中华人民共和国刑法修正案（十一）》，在《刑法》第336条（非法行医罪）后增加一条，作为第336条之一：将基因编辑、克隆的人类胚胎植入人体或者动物体内，或者将基因编辑、克隆的动物胚胎植入人体内，情节严重的，处3年以下有期徒刑或者拘役；并处罚金；情节特别严重的，处3年以上7年以下有期徒刑，并处罚金。该修正案，可以被视为"贺某奎条款"，目的在于填补基因编辑婴儿法律空白，打击、遏制编辑基因婴儿的行为。

**【涉及的宪法问题】**

本案涉及科研自由权及其边界的问题。我国《宪法》第47条规定了公民科学研究的自由。科学研究是人类对未知领域的探索，是寻求真理的过程。公民有从事某个领域的研究而不受干涉的自由，国家不得随意干涉科研工作者的科研兴趣、过程和成果，否则会限制科研工作者的思想，阻碍科学技术的发展，甚至会导致国家强制决定科研的发展。对于基因编辑技术，除非有正当理由，公权力机关不得随意阻断科研工作者对科学技术的探索。但是，科技的发展在带来便利的同时，也会对公共秩序、个人尊严形成一定危害，甚至威胁人类的生存，带来法律、伦理与技术安全方面的隐忧。因此，科学研究自由也是有边界的，也是需要被限制的，否则就会侵犯到其他的宪法基本价值和权利。

**【法条链接】**

**《中华人民共和国宪法》（2018年修正）**

第三十八条　中华人民共和国公民的人格尊严不受侵犯。禁止用任何方法对公民进行侮辱、诽谤和诬告陷害。

第四十七条　中华人民共和国公民有进行科学研究、文学艺术创作和其他文化活动的自由。国家对于从事教育、科学、技术、文学、艺术和其他文化事业的公民的有益于人民的创造性工作，给以鼓励和帮助。

**《中华人民共和国刑法》（2020年修正）**

第三百三十六条之一　将基因编辑、克隆的人类胚胎植入人体或者动物体内，或者将基因编辑、克隆的动物胚胎植入人体内，情节严重的，处三年以下有期徒刑或者拘役，并处罚金；情节特别严重的，处三年以上七年以下有期徒刑，并处罚金。

**《中华人民共和国民法典》（2020年）**

第一千零九条　从事与人体基因、人体胚胎等有关的医学和科研活动，应当遵守法律、行政法规和国家有关规定，不得危害人体健康，不得违背伦理道德，不得损害公共利益。

**《中华人民共和国科学技术进步法》（2021年修订）**

第一百零七条（第一款）　禁止危害国家安全、损害社会公共利益、危害人体健康、违背科研诚信和科技伦理的科学技术研究开发和应用活动。

**【事例评析】**

1. 作为双刃剑的基因编辑

科学研究是对未知领域的探索，是寻求真理的过程。新兴科技就像一个潘多拉魔盒，能给人类的幸福生活提供可能，但也带来诸多不确定性和风险。作为一种基因工程技术，基因编辑

(gene editing) 能够对生物基因组特定目标进行修饰。这项技术已经应用于农业和畜牧业，对于动植物品种改良起着重要的作用。此外，通过对人类细胞的编辑，该技术也可用于人类疾病的预防治疗。用于人的基因编辑可以是针对非遗传性的体细胞基因编辑，也可以是针对具有代际遗传特征的生殖细胞基因编辑。前者针对的只是单独的个人，技术也相对成熟，等同于现代医疗手段，不会带来任何新的伦理问题，受到的争议较小。而后者有遗传和扩散两个特征，带来的是完全超出之前的伦理框架的崭新问题，“一旦开启既无边界也无终点”[①]，对人们的伦理认知造成重大冲击。

本案所涉及的便是对人类胚胎进行的编辑，属于人类生殖细胞基因编辑。这种基因编辑无论是出于治疗的目的还是出于增强的目的，发生基因改变的人类性状会世代遗传，涉及人的“再造”。由于生殖细胞基因编辑技术的不安全以及人类机体的复杂性，这种改变胚胎自然生长过程的“再造”可能会发生不可预见的不良后果和不可控风险。编辑或者修正这些生殖细胞的基因，也许能设计出对疾病免疫的完美婴儿，但可能会触发遗传基因突变，引发新的未知的畸形遗传病，甚至可能改变整个人类种群，从而对自然界的其他物种也产生难以预知的连锁影响。[②] 这与人类辅助生殖技术有本质上的差别。基因筛选、试管婴儿、冷冻胚胎等技术的运用并未直接改变人出生的自然选择性，只是按照技术的构想促使这种自然过程顺利发生，因此不会冲击人们的认知底线。

2. 限制生殖细胞基因编辑的合宪性分析

在此主要探讨生殖细胞基因编辑的宪法规制。由科学家“扮演上帝”对生命进行再造，所带来的诸多法律、伦理与技术安全方面的隐忧不可忽视，故目前世界各国（地区）一般予以禁止或严格限制。

限制生殖细胞基因编辑是基于正当的目的。此类基因编辑技术存在潜在的高度不确定性，对它进行限制是维护人类生存的需要，是维护人的尊严的需要，能够保证科学研究的良性发展和规范科学研究秩序。[③] 学者大多从“人的尊严”的角度对生殖细胞基因编辑进行批评：每个人的基因信息都是独一无二的，每个生命都是神圣的，都是有尊严的，人体胚胎也有尊严。“任何违背自然的本质，把神圣的人降格为物，从而使人成为技术操控的对象的行为，实际上改变了人的定义。在这一点上，先进的基因技术和人工智能技术本身要经得起正当性与合法性的考验。”“基于人的尊严性，人只能作为主体而存在，任何时候都不能成为客体与工具，这是现代法治必须坚守的基本价值立场。对一切有悖于人的尊严的行为都应该予以制止。”[④]

限制生殖细胞基因编辑符合比例原则的要求。生殖细胞基因编辑给社会基本秩序带来的冲击，除技术上的最大风险不可控、危及人类生存和健康，伦理上的人类主体地位丧失、冲击基本伦理规范以外，还包括法律上对人权的侵犯、破坏人类基本宪法秩序，比如技术实施的不安全性侵害人类健康权，“设计婴儿”侵害后代的主体性和自我选择权，将不符合选择标

---

① 倪思洁：《饶毅谈基因编辑体细胞：最好的方式是禁止，甚至永远禁止》，载网易网，https：//www.163.com/tech/article/E61IK3D000097U81.html，2021 年 10 月 2 日访问。

② 参见徐娟：《通过宪法保护人类基因编辑中的生命尊严》，载《南海法学》，2019 年第 3 期。

③ 参见孙韡、李爵位：《从宪法规范释析科研自由权的边界——基于基因编辑婴儿事件思考》，载《宜宾学院学报》，2019 年第 3 期。

④ 韩大元：《维护人的尊严是文明社会的基本共识》，载《探索与争鸣》，2018 年第 6 期。

准的剩余胚胎丢弃涉及侵犯人权，最终带来人与人之间不可逆转的永久的不平等，甚至导致人类灭亡。[①] 因此，为了实现以“人的尊严”为价值目标的宪法秩序，必然要对此类科学研究自由进行限制。

在此次“基因编辑婴儿”事件中，贺某奎及其团队的行为逾越了科学研究自由的边界。在当时法律有漏洞的情况下，相关人员被判以“非法行医罪”接受法律制裁，这个罪名略显牵强。因此，2020年《刑法修正案（十一）》新增罪名：“将基因编辑、克隆的人类胚胎植入人体或者动物体内，或者将基因编辑、克隆的动物胚胎植入人体内，情节严重的，处三年以下有期徒刑或者拘役，并处罚金；情节特别严重的，处三年以上七年以下有期徒刑，并处罚金。”可见，我国全面禁止将基因编辑胚胎植入人体。对此，有学者认为：生殖细胞基因编辑如果是治疗性和恢复性的，比如运用这一技术来治疗严重的遗传性疾病，更能保护人性尊严。因此，从身体完整权的角度来看，可以允许有限度的基因编辑。但该学者同样承认，这种基因编辑的合理性前提在于“脱靶”等安全性问题得到解决。[②] 如果将来技术问题被完全解决，非增强性的、治疗性的基因编辑手段也许会获得合理性，最终的伦理和法律规制措施也会更合理有效。

**【延伸阅读】**

1. 俞伟．宪法学视野中的人类基因编辑．福建论坛（人文社会科学版），2021（3）.
2. 韩大元．维护人的尊严是文明社会的基本共识．探索与争鸣，2018（6）.
3. 徐娟．通过宪法保护人类基因编辑中的生命尊严．南海法学，2019（3）.

## 事例二

### 民族自治地方民族教育条例有关通用语言文字教育教学的规定被废止

**【事例概况】**

全国人大常委会法工委在关于2021年备案审查工作情况的报告中指出：国务院有关主管部门对有的民族自治地方民族教育条例等法规提出合宪性审查建议，认为条例中的有关规定存在合宪性问题，不利于促进民族交往交流交融。法工委经审查认为，宪法和有关法律已对推广普及国家通用语言文字作出明确规定，包括民族地区在内的全国各地区应当全面推行国家通用语言文字教育教学，有关法规中的相关内容应被纠正。经沟通，制定机关已废止有关法规。这是首次由国务院有关部门向法工委提出的合宪性审查建议。

**【涉及的宪法问题】**

国家推广通用语言文字，是我国的一项重要国策，对于实现文化层面的国家统一，推动各地区各民族之间的交往交流发展至关重要；对于中华民族共同体的形成至关重要。国家推广全国通用的语言文字，这是《宪法》规定的重要国策。为了完成预设的国家目标，实现规定的重要国策，就要运用国家力量将其落实：制定相应的法律法规将国家目标具体化，纠正各种阻碍重要国策实现的行为。《国家通用语言文字法》是推广通用语言文字的基本法律，各级国家机关和全体公民都应当遵守，任何违反法律规定的行为都应当得到纠正。

---

① 参见徐娟：《通过宪法保护人类基因编辑中的生命尊严》，载《南海法学》，2019年第3期。

② 参见朱振：《基因编辑必然违背人性尊严吗?》，载《法制与社会发展》，2019年第4期。

**【条文链接】**

**《中华人民共和国宪法》(2018 年修正)**

第十九条(第五款) 国家推广全国通用的普通话。

**《中华人民共和国国家通用语言文字法》(2001 年)**

第一条 为推动国家通用语言文字的规范化、标准化及其健康发展,使国家通用语言文字在社会生活中更好地发挥作用,促进各民族、各地区经济文化交流,根据宪法,制定本法。

第三条 国家推广普通话,推行规范汉字。

**《中华人民共和国教育法》(2021 年修正)**

第十二条 国家通用语言文字为学校及其他教育机构的基本教育教学语言文字,学校及其他教育机构应当使用国家通用语言文字进行教育教学。

民族自治地方以少数民族学生为主的学校及其他教育机构,从实际出发,使用国家通用语言文字和本民族或者当地民族通用的语言文字实施双语教育。

国家采取措施,为少数民族学生为主的学校及其他教育机构实施双语教育提供条件和支持。

**《内蒙古自治区民族教育条例》(2016 年,已废止)**

第十九条 自治区各级各类民族学校应当使用本民族语言文字或者本民族通用的语言文字进行教学,重点发展民族学校的双语教学工作。

**《内蒙古自治区民族教育条例》(2021 年)**

第九条 国家通用语言文字为学校及其他教育机构的基本教育教学语言文字,学校及其他教育机构应当使用国家通用语言文字进行教育教学。

自治区全面推行使用国家统编教材,全面普及国家通用语言文字教学,推进少数民族儿童学前学会普通话,确保少数民族初中毕业生基本掌握和使用国家通用语言文字,少数民族高中毕业生熟练掌握和使用国家通用语言文字。

**【事例评析】**

《国家通用语言文字法》是我国语言文字领域的基础法律,各级国家机关和全体人民都应当遵守,在教育领域里、教学活动中也不例外,应当维护国家通用语言文字的主体地位。

1. 民族教育条例中语言规范违反宪法的纠正

《国家通用语言文字法》是在 2001 年 1 月 1 日生效、施行的国家性法律,其中主要就国家通用语言文字的定义、国家和地方推广普通话推行规范汉字的法律责任、国家通用语言文字的使用与管理监督等内容作出了规定。国务院的语言文字工作部门是监督落实的责任主体。

备案审查的范畴和标准包括合宪性审查、政治性审查、合法性审查、适当性审查。该民族自治地方人大制定的民族教育条例的内容,首先违反了法律规定的推行通用语言文字的规范,其次作为规范性文件也违反了宪法的语言条款,这使其同时具有了“违法性”和“违宪性”问题。面对此问题,国务院的语言文字工作部门有监督的职责,但是无权改变或撤销民族自治地方制定的教育条例,按照《立法法》的相关规定,只能提出合宪性审查建议以使行为得到纠正。

2. 通用语言文字的主体地位与民族语言的关系

《宪法》第 4 条第 4 款规定“各民族都有使用和发展自己的语言文字的自由,都有保持或者改革自己的风俗习惯的自由”。第 19 条第 1、5 款规定“国家发展社会主义的教育事业,提高全国人民的科学文化水平”,“国家推广全国通用的普通话”。

《宪法》第19条主要规定了国家教育领域的内容，在规范结构中处于“总纲”部分。这意味着对国家教育任务的确定和国家教育意志的体现，表明了学习和使用通用语言文字既是各族人民享有的法律权利，也是所必须履行的法律义务。在各级各类学校中推广全国通用的普通话，符合《宪法》第19条的规范内涵和立法精神。

《国家通用语言文字法》明确规定了包括民族地区在内的全国各地区都应当全面推行国家通用语言文字教育教学，并在其中确立了通用语言文字的主体地位。按照其中的法律规定和立法精神，在教育领域和相关的场合，必须，至少优先使用国家通用语言文字，而非绝对地不允许使用各少数民族的语言文字。所以推广通用语言文字，与《宪法》第4条规定的各少数民族使用民族语言文字，相互之间并不冲突。

之前民族自治地方制定的民族教育条例中的语言文字条款，就是混淆了二者的关系，错误地规定了国家通用语言文字与民族语言文字在教育教学活动中的主次地位和先后顺序；对通用语言文字主体地位的理解出现了偏差，错误地认为推广通用语言文字是一种倡导性规定而非强制性规定。

《宪法》“序言”第十三段规定“中华人民共和国是全国各族人民共同缔造的统一的多民族国家……”。我们谋求国家的认同，促进各民族各地区的联系和交流，维护各民族的团结和建构多元一体的中华民族，都离不开基础性的国家通用语言文字，因此必须在全国范围内推广国家通用的语言文字。

综上，对民族自治地方民族教育条例中的语言条款的违宪认定、对规范内容的纠正，是符合宪法和法律规定的。

3. 推广国家通用语言文字的意义

对于何为民族不同的学者有不同的定义，最为经典的是斯大林在《马克思主义和民族问题》中作出的定义，他认为一个群体能否被界定为一个民族需要参考四个标准，也即“民族是人们在历史上形成的一个有共同语言、共同地域、共同经济生活以及表现在共同文化上的共同心理素质的稳定的共同体”①。我们从个体走向整体，从地方认同走向国家认同，形塑一个统一民族和国家的过程中需要各种各样的“黏合剂”，宪法中的国家通用语言条款和国家象征条款就发挥着这样的功能作用。通用语言文字的推行，对于维护国家安全和实现国家发展具有不可替代的作用。

实现国家的发展需要各民族同心聚力，国家通用语言文字的推行可以促使全国各族人民文化相通、情感相通、民心相通，为中华民族伟大复兴凝聚文化力量。全国范围内的人员流动日益频繁，没有国家通用语言的维系是令人难以想象的。在全国使用国家通用语言文字的大背景下，民族地区的学校推广国家通用语言文字，可以让少数民族学生有更多的就业发展可能性，使其他基本权利可以得到更好的保障与实现。

**【延伸阅读】**

1. 王理万．国家通用语言文字制度的宪法逻辑：以铸牢中华民族共同体意识为视角．中南民族大学学报（人文社会科学版），2022（3）．

2. 王建学．论中华民族共同体建设的语言基础：对现行《宪法》语言条款的再解释．法学论坛，2022（6）．

---

① https：//www.maxxists.org/chinese/stalin/maxist.org-chinese-stalin-1912.htm。

## 第五节　生态文明制度

我国的生态文明制度以建设美丽中国为目标，以正确处理人与自然的关系为核心，以解决生态环境领域突出问题为导向，旨在保障国家生态安全，改善环境质量，提高资源利用效率，推动形成人与自然和谐发展的现代化建设新格局。2018 年，生态文明入宪对于确定我国的生态文明制度有着重要的意义。

**事例**

### 生态文明入宪

**【事例概况】**

党的十八大以来，以习近平同志为核心的党中央带领党和人民开展了一系列生态文明实践活动，取得了“绿水青山就是金山银山”、“五位一体”总体布局等重大理论与实践成果，为生态文明入宪打下了坚实的实践基础，做好了充足的理论准备。为了在依法治国的要求下解决长期以来社会发展进程中产生的生态环境破坏的问题，满足人民在新时代下对美好生活的向往，保障中华民族的可持续发展，2018 年宪法修改过程中，在“序言”第七自然段新增了“生态文明”和“美丽中国”的内容，对国务院的职权新增了“生态文明建设”的内容，从而为实现建成社会主义现代化强国目标作出了新要求，为宪法规范体系注入了新价值。

**【涉及的宪法问题】**

在《宪法》“序言”中增加“生态文明”内容，是对实现高质量发展、满足人民群众对美好生活的向往的宪法回应。生态文明不仅具有现实意义，对于实现代际公平和可持续发展也具有重要意义。生态文明在宪法中的明确提出，使国家的法律体系有了新的价值要求和衡量标准。同时，作为国家目标的生态文明，对国家治理体系和治理能力也提出了新的要求。

**【条文链接】**

**《中华人民共和国宪法》（2018 年修正）**

“序言”（第七自然段）　……推动物质文明、政治文明、精神文明、社会文明、生态文明协调发展，把我国建设成为富强民主文明和谐美丽的社会主义现代化强国，实现中华民族伟大复兴。

第九条（第二款）　国家保障自然资源的合理利用，保护珍贵的动物和植物。禁止任何组织或者个人用任何手段侵占或者破坏自然资源。

第十条（第五款）　一切使用土地的组织和个人必须合理地利用土地。

第二十六条　国家保护和改善生活环境和生态环境，防治污染和其他公害。

国家组织和鼓励植树造林，保护林木。

第八十九条（第六项）　国务院行使下列职权：

…………

（六）领导和管理经济工作和城乡建设、生态文明建设。

**《中华人民共和国土壤污染防治法》（2018 年）**

第一条　为了保护和改善生态环境，防治土壤污染，保障公众健康，推动土壤资源永续利用，推进生态文明建设，促进经济社会可持续发展，制定本法。

**《中华人民共和国民法典》（2020年）**

第九条　民事主体从事民事活动，应当有利于节约资源、保护生态环境。

**【事例评析】**

生态文明入宪是新时代新发展理念在法治建设中的反映，是全国人民所凝聚的新共识，是实现社会主义现代化强国的指导思想和目标之一，对以宪法为核心的法律体系完善和发展及法治实践提出了新要求。

1. 生态文明的宪法规范内涵

生态文明的宪法规范有广义与狭义之分：狭义的生态文明规范仅指《宪法》“序言”第七自然段，广义的生态文明规范是指以生态文明为价值基准而组成的规范群。

宪法中的生态文明规范群包括：“序言”第七自然段规定的“……推动物质文明、政治文明、精神文明、社会文明、生态文明协调发展，把我国建设成为富强民主文明和谐美丽的社会主义现代化强国……”，第9条第2款规定的“国家保障自然资源的合理利用，保护珍贵的动物和植物。禁止任何组织或者个人用任何手段侵占或者破坏自然资源”，第10条第5款规定的“一切使用土地的组织和个人必须合理地利用土地”，第26条规定的“国家保护和改善生活环境和生态环境，防治污染和其他公害”、“国家组织和鼓励植树造林，保护林木”，第89条第6项规定的“领导和管理经济工作和城乡建设、生态文明建设”。由以上的宪法条文组成了广义的生态文明，形成了国家根本任务－国家目标（基本国策）－国家机构职权贯彻＋公民基本权利及义务＋社会生态文明建设的规范群，几乎涵盖了宪法所有的规范类型和规范主体，具有丰富的内涵。本文采取广义的生态文明规范。

2. 生态文明入宪的规范意义

生态文明虽然被规定在《宪法》“序言”部分，但是其与《宪法》正文部分的规范一样具有法律效力。我国《宪法》“序言”部分是中华人民共和国的“出生证”，它采取历史叙事和擘画蓝图的方式，陈述和规定了中华人民共和国的合法性来源、国家性质及根本任务。对这些内容难以通过法律规范形式表述，但它们又与《宪法》正文部分所规定的总纲、公民的基本权利与义务、国家机构及国家象征规范紧密相关，不得不予以具文。故而，《宪法》“序言”与《宪法》正文形成了不可分割的整体，对《宪法》文本所承载的规范运用和解释起着指导作用。生态文明对新发展理念、法律价值的概括性规定，使宪法对部门法具备了新的价值涵摄和价值指引功能，让生态文明建设于法有据、于宪有据。

将生态文明在宪法中予以规定，有利于完善和发展价值和谐一致的法治体系，进而提高新时代的立法质量，改善立法工作，促进生态文明领域法律法规的立改废释：在立法领域提出了及时建立和完善环境法律体系的要求，要求填补相关的立法空白；在修法领域要求修改与新价值及其价值辐射的规范群不相符的规范内容；在法律废止领域要求重点废止与新理念不符的规范性文件；在释法领域，强调对条款的解释以生态文明作为解释基准而注入新的价值理念。其中最为典型的立法实践，就是2018年在宪法修正案通过之后制定的《土壤污染防治法》和2020年制定《民法典》第9条。同时，将生态文明在宪法中加以规定也对全国人大宪法和法律委员会的合宪性审查工作提出了新的要求，丰富了合宪性审查的标准和内涵。

作为国家发展目标的生态文明，是国家对生态文明建设的承诺，是中国式现代化的评判标准. 这意味着国家义务的确立和宪法上公权力行使的目的性要求。为了完成预设的生态文明目标，就要运用国家力量，发挥社会主义制度集中力量办大事的制度优势将其落实；制定相应的法律法规将宪法所规定的国家目标具体化，建立高效的贯彻执行体制机制，纠正和排除各种阻碍国家目标实现的行为。

《宪法》第 89 条第 6 项的新规定赋予国务院领导和管理生态文明建设的职权，意味着国务院具有了对生态文明建设领域以特定方式进行管理的法律权力。在法治社会建设背景下，对生态文明最为有利的保障就是制度化、法律化的保障。为此国务院及其有关部门制定了一系列的规范性文件，形成并完善了"国家公园""河长制""湖长制"等一系列生态文明建设制度。同时，国务院为了建立符合新时代"生态文明"价值要求的贯彻落实机制，也将原有的环境保护部改为了生态环境部。

3. 生态文明入宪的社会意义

习近平总书记在 2018 年 5 月全国生态环境保护大会上强调："保护生态环境必须依靠制度、依靠法治"。社会治理的法治化是国家治理能力现代化、治理体系现代化的题中应有之义，也是中国共产党带领中国人民在中国特色社会主义建设长期实践的过程中得出的重要结论。宪法和法律具有其他社会规范所不具备的"固根本、稳预期、利长远"的鲜明特色。法律可以通过确定合理的权利义务关系，表达合理的环境利益要求，平衡环境利益冲突，实现对生态利益的科学分配；可以统筹人们的认识，从而达成共识，让人们自觉维护生态文明。正是因为宪法和法律的规定，我们构建了"河长制""国家公园"等一系列生态文明保护、建设和发展的体制机制，国家和人民可以积极地通过宪法和法律规定的途径与方式来实施社会生态领域的管理，解决生态领域的纠纷，建立良好的社会秩序。可见，只有法治才可以让我们在面对不确定的未来时，收获稳稳的幸福，实现国家的既定目标和立法预期。

法律不仅反映当下的社会现实，同时也包含着对社会未来的思考，从而设定社会的发展理想与目标。生态文明的提出，不仅对于当下实现高质量发展具有重要意义，同时对于子孙后代和中华民族的永续发展也有重要影响。将生态文明这一新发展理念以国家根本任务的形式纳入《宪法》"序言"之中，与《宪法》正文形成体系化的生态文明规范群，是解决代际公平问题的价值取向宣示和关键一招。

**【延伸阅读】**

1. 代杰，王伟伟．新时代我国生态文明入宪研究．天津大学学报（社会科学版），2018（3）.

2. 张震．生态文明入宪及其体系性宪法功能．当代法学，2018（6）.

3. 王建学．论生态文明入宪后环境条款的整体性诠释．政治与法律，2018（9）.

4. 范进学．作为"权利"的环境权及其反思．中国法律评论，2022（2）.

# 第三章　公民的基本权利

受益于改革开放以来宪法教义学（宪法解释学）理论与技术的域外借鉴和本土发展，国内宪法学通过确立指导基本权利条款的权利理论和政治哲学观念，梳理基本权利的权利主体和义务主体，明确基本权利的不同功能层次，厘清不同基本权利之间的相互关系，已经建构起来一套涵盖基本权利与国家义务的对应关系，以及基本权利的概念、类型、效力、主体、功能、构成、限制、竞合、冲突、保障等基本原理与具体内容的较为完善的理论体系。这套较为完善的基本权利理论体系，对于基本权利的学习和研究、基本权利条款的解释与适用发挥着重要的理论指引作用。

本章结合基本权利的相关原理，对“孙某刚案”、中国乙肝歧视第一案等事例或案例进行分析和阐释。

## 第一节　基本权利原理

一般认为，基本权利是指人作为人所应享有的固有权利，即由人性所派生的或为维护“人的尊严”而应享有的、不可或缺的、具有重要意义的权利。许多国家的宪法或宪法学理论将“基本权利”称为“基本人权”。而我国历部宪法一直使用“公民的基本权利”这一概念。以下通过“孙某刚案”对基本权利及其限制的一般原理进行简要介绍。

**事例**

**“孙某刚案”**

**【事例概况】**

2003 年 3 月 17 日晚上，任职于广州达奇服装公司的大学生孙某刚，在前往网吧的路上，因未携带任何证件被广州市天河区黄村街派出所民警李某辉带回派出所对其是否为“三无”人员进行甄别。孙被带回后，辩解自己有正当职业、固定住所和身份证，并打电话让同事“带着身份证和钱”去保释他，对方立刻赶往黄村街派出所，到达时已接近晚 12 点，但被警方告知“孙某刚有身份证也不能保释”。李某辉未将情况向派出所值班领导报告，于是孙被作为拟收容人员送至广州市公安局天河区公安分局待遣所。3 月 18 日晚，孙某刚称有病，被送往市卫生部门负责的收容人员救治站诊治。3 月 19 日晚至 3 月 20 日凌晨，孙某刚在该救治站 206 房遭连续殴打致重伤。3 月 20 日，孙某刚死于这家收容人员救治站。医院在护理记录中认为，孙是猝死，死因是脑血管意外、心脏病突发。而法医的尸检结果表明：孙某刚死亡的原因是背部大面积的内伤。而当晚值班护士曾某林、邹某萍没有如实将孙某刚被调入 206 房及被殴打的情况报告值班医生和通报接班护士，邹某萍甚至在值班护理记录上作了孙某刚“本班睡眠六小时”的虚假记录，导致孙某刚未能得到及时救治。

6月9日，广州市中级人民法院对孙某刚被故意伤害致死案作出一审判决：以故意伤害罪，判处被告人乔某琴死刑、李某婴死刑缓期2年执行、钟某国无期徒刑。对其他9名被告人分别被判处3年至15年有期徒刑。

6月27日，广东省高级人民法院对孙某刚被故意伤害致死案作出终审判决：驳回乔某琴等12名犯故意伤害罪被告人的上诉，维持原判。

值得关注的是，经过媒体的报道，该案在社会上掀起了对收容遣送制度的大讨论。先后有8名学者上书全国人大常委会，要求就此对收容遣送制度进行合宪性审查。2003年5月14日三名法学博士俞江（华中科技大学法学院）、滕彪（中国政法大学法学院）、许志永（北京邮电大学文法学院）向全国人大常委会递交审查《城市流浪乞讨人员收容遣送办法》的建议书，认为该办法中限制公民人身自由的规定，与宪法和有关法律相抵触，应予以改变或撤销。2003年5月23日，盛洪、沈岿、萧瀚、何海波等5位著名法学家以中国公民的名义，联合上书全国人大常委会，就孙某刚案及收容遣送制度实施状况提请启动特别调查程序。同年6月20日，国务院总理温家宝签署国务院令，公布《城市生活无着的流浪乞讨人员救助管理办法》。该办法的公布标志着《城市流浪乞讨人员收容遣送办法》的废止。

**【涉及的宪法问题】**

1. 基本权利的类型与限制

本案中公民的何种基本权利被限制？公民的基本权利，或称公民基本权利，是指由宪法所规定和保护的公民在政治、经济、社会和文化等方面的权利和自由，是公民享有的基本的、必不可少的权利和自由，是公民享有其他权利和自由的基础与原则，体现了公民在国家中的政治和法律地位。基本权利主要包括平等权，政治权利，身心自由权，经济、社会和文化权利，特定主体的权利等。

公民基本权利为宪法所保障，为国家公权所积极维护，但其地位的至高性并不意味着不受任何限制。实践亦表明，基本权利的受制约性与基本权利的不受侵犯性相伴而生。

2. 基本权利限制的合宪性审查的分析框架

《城市流浪乞讨人员收容遣送办法》将流浪乞讨人员强制收容遣送，构成对公民基本权利的限制，需要分析此种限制是否合宪。可以采取三阶层分析方法，即分“基本权利的保护范围—基本权利的限制—基本权利限制的违宪阻却事由”三个层次进行分析。在第一个层次中确定基本权利的保障范围和基本权利主体，其中需要分析基本权利的内在界限和基本权利的竞合等问题；在第二个层次确定国家对基本权利限制的认定标准；在第三个层次确定就该限制行为是否有违宪阻却事由的存在，并依此作出该限制行为合宪或违宪的判断。在第三个层次需要分析法律保留、比例原则、基本权利的本质内容等问题。①

3. 合宪性审查的启动方式

本案中学者上书全国人大常委会，要求对收容遣送制度进行合宪性审查。这种“上书”行为是否有法律依据？对于违宪的立法和行为，公民是否享有提请宪法监督的权利？这就涉及我国合宪性审查的启动方式。依据《立法法》及有关法律的规定，合宪性审查的启动主要有两种方式：

---

① 参见张翔：《基本权利限制问题的思考框架》，载《法学家》，2008年第1期。

主动启动和依请求启动。公民认为行政法规、地方性法规、自治条例和单行条例、经济特区法规、司法解释同宪法相抵触的，有权向全国人大常委会书面提出审查建议，由全国人大常委会工作机构先行组织有关人员进行研究，必要时，送全国人大有关的专门委员会进行审查，提出意见。

**【条文链接】**

**《中华人民共和国宪法》(2018 年修正)**

第三十七条　中华人民共和国公民的人身自由不受侵犯。

任何公民，非经人民检察院批准或者决定或者人民法院决定，并由公安机关执行，不受逮捕。

禁止非法拘禁和以其他方法非法剥夺或者限制公民的人身自由，禁止非法搜查公民的身体。

**《中华人民共和国立法法》(2023 年修正)**

第十一条　下列事项只能制定法律：

（一）国家主权的事项；

（二）各级人民代表大会、人民政府、监察委员会、人民法院和人民检察院的产生、组织和职权；

（三）民族区域自治制度、特别行政区制度、基层群众自治制度；

（四）犯罪和刑罚；

（五）对公民政治权利的剥夺、限制人身自由的强制措施和处罚；

（六）税种的设立、税率的确定和税收征收管理等税收基本制度；

（七）对非国有财产的征收、征用；

（八）民事基本制度；

（九）基本经济制度以及财政、海关、金融和外贸的基本制度；

（十）诉讼制度和仲裁基本制度；

（十一）必须由全国人民代表大会及其常务委员会制定法律的其他事项。

第十二条　本法第十一条规定的事项尚未制定法律的，全国人民代表大会及其常务委员会有权作出决定，授权国务院可以根据实际需要，对其中的部分事项先制定行政法规，但是有关犯罪和刑罚、对公民政治权利的剥夺和限制人身自由的强制措施和处罚、司法制度等事项除外。

第一百一十条　国务院、中央军事委员会、国家监察委员会、最高人民法院、最高人民检察院和各省、自治区、直辖市的人民代表大会常务委员会认为行政法规、地方性法规、自治条例和单行条例同宪法或者法律相抵触，或者存在合宪性、合法性问题的，可以向全国人民代表大会常务委员会书面提出进行审查的要求，由全国人民代表大会有关的专门委员会和常务委员会工作机构进行审查、提出意见。

前款规定以外的其他国家机关和社会团体、企业事业组织以及公民认为行政法规、地方性法规、自治条例和单行条例同宪法或者法律相抵触的，可以向全国人民代表大会常务委员会书面提出进行审查的建议，由常务委员会工作机构进行审查；必要时，送有关的专门委员会进行审查、提出意见。

**《城市流浪乞讨人员收容遣送办法》(1982 年，已废止)**

第一条　为了救济、教育和安置城市流浪乞讨人员，以维护城市社会秩序和安定团结，特制定本办法。

第二条　对下列人员，予以收容、遣送：

（一）家居农村流入城市乞讨的；

（二）城市居民中流浪街头乞讨的；

（三）其他露宿街头生活无着的。

**【事例评析】**

### （一）基本权利的类型

根据我国现行宪法的规定和学理的分类，公民的基本权利可分为七种类型：（1）平等权；（2）政治权利；（3）宗教信仰自由；（4）人身自由；（5）社会经济权利；（6）文化教育权利；（7）监督权与请求权。

平等权是指公民平等地享有权利，不受任何差别对待，要求国家同等保护的权利。政治权利，是指公民参与国家政治生活的权利和自由的统称。它的行使主要表现为公民参与国家、社会组织与管理的活动。宗教信仰自由，是指公民依据内心的信念，自愿地信仰宗教的自由。人身自由（广义），是指公民的人身不受非法侵犯的自由。社会经济权利，是指公民依照宪法的规定享有经济利益的权利。文化教育权利是公民按照宪法的规定，在文化与教育领域享有的权利。监督权，主要是指公民依照宪法和法律规定监督国家机关及其工作人员活动的权利。监督权是指公民依照宪法和法律规定监督国家机关及其工作人员活动的权利。宪法中的请求权特指国家赔偿请求权，即由于国家机关和国家工作人员侵权而受到损失的公民，依照法律规定取得赔偿的权利。

本案中，根据《城市流浪乞讨人员收容遣送办法》，对于流浪乞讨人员，收容遣送站有权收容并及时遣送回户口所在地。孙某刚因未携带任何证件被作为拟收容人员强制送至广州市公安局天河区公安分局待遣所，他的人身自由被限制。

### （二）基本权利的限制

基于其自身性质，基本权利可以受到一定限制。基本权利的限制可分为内在限制和外在限制。基本权利限制的形式包括宪法限制和法律限制，前者是宪法条文规定的限制，后者是国家立法机关在其制定的法律中规定的限制。

在事实层面，人的意识会受制于物质条件和社会环境，人的行为也会受到客观自然规律的限制。当然，事实层面的限制并不是我们讨论的重点，那么在规范意义上基本权利是否可以受到限制？答案是肯定的，理由在于基本权利本身是具有界限的。首先是内在界限，它是基本权利基于自身性质而伴随的、源于基本权利自身的界限。这种界限一般是基于某种权利的行使可能对其他权利构成积极的侵害，或存在明显的权利冲突而存在的。基本权利的自身性质决定了基本权利的主体在享有和行使基本权利的同时可能侵害其他主体的基本权利或者公共利益，因此就产生其内在的界限，如言论自由：公民行使言论自由时不能揭露他人的隐私、捏造事实毁坏他人的名誉，也不能泄露国家机密；既不得侵害他人的合法权利，也不得损害公共利益。他人的合法权益、公共利益构成对行使基本权利的内在限制。绝大多数基本权利都具有这种内在界限或限制。除内在限制之外，还有外在限制，它是来自基本权利的外部，并为宪法的价值原理所容许。这种外在限制只适用于部分基本权利，主要表现为宪法根据社会公共福利的需要对经济自由所施加的限制。如《宪法》第13条第3款规定，国家为了公共利益的需要，可以依照法律规定对公民的私有财产实行征收或征用并给予补偿。此款中的“征收或征用”即为对公民私有财产权的限制，核心是对私有财产所有权的处分权能的强制。

基本权利的限制或界限具有相对性，这种相对性主要表现在只有部分基本权利有界限或受到限制，有些基本权利属于宪法上的绝对权利。所谓绝对权利，即行使时并不必然伴随着权利主体作出某种法学意义上的行为的基本权利。纯粹的宗教信仰自由、人的尊严、获得公正审判的权利是典型的绝对权利。此外，基本权利限制的相对性要求对基本权利的限制不得触及基本权利的核心内涵。如对集会自由的限制不得实质上剥夺集会自由。对集会自由可以实行备案制等限制措施，但不得采取许可制。一旦采用许可制就意味着剥夺公民的集会自由。基本权利的限制还具有具体性，不同的基本权利具有不同的界限，有些基本权利的限制可以大一些，有些基本权利的限制可以小一些。此外，不同的基本权利的限制方法、范围也有所不同。

基本权利的限制方式一般分为两种：宪法限制和法律限制。所谓宪法限制，即宪法条文中规定的对基本权利的限制，明确基本权利的界限与范围，如《宪法》第 13 条对公民私有财产权的限制、第 36 条对宗教信仰自由的限制、第 51 条对基本权利整体范围的限制等。所谓法律限制，是在国家立法机关制定的法律中规定的对基本权利的限制，如《民法典》对财产权的形成与限制，《集会游行示威法》对集会游行示威自由的限制等。

### (三) 基本权利限制的合宪性审查的分析方法

如前所述，基本权利的限制具有相对性，对基本权利的限制无论如何都不得超过必要限度，换言之，基本权利的限制措施也要遵循一定规则和界限，此即“限制之限制”。对基本权利限制的合宪性审查，一般按照三阶层方法进行。

#### 1. 基本权利的保护范围

只有当某种行为符合基本权利的构成要件，落入基本权利的保护范围时，国家对该行为的限制才是所谓“基本权利的限制”。如果某事项根本就不能落入基本权利的保护范围，则国家即使干预该行为，也不构成对基本权利的限制。基本权利的保护范围主要考虑哪些事项属于基本权利的保障事项，以及哪些人构成基本权利的权利主体。① 例如，携带武器的暴力游行不属于宪法中游行自由的保护事项，不能落入游行自由的保护范围；外国人不能主张选举权，法人不能主张生命权，也不能落入选举权和生命权的保护范围。因此，在“基本权利的保护范围”这一层次要解决的问题是：本案涉及谁的何种基本权利？

在本事例中，孙某刚被待遣所强制收容，显然可以落入人身自由的保护范围，我国《宪法》第 37 条第 1 款规定：“中华人民共和国公民的人身自由不受侵犯。”

#### 2. 国家行为对基本权利的限制

在确定争议事件中所涉及的基本权利，明确基本权利主体的行为能够落入该基本权利的保护范围之后，便可以开始第二层次的考量——国家对该行为所采取的措施是否构成了基本权利的限制。传统上对基本权利的限制需要符合目的性、直接性、法效性、强制性。只有国家故意而为的直接限制基本权利的强制性法律行为才有可能被视作基本权利的限制而受到合宪性审查。然而，随着现代国家职能的扩大，国家的许多行为可能并非国家有目的地直接侵害公民基本权利的行为，却在客观上对公民基本权利构成妨碍。为了避免国家的侵害行为被过早地排除在合

① 参见张翔：《基本权利限制问题的思考框架》，载《法学家》，2008 年第 1 期。

宪性审查范围之外，现代基本权利的限制理论认为，只要基本权利在实际上受到了限制和妨碍，对基本权利的行使造成了不利影响，该国家行为就应当被认定为“基本权利的限制”，从而可受到合宪性审查。① 在本事例中，孙某刚被强制收容，无法行使人身自由，显然可以认为该强制收容行为限制了孙某刚的人身自由。

3. 限制的合宪性审查

在明确了事涉行为落入基本权利的保护范围，而国家行为对该基本权利进行了限制之后，便进入合宪性审查的第三层次，也是最为核心、最重复的层次。

简而言之，在该层次主要从形式上和实质上分别进行审查。在形式正当性方面，主要审查规定基本权利限制措施的法律的立法权限、立法程序、立法形式等是否符合宪法规定或正当性要求。在实质正当性方面，主要审查基本权利限制措施是否符合明确性、个案法律禁止、本质内涵保障、比例原则等的要求。在此，主要介绍法律保留和比例原则。

（1）法律保留。

法律保留是指对基本权利的限制只能由立法机关作出。1789 年法国《人权宣言》规定：“凡未经法律禁止的行为即不得受到妨碍，而且任何人都不得被迫从事法律所未规定的行为。”严格的法律保留意味着如果国家对基本权利的限制行为没有以立法机关制定的法律为依据，就会被认为违宪。也就是说，只有通过法律的形式，才能对基本权利进行限制。

法律保留究竟是所有事项还是部分事项？“全部法律保留说”“干预法律保留说”“重大事项说”对法律保留的范围有不同的观点，其中，“重大事项说”认为，只有对涉及基本权利的“重大事项”必须制定法律，至于一般性的涉及基本权利的事项可由立法机关授权行政机关制定行政法规。《立法法》第 11 条、第 12 条便是“重大事项说”的体现。根据这两条，我国的法律保留包括相对法律保留和绝对法律保留。绝对法律保留是指“犯罪和刑罚、对公民政治权利的剥夺、限制人身自由的强制措施和处罚、司法制度等事项”，必须由全国人大及其常委会制定法律。除此之外，第 11 条所列举的诸事项属于相对法律保留事项，全国人大及其常委会有权作出决定，授权国务院可以根据实际需要，对其中的部分事项先制定行政法规。《立法法》采用“重大事项说”，与现代国家职能扩大的背景密切相关：立法机关面对繁重的立法任务必然力不从心，从而造成国家效能的低下。因此各国一般都大量开展“授权立法”“委任立法”以缓解这一压力。需要注意的是，为了防止行政法规过度侵害公民基本权利，授权立法仍需遵守“授权明确性原则”，全国人大及其常委会的授权决定应当明确授权的目的、事项、范围、期限以及被授权机关实施授权决定时应当遵循的原则等，被授权的机关不得逾越。②

我国宪法的个别条款也隐含着法律保留原则，如《宪法》第 13 条第 3 款规定，“国家为了公共利益的需要，可以依照法律规定对公民的私有财产实行征收或者征用并给予补偿”。其中，“依照法律规定”对公民的私有财产实行征收或者征用并给予补偿，实质上是授权国家立法机关对财产权作出规定，明确其内容、范围，规定其保障方式和限制措施。此外，《宪法》第 34 条、第 40 条和第 41 条第 3 款，对选举权、通信自由与通信秘密、申请国家赔偿权，也授权法律规定相应的措施。

在本事例中，收容遣送措施属于限制人身自由的措施，其权力来源于《城市流浪乞讨人员收

---

① 参见张翔：《基本权利限制问题的思考框架》，载《法学家》，2008 年第 1 期。

② 参见《立法法》第 13 条。

容遣送办法》，除此之外，并无上位法依据。该办法由国务院于1982年制定，属于行政法规。在无上位法依据的情况下，行政法规无权设定属于绝对法律保留的限制人身自由措施。《行政处罚法》《行政强制法》都明确行政法规无权设定限制人身自由的处罚和强制措施。因此，该办法有违法律保留原则，暂且不论其内容本身是否正当，仅就形式正当性而言，该办法已然违宪。

（2）比例原则。

对基本权利的限制进行形式上的法律保留原则审查之后，便进入该限制是否合宪的实质性审查。关于实质性审查的标准，在不同国家的实践中，主要形成了两种不同的模式——美国“双重基准论”和德国“比例原则”。在美国司法实践中，区分不同基本权利的类型，分别采取不同程度的审查标准。在德国发展起来的比例原则注重个案衡量，在国内受到更多关注，在此作重点介绍。

“杀鸡焉用牛刀”“不以大炮打麻雀”都是合比例性思想的体现，进行手段与目的之间的权衡是人类自然而然的思维方式。而比例原则，从分配正义的合比例性思想，到警察权行使应遵循的必要性原则，再到均衡性原则的形成，直至传统“三阶”比例原则的确立，最终现代“四阶”比例原则的产生，在逻辑结构上不断发展、完善。①

“四阶”比例原则主要分为四项子原则：

第一，目的正当性原则。该原则考察对基本权利的限制是否出于正当的目的。我国《宪法》第51条确定了基本权利行使的普遍性界限，明确了基本权利的边界是国家的、社会的、集体的利益以及其他人的自由和权利。这也意味着限制基本权利只得出于保护国家的、社会的、集体的利益以及其他人的自由和权利的目的，除非某些基本条款另有规定。②

第二，适当性原则。适当性原则要求限制基本权利的手段应当能够达到既定目的。如果限制某项基本权利无助于实现既定目标，那么这一手段就不具备宪法正当性。例如，某银行要求招考人员“身高在168厘米以上”，限制了公民平等的就业权，但这与招收良好品行、德才兼备的工作人员的目的并无关联性，无助于招考目的的实现。

第三，必要性原则。该原则又称最小损害原则，是指如果有多种限制基本权利的手段可以同样达到既定目标，则应当选择对基本权利最小损害的手段。例如，为了缓解交通拥堵而实施机动车限行措施时，根据拥堵的程度，如果通过对公民出行自由限制较小的尾号限行措施就可以达到目的，便就没有必要采取单双号限行措施。

第四，均衡性原则。该原则又称均衡性原则，是指通过了前述三项原则之后，要求结合具体事实对冲突的利益进行权衡，国家所保护或实现的利益应当大于所损害的个体利益。均衡性原则要求冲突的利益在可能的范围内最优化实现。

在本案中，收容遣送制度起源于新中国成立初期的法治观：维护革命秩序，强化法律专政，注重社会改造。与这种法治观相适应，收容遣送制度便成为维护社会秩序、巩固新生政权的工具。③ 在实践中，该制度的适用对象由流浪乞讨人员扩大到“三无”（无合法证件、无固定住所、

---

① 参见刘权：《比例原则适用的争议与反思》，载《比较法研究》，2021年第5期。

② 例如，根据《宪法》第13条和第40条，对公民合法私有财产的征收征用只能是“为了公共利益的需要”，对通信进行检查只能是出于“国家安全或者追查刑事犯罪的需要”。

③ 参见程波辉：《收容遣送制度变革：动因、障碍与启示——基于思想观念、制度结构、主体行为的三维分析》，载《北京社会科学》，2014年第9期。

无稳定收入）人员，即无身份证、暂住证和务工证的流动人员。[①] 实施收容遣送，将流浪人员遣送回原籍所在地来减少人员流动，可以在一定程度上维护社会秩序，符合目的正当性和适当性原则。然而，限制此类人员的人身自由，虽然是出于维护社会秩序的正当目的，但维护社会秩序有多种手段，流浪乞讨人员并非必须被限制人身自由的违法犯罪人员，并不必然具有社会危害性，采用限制其人身自由的方式无疑是简单粗暴的。司法部预防犯罪研究所研究员吴宗宪教授也认为，“以大量伤害无辜者为代价来管理社会的时代已经过去，也应该过去”。重典只能解一时“对正义的饥渴”，而无助于社会的长治久安。[②] 收容遣送虽然能够在一定程度上维护社会治安，但作用有限，且损害的是大量无辜者的人身自由，显然不符合比例原则。

综上，按照三阶层分析方法，收容遣送制度构成对公民人身自由的限制，但该限制措施不仅有违法律保护原则，还经不起比例原则的审查，是违宪的。

需要注意的是，在进行合宪性审查时，上述三阶层分析方法并非跳跃式的，而是逐步推进的，从而使合宪性审查的分析过程更加清楚、完备、合逻辑，体现了“是不是基本权利，是哪项基本权利，有没有干预，干预是否正当”的一般认知逻辑。比例原则的“四阶”也是如此：只有在前一个层次得出肯定回答之后，才能展开在后一个层次的检验，否则便可终结审查。因此，在收容遣送制度在形式上已经被认定违反了法律保留之后，实际上已经无须再进行比例原则的审查，这里只是为了借助此事例来理解比例原则而进行了分析。

### （四）合宪性审查的启动

按照我国宪法的规定，全国人大及其常委会有权监督宪法的实施，是合宪性审查的有权主体。这两个部门启动合宪性审查的方式有两种：

第一，主动启动。全国人大专门委员会和全国人大常委会法工委可以主动启动宪法监督程序。例如，根据《宪法》第116条的规定，自治州、自治县的自治条例和单行条例，报省或者自治区的人大常委会批准后生效，并报全国人大常委会备案。《立法法》第109条规定，行政法规报全国人大常委会备案；省、自治区、直辖市的人大及其常委会制定的地方性法规，报全国人大常委会和国务院备案；设区的市的人大及其常委会制定的地方性法规，由省、自治区的人大常委会报全国人大常委会和国务院备案；自治州、自治县制定的自治条例和单行条例，由省、自治区、直辖市的人大常委会报全国人大常委会和国务院备案；根据授权制定的法规应当报授权决定规定的机关备案。根据《法规、司法解释备案审查工作办法》，法规、司法解释应当自公布之日起30日内报送全国人大常委会备案。常委会办公厅对接收备案的法规、司法解释进行登记、存档，并根据职责分工，分送有关专门委员会和常委会法工委进行审查研究。专门委员会、常委会法工委对法规、司法解释依职权主动进行审查。对法规、司法解释及其他有关规范性文件中涉及宪法的问题，宪法和法律委员会、法工委应当主动进行合宪性审查研究，提出书面审查研究意见，并及时反馈制定机关。

第二，依请求启动。根据《立法法》第110条，有权请求启动合宪性程序的主体分为两类：(1) 提出审查要求的主体。国务院、中央军事委员会、国家监察委员会、最高人民法院、最高人民检察院和各省、自治区、直辖市的人大常委会认为行政法规、地方性法规、自治条例和单行条

---

① 参见1991年国务院《关于收容遣送工作改革问题的意见》。

② 参见傅剑锋：《收容废了，城市治安怎么抓》，载新浪网，https://news.sina.com.cn/c/2006-06-22/14499272621s.shtml，2021年10月19日访问。

例同宪法或者法律相抵触或者存在合宪性、合法性问题的，可以向全国人大常委会书面提出审查要求，由全国人大有关的专门委员会和常委会工作机构进行审查、提出意见。(2) 提出审查建议的主体。上述机关之外的其他国家机关和社会团体、企业事业组织以及公民认为行政法规、地方性法规、自治条例和单行条例同宪法或法律相抵触或者存在合宪性、合法性问题的，可以向全国人大常委会书面提出审查建议，由全国人大常委会工作机构进行审查；必要时，送有关的专门委员会进行审查、提出意见。

本事例中，学者“上书”全国人大常委会，建议全国人大常委会改变或撤销《城市流浪乞讨人员收容遣送办法》，正是公民依据《立法法》（2000 年）第 110 条第 2 款提出的审查建议，是主动行使宪法和法律监督权的具体体现。

**【延伸阅读】**

1. 郑琳．基本权利限制之限制．财经法学，2019（6）．

2. 何永红．基本权利限制的宪法审查：以审查基准及其类型化为焦点．北京：法律出版社，2009（7）．

3. 唐中民，王继春．论公民基本权利限制的基本原则．西南大学学报，2007（2）．

4. 张翔．基本权利限制问题的思考框架．法学家，2008（1）．

5. 张翔．从法律限制主义、宪法保障主义到法律保留原则：关于基本权利限制的宪法史考察．浙江社会科学，2023（9）．

## 第二节　平等权

在公民基本权利体系中，平等权是一项与众不同的基础性权利，它是公民享有基本权利和国家保护基本权利的基本原则。在政治学领域，平等蕴含着层次分明的理论谱系，形成了内容极为丰富的理论内涵。在法学领域，作为正义的平等也构成法律的核心价值理念，宪法学也通过区别对待、合理差别、比例原则等概念与理论的建构，形成对平等权限制措施进行合宪性审查的深厚的制度内容和严谨的技术进路。

本节结合平等权的基本原理与制度规定，对中国乙肝歧视第一案、城乡“同命不同价”宣告终结、青岛考生诉教育部案等事例或案例进行分析和阐释。

**事例一**

### 中国乙肝歧视第一案[①]

**【事例概况】**

2003 年 6 月 30 日，安徽大学生张某著报考安徽省芜湖市公务员招录考试。他笔试和面试成绩均排在第一位，但因体检中被检查出携带有乙肝病毒，被芜湖市人事局依据《安徽省国家公务员体检标准》正式宣布不予录用。11 月 10 日，张某著以芜湖市人事局“歧视乙肝患者”为由向芜湖市新芜区人民法院提起了行政诉讼。张某著的代理律师认为，芜湖市人事局的做法已经侵害了张某著基于《宪法》第 33 条而享有的平等权，构成了对他的歧视。

---

① 案情来源：周瑞平：《“乙肝歧视案”有了“说法”》，载《时代潮》，2004（8）。

2004 年 4 月 2 日，法院作出一审判决，确认被告芜湖市人事局取消原告张某著录取资格的决定，主要证据不足，应予撤销。但法院同时认为，去年的公务员招考工作已结束，原告报考的位置已被别人顶替，因此，对原告要求被录用至相应职位的请求不予支持。4 月 19 日，芜湖市人事局不服一审判决，向芜湖市中级人民法院提起上诉。经过审理，芜湖市中级人民法院二审作出裁定：驳回上诉，维持原判。

**【涉及的宪法问题】**

1. 平等权的性质

本案中被告的行为涉及的是原告的平等权还是劳动权？宪法中规定的平等，不仅是一项原则，也是一项宪法权利。平等作为原则，是指导国家权力行使的准则和指导思想，同时也是指导、规范法律制度的重要准则，很多法律都明确规定了平等原则。平等作为一项权利，指的是：公民平等地享有宪法规定的公民基本权利，任何人都没有超越宪法和法律的特权。国家权力应当平等地保护公民的权利，平等地要求公民履行法律义务，不得在法律上对公民进行区别对待。

2. 平等与合理差别

被告的行为是否构成侵权，涉及如何认定合理差别与歧视的问题。平等可以分为形式上的平等与实质上的平等。前者指机会平等或机会均等，由于人们在自然的、社会的和其他方面的情况不可能完全一致，需要给予每个人平等的机会。后者又称条件平等，是指为了弥补形式上的平等导致的事实上的不平等，根据理性决定，考虑个体差异而允许某些合理差别，也就是“同等情况同等对待，不同情况不同对待”，以达到实质上的平等，从而在实质上提供平等发展的条件。

**【条文链接】**

**《中华人民共和国宪法》（2018 年修正）**

第三十三条（第二款）　中华人民共和国公民在法律面前一律平等。

**《中华人民共和国公务员法》（2018 年修订）**

第十三条　公务员应当具备下列条件：

（一）具有中华人民共和国国籍；

（二）年满十八周岁；

（三）拥护中华人民共和国宪法，拥护中国共产党领导和社会主义制度；

（四）具有良好的政治素质和道德品行；

（五）具有正常履行职责的身体条件和心理素质；

（六）具有符合职位要求的文化程度和工作能力；

（七）法律规定的其他条件。

第二十三条　录用担任一级主任科员以下及其他相当职级层次的公务员，采取公开考试、严格考察、平等竞争、择优录取的办法。

民族自治地方依照前款规定录用公务员时，依照法律和有关规定对少数民族报考者予以适当照顾。

**【事例评析】**

**（一）平等权的内涵**

本案涉及平等权问题，被誉为“中国乙肝歧视第一案”。本案中，原告是以芜湖市人事局

“歧视乙肝患者”为由提起诉讼的，同时也正是芜湖市人事局的“歧视”行为导致原告失去了很好的就业机会。因此，本案中首先需要明确的是，这种“歧视”行为所引发的是平等权保护问题还是侵犯劳动权问题。

在我国宪法规定的基本权利体系中，平等权被置于首要位置，位于“公民的基本权利和义务”一章的第一条，该条第2款明确规定：“中华人民共和国公民在法律面前一律平等。”这就表明“平等权在宪法上主要是作为一种基础性权利而存在的，但它与其他基本权利不同，在整个宪法的基本权利体系中具有一定的超越地位。它不但通过民族平等、男女平等，而且还广泛地通过政治平等权、社会经济平等以及其他具体的基本权利来体现其作为一种基本权利的具体内容，为此是一种原理（原则）性的、概括性的基本权利”①。具体来看，平等权包含了两方面的内容：一是适用法律平等，二是立法平等。适用法律平等，是指国家司法机关和行政机关在适用法律的时候，不得区分适用的对象，必须根据法律规定进行判断，平等地将法律规范适用于所有的人，即在适用法律上一视同仁。立法平等，主要是指国家机关在制定法律时，包括国家机关制定行政法规、地方性法规、部门规章、地方政府规章、自治条例、单行条例或其他规范性文件时，受宪法平等权拘束，应该平等地设定公民（法人、非法人组织）的法律权利和法律义务。

劳动权又称工作权，是指有劳动能力的公民享有从社会获得有保障的工作并按照其劳动的数量和质量取得劳动报酬与其他劳动所得的权利，即受雇佣权和从事生产活动的权利。我国《宪法》第42条第1款规定：“中华人民共和国公民有劳动的权利和义务。”劳动权的实现，首先要有受雇佣的机会，这就要求国家积极地创造劳动就业条件，满足劳动者对就业的要求。

本案中，芜湖市人事局因为原告张某著是乙肝病毒携带者，以体检不合格的理由取消他的录取资格。这一行为本身，从表面上看，不仅涉及了原告所享有的宪法上规定的平等权，也关联到了原告的劳动权，原告因此而丧失了在芜湖作公务员的机会。然而实质上，本案中被告的行为并不涉及原告的劳动权，而是涉及原告的平等权。究其理由，主要有以下几方面：

首先，先有权利，然后才有权利被侵犯的可能。从这个角度来看，本案中的劳动权还没有形成，不存在被侵犯的问题。芜湖市人事局的做法实际上违背了宪法关于公民在法律面前一律平等的规定，侵犯的是平等就业的机会，这属于平等权问题。

其次，作为宪法权利的劳动权，属于受益权的范畴。与政治权利等参与权不同，它只能通过国家采取各种措施，扩大就业，保障公民都能有劳动的机会来实现，而不是通过直接向国家提出要劳动的请求来实现。公民在未能获得适合其劳动的机会时，无法直接行使请求权。因此，芜湖市人事局的拒录行为不构成对张某著的劳动权的侵犯。

所以，本案中应该考量的是平等权的问题。与其他权利相比较，平等权是公民参与社会生活和政治生活的前提、条件，因而平等权“既是基本权利体系的一种，同时也是实现政治权利、经济权利、社会权利与文化权利的手段，为这些权利的实现提供了基础和环境”②。本案关涉的是公民的平等就业权问题，它是公民宪法上的平等权在劳动领域的延伸和具体化。平等就业权首先要求就业机会的平等，然而本案中，芜湖市人事局以原告体检不合格为由将原告拒绝在了公务员的门槛之外，使原告丧失了此次就业机会。

### （二）歧视与合理差别对待

平等依其性质可以分为形式上的平等和实质上的平等。如果仅有形式上的平等，可能导致

---

① 许崇德主编：《宪法》，北京，中国人民大学出版社，1999，153～154页。

② 许崇德主编：《宪法学（中国部分）》，北京，高等教育出版社，2001，342页。

出现实质上的不平等。因此，为了弥补形式上的平等可能导致的事实上的不平等，应该根据理性决定而允许某些合理差别，以达到实质上的平等，从而在实质上提供平等发展的条件。所以，各国宪法在规定平等权的同时，一般根据个人自然的、生理的和社会的不同情况，作出了允许设定差别待遇的规定。

本案中，判定被告芜湖市人事局的行为是否侵犯了原告张某著的平等权，关键就在于界定芜湖市人事局的行为是否构成了“歧视”，它在招录公务员时依据的体检标准是一种歧视还是一项合理的差别对待。对此，主要可以从以下几方面来判断。

1. 合理差别对待需要有合理的依据

根据我国宪法和法律的规定，国家权力在设定公民的权利、义务时，可以作出合理差别设定的依据一般包括以下方面：

第一，履行特定国家职务的需要，如《宪法》第 34 条规定年满 18 周岁的公民享有选举权与被选举权。

第二，人的生理自然差异，如《宪法》第 45 条规定，公民在年老、疾病或者丧失劳动能力的情况下，有从国家和社会获得物质帮助的权利。

第三，民族、性别等，例如《选举法》对少数民族公民参加人大作了区别于非少数民族公民参加人大的规定。

第四，特定职业的需要，例如，《法官法》《检察官法》《人民警察法》《公务员法》《律师法》《医师法》《教师法》等法律，对担任某些国家机关的公职或者从事某些职业在年龄、文化程度、专业技术资格等方面作出限制。

第五，实际负担能力情况，例如《税法》确定的征税起点以及超额累进税率方法。①

结合本案来看，芜湖市人事局的体检标准实质上是对乙肝病毒携带者和非乙肝病毒携带者之间的差别对待，这种差别对待是否符合上述合理依据，以及这种差别对待是否具有合理性，需要进一步的商榷。

首先，芜湖市人事局体检标准中的区别对待缺乏事实依据。一些特殊的行业和职业对身体健康状况有特殊要求，例如，飞行员、航天员考核时对视力的要求，军人、运动员考核时对身体素质的要求，这些都是适当的，并不会构成歧视。本案中，招录公务员时对身体健康状况作出了特殊规定，明确排除了乙肝病毒携带者。然而，就本案中所招录的公务员的工作岗位性质本身而言，并不需要其工作人员必须不能是乙肝病毒携带者。芜湖市人事局在招录公务员时，不是根据他的工作能力和个人表现，而仅仅依据他的身体状况，并且在他的身体状况并不会对他的工作造成影响时，就剥夺他此次就业机会，是不合理的，构成了一种歧视。

其次，芜湖市人事局体检标准中的区别对待缺乏法律依据。从被告所参照的法律法规来看，包括 1993 年国务院颁布的《国家公务员暂行条例》、2005 年人事部和卫生部颁布的《公务员录用体检通用标准（试行）》和安徽省人事厅颁布的《安徽省国家公务员录用体检标准》等规范性文件。《国家公务员暂行条例》从头至尾没有对报考公务员作出任何身体条件的限制。《国家公务员录用暂行规定》增加了“身体健康，年龄为三十五岁以下”这一报考条件，并相应增加了体检程序，但并没有给出“身体健康”的任何标准。人事部和卫生部的《公务员录用体检通用标准（试行）》第 7 条明确规定：“各种急慢性肝炎，不合格。乙肝病原携带者，经检查排除肝炎的，

---

① 参见周伟：《宪法基本权利司法救济研究》，北京，中国人民公安大学出版社，2003，83 页。

合格。”《安徽省国家公务员录用体检标准》作为芜湖市人事局取消原告张某著公务员录取资格的直接依据，把有乙肝“大、小三阳”明确列为体检“不合格”。这条规定直接表明了对乙肝病毒携带者的歧视，是一种立法上的不平等。它与人事部和卫生部制定的《公务员录用体检通用标准(试行)》也是不一致的。另外，还值得一提的是，在1984年的《病毒性肝炎防治方案》中，规定了乙肝患者可以从事除输血之外的其他职业。显然，《安徽省国家公务员录用体检标准》也违反了这个规定。同时，《病毒性肝炎防治方案》作为一个特别法规，其效力高于普通法规。因此，《安徽省国家公务员录用体检标准》违反了上位法，应无效。所以芜湖市人事局依据此标准而作出的行为缺乏相应的法律依据。

2. 合理差别应在合理限度之内

合理的差别对待除了要求有合理的依据之外，还要求差别被限定于合理的程度之内，超过合理限度的“合理差别”，也会导致不平等的出现。

本案中，芜湖市人事局之所以对乙肝患者和乙肝病毒携带者进行限制，主要是基于两方面的原因：一是经济成本。同等职业能力等资格条件下录用身体健康包括心理健康的员工，能够满足其效益最大化的要求。这无可厚非。而且，在公费医疗制度改革之前，政府部门接收乙肝患者和乙肝病毒携带者可能会面临庞大的医疗费用支出，这将加重政府部门的经济负担。另一方面，乙肝为《传染病防治法》(1989年）规定的乙类传染性疾病，必然不能避免其向周围密切接触人群传播。因此，芜湖市人事局依据《安徽省国家公务员录用体检标准》没有录用张某著这一行为，从政府部门的利益角度出发是合理的，但是对乙肝患者以及乙肝病毒携带者而言，则构成了对他们权利的侵犯。截至2023年我国有大约7000万例乙肝病毒携带者①，倘若政府部门都依照芜湖人事局的做法对待他们，那么这一庞大的弱势群体的合法权益如何得到保障?

值得注意的是，从医学上讲，乙肝的传染途径有三个，即血液、生育和唾液。已感染人群中有三分之一的是通过母婴感染的。通过一般的接触是不会感染的，例如握手、触碰、同桌、同寝室居住甚至游泳等都不会导致感染。一般而言，除“大三阳”具有较强的传染性外，其他类型的传染性比较弱，比如“小三阳”的传染性是非常微弱的，几乎与所有的职位申请条件都没有联系。美国斯坦福大学亚洲肝病中心和世界卫生组织均认为，即使饮用乙肝病毒携带者制作的饮料和烹调的食品，也不会对他人造成任何传染。美国的《残疾人或无能力人法案》保护乙肝患者免遭歧视。韩国人权委员会认为，仅根据与工作能力无关的一纸医疗记录来决定一个人是否胜任一个职位构成歧视。

综上，在公务员招录过程中，基于职务需要而对公务员的健康状况进行合理的限制是允许的，但这一限制一旦超出了合理限度，就会构成歧视。《安徽省国家公务员录用体检标准》没有具体情况具体分析，对所有乙肝患者和乙肝病毒携带者一概而论，直接导致其体检标准违法，构成了对乙肝患者和乙肝病毒携带者的歧视。目前正式实施的、2016年修订的《公务员录用体检通用标准（试行)》第7条规定：“各种急慢性肝炎及肝硬化，不合格。乙肝病原携带者，经检查排除乙肝的，合格。”这一规定就实现了对乙肝患者和乙肝病毒携带者的在合理限度内的差别对待。

**【延伸阅读】**

1. 杨建顺．完善标准和证据制度，以正当程序确保权利救济实效性．中国法律评论，2019

---

① 参见中国疾病预防控制中心网站，http：//www. chinacdc. cn/gwxx/202312/t20231201－271009.html。

(2).

2. 范贞，张林南．乙肝携带者的就业权不容歧视：对“中国乙肝歧视反诉第一案”的法律解读．中国审判，2009（6）．

3. 杜敏．合理差别基础上的平等立法完善．中共中央党校学报，2009（3）．

4. 都玉霞．论平等权的立法保护．政法论丛，2006（3）．

5. 周伟．宪法基本权利司法救济研究．北京：中国人民公安大学出版社，2003.

**事例二**

## 城乡“同命不同价”宣告终结

**【事例概况】**

在“同命不同价”讨论中，常常被人提及的案例，是2005年发生在重庆的“何小源案”：2005年12月15日凌晨6时许的一场车祸，让在郭家沱街道租房居住的何某志夫妇，永远失去了正在上学的14岁女儿小源。据悉，同何小源一起出事的，还有另外两个结伴去上学的女孩。事发后，因另外两位女孩有城镇户口其家人各自得到了20余万元的赔偿，而何小源是农村户口，即便从出生起就在郭家沱街道生活，其父母只得到了9万元赔偿。因为户口的不同，何小源的赔偿就与另两位女孩的赔偿存在较大的差距。2007年6月，一审法院经审理后认为，何某志夫妇得到的赔偿金完全符合当时法律法规的规定，且双方系自愿达成赔偿，并已赔偿款到位，遂驳回了何某志夫妇的诉讼。二审法院驳回了何某志夫妇的上诉。

由于死亡赔偿金的城乡差异，该案引发了城乡“同命不同价”的争论。

2005年，最高人民法院在人身损害赔偿问题上态度开始有所“松动”。此后，各地法院在解决“同命不同价”问题上，有过不少探索。2006年9月，甘肃通渭县农民工赵某鹏从在建大楼上坠下。因赵某鹏在兰州打工、生活一年以上，法院最终以城镇居民人均可支配收入标准作为赵某鹏死亡赔偿金的计算依据。在上海、成都等地均出现了以城镇居民标准赔偿农村户籍受害人的案例。而安徽、河南省高级人民法院也相继发布指导意见：对某些符合标准的农村户籍受害人，有关损害赔偿费用根据当地城镇居民的相关标准计算。

2010年7月1日，《侵权责任法》正式实施，其中第17条规定，因同一侵权行为造成多人死亡的，可以以相同数额确定死亡赔偿金。也就是说，以何小源案为例，这部法律就支持何小源家属享受与其余女孩家属相同数额的赔偿金。

2019年4月，中共中央、国务院发布《关于建立健全城乡融合发展体制机制和政策体系的意见》，明确提出改革人身损害赔偿制度、统一城乡居民赔偿标准。当年8月，最高人民法院发布《关于授权开展人身损害赔偿标准城乡统一试点的通知》，授权各省高级人民法院在辖区内开展人身损害赔偿纠纷案件统一城乡居民赔偿标准试点。

2022年4月27日，最高人民法院发布修正后的司法解释。据此人身损害赔偿标准自该年5月1日起城乡统一。这改变了之前对城乡户籍身份的居民认定的死亡赔偿金数额差距较大的情况，被称为城乡“同命不同价”的终结。

**【涉及的宪法问题】**

死亡赔偿金计算标准的城乡差距，导致死亡赔偿金数额悬殊，从而引发了“同命不同价”的广泛争议。在2004年5月1日施行的《最高人民法院关于审理人身损害赔偿案件适用法律若干问题的解释》（以下简称《人身损害赔偿解释》）规定，死亡赔偿金以受诉法院所在地上一年度城镇居民人均可支配收入或农村居民人均纯收入为标准计算，赔偿年限为 20 年。据此计算，2004 年度重庆城市居民人均可支配收入为 9 221 元，农村居民人均纯收入为 2 535 元，将两个数字分别乘以赔偿年限 20 年，得出的总额分别为近 20 万元与 5 万多元。这种计算标准是否构成歧视，涉及宪法上的平等权问题、死亡赔偿金的性质。

**【条文链接】**

**《中华人民共和国宪法》（2018 年修正）**

第三十三条（第二款）　中华人民共和国公民在法律面前一律平等。

**《最高人民法院关于审理人身损害赔偿案件适用法律若干问题的解释》（2004 年，已修改）**

第二十九条　死亡赔偿金按照受诉法院所在地上一年度城镇居民人均可支配收入或者农村居民人均纯收入标准，按二十年计算。但六十周岁以上的，年龄每增加一岁减少一年；七十五周岁以上的，按五年计算。

**《中华人民共和国侵权责任法》（2009 年，已废止）**

第十七条　因同一侵权行为造成多人死亡的，可以以相同数额确定死亡赔偿金。

**《中华人民共和国民法典》（2020 年）**

第一千一百八十条　因同一侵权行为造成多人死亡的，可以以相同数额确定死亡赔偿金。

**最高人民法院关于审理人身损害赔偿案件适用法律若干问题的解释（2022 年修正）**

第十五条　死亡赔偿金按照受诉法院所在地上一年度城镇居民人均可支配收入标准，按二十年计算。但六十周岁以上的，年龄每增加一岁减少一年；七十五周岁以上的，按五年计算。

**【事例评析】**

按照本章第一节详细阐释的基本权利限制的三阶层分析方法，前述最高人民法院的司法解释对人身损害赔偿案件中的受害人进行了城乡区分，构成了对受害人的差别对待，是对基本权利的限制。死亡赔偿金的计算标准不属于《立法法》第 11 条、第 12 条规定的法律保留事项，因此，本案中最终需要通过比例原则来审查此种差别对待是否构成合理差别，这就需要考量：差别对待措施是否具有正当目的？户籍能否作为死亡赔偿金计算标准差别对待的依据？差别对待是否在合理限度内？如果不能对以上问题作肯定回答，那么这种差别对待就构成歧视。

*1. 死亡赔偿金的法律性质*

死亡赔偿金究竟是对生命的赔偿，还是对受害人家属现实利益损失的赔偿？只有厘清这个问题，才能更为科学地设计死亡赔偿金的计算标准。关于死亡赔偿金的性质，学界存在着“抚养（扶养）丧失说”和“继承丧失说”等多种理论。

“扶养丧失说”认为，由于侵权人的行为断绝了死亡赔偿金请求权人扶养费用的来源，因此侵权人赔偿的内容为支付死者生前扶养人的生活费。王利明教授也持类似观点，其将死亡赔偿金定性为对“死者近亲属的扶养丧失的赔偿”，“是为了维持其近亲属的生活水平”[①]。目前采取此种观点的有德国、英国、俄罗斯、美国大多数州。

“继承丧失说”认为，由侵权行为致人死亡导致的所失利益应为死者在正常的余命年限中可以留给其继承人的财产。例如，日本通常以受害人死亡时的收入为基准，乘以受害人剩余的可劳动年限（该年限为 67 岁与受害人死亡时年龄之间的差额），计算出其如果生存可能取得的总

---

① 王利明：《侵权责任法制定中的若干问题》，载《当代法学》，2008 年第 5 期。

收入。

以上两种学说各有利弊。[①] 依《人身损害赔偿解释》，死亡赔偿金属于“财产性质的收入损失赔偿”。可见，其采用的是“继承丧失说”。虽然上述两种学说对死亡赔偿金的计算有所不同，可以肯定的是，生命本是不可侵犯且不可复制的，本无高低贵贱之分，无法以金钱予以衡量，因此，死亡赔偿不是对生命本身进行的所谓“命价赔偿”。死亡赔偿制度设置的真实意图，是从近亲属、生活伴侣等的角度来分析他们中的哪些人可以就哪些损失主张权利。死亡赔偿金的多少应视第三人因此而遭受的损害大小来定，而不应基于生命本身的所谓“价值”[②]。因此，“同命不同价”的提法并不科学，没有真正理解法律的本旨，其实是对死亡赔偿金性质的误解。

2. *差别对待具有正当目的*

个体劳动能力的差异决定了收入的差异，这是朴素的平等感情所不能掩盖的客观现实。依据死者劳动能力的价值而作出对死者余命收入损失的判断有相当的合理性。死亡赔偿金数额的差异并不会导致社会不公平。[③] 对生命平等的正确理解应当是：受害人因其遭受侵犯而产生的财产或非财产损害，均可获得平等的实现矫正正义的机会，而非获得整齐划一的赔偿。死亡赔偿金的差别对待考虑具体的个体生命受害可能带来的利益损失，是为了使程度殊异的各种损害得到相称的赔偿。其目的是正当的。相反，整齐划一的收入损失标准，实际上是在分配正义的理念下不顾生命消逝带来的现实损害程度而施行的“社会救灾”。果真如此，就无异于为侵权行为法唱起了挽歌。[④]

3. *以户籍为标准的差别对待并不合理*

纵然差别对待具有目的正当性，仍要接受适当性和必要性的审查。《人身损害赔偿解释》以“户籍”为区分标准，导致城乡居民人身损害赔偿计算标准的差异悬殊。在死亡赔偿金计算标准这个问题上，“户籍”是否属于合理的区分标准呢？结合前文分析来看，死亡赔偿金制度存在的目的是弥补因受害人死亡而带来的预期利益损失。然而，利益损失的计算标准与“户籍”又有多大关联性呢？固然从整体的统计数据而言，城镇居民的收入超出农村居民的收入，但在具体的个人身上，断不可一概而论。近些年来，城乡二元结构已经随着社会发展进步在逐步消融，对个人收入差异无法再依户籍而作简单判断。影响个人收入的因素很多，诸如行业、地域、学历、职务、年龄甚至性别等，但 2004 年《人身损害赔偿解释》仅考虑户籍因素，过于简单粗放，加之定额化的计算方式，既不能体现具体个人收入的差异，同时还不符合侵权责任损失填平的特征，不属于实质平等所要求的合理差别对待。[⑤]

采“继承丧失说”的 2004 年《人身损害赔偿解释》分别以“城镇居民人均可支配收入”“农村居民人均纯收入”为基准计算死亡赔偿金的所谓“定型化赔偿和客观计算的方式”，完全可被看作是不惜违背矫正正义，忽略当今社会城镇居民、农村居民各自相互间的差异而凸显城乡差距，致使死亡赔偿金在城镇居民和农村居民间呈现巨大反差。也许，这才是发出“同命不同价”的谴责声浪的原始动力。

---

① 参见董双蕾：《从死亡赔偿制度看“同命不同价”》，载《学理论》，2011 年第 17 期。

② 姚辉、邱鹏：《论侵害生命权之损害赔偿》，载《中国人民大学学报》，2006 年第 4 期。

③ 参见傅蔚冈：《“同命不同价”中的法与理——关于死亡赔偿金制度的反思》，载《法学》，2006 年第 9 期。

④ 参见姚辉、邱鹏：《论侵害生命权之损害赔偿》，载《中国人民大学学报》，2006 年第 4 期。

⑤ 参见赵勇宾、沈跃东：《死亡赔偿金再探讨》，载《人民论坛》，2011 年第 7 期。

4. 从"同命不同价"到"同命同价"

在当时这样一个对城乡二元结构和户籍制度异常敏感的阶段，2004 年《人身损害赔偿解释》的规定无疑凸显城乡差距，触动了社会大众关于公平的敏感神经。[①] 学者对"同命不同价"的批评也主要集中于"户籍、国籍、地域和行业"不足以构成作为平等之例外的合理差别对待，主张统一死亡赔偿金标准。

2009 年《侵权责任法》开启了"同命同价"的尝试，规定："因同一侵权行为造成多人死亡的，可以以相同数额确定死亡赔偿金"（后这一规定被 2020 年《民法典》所吸收）。2019 年 4 月，中共中央、国务院发布《关于建立健全城乡融合发展体制机制和政策体系的意见》，明确提出改革人身损害赔偿制度、统一城乡居民赔偿标准。同年 8 月，最高人民法院下发《关于授权开展人身损害赔偿标准城乡统一试点的通知》，授权各省高级人民法院在辖区内开展人身损害赔偿纠纷案件统一城乡居民赔偿标准试点。后安徽、陕西、河南等多地启动人身损害赔偿标准城乡统一试点。

但笔者认为，"统一标准"只是意味着"户籍"不能作为差别对待的依据，不意味着"平均主义"。要解决死亡赔偿金制度所存在的问题，出路并不是制定一个统一的赔偿标准，而是让死亡赔偿金能够体现受害人的收入状况，从而维护受害人的继承人的权利。[②] 所以统一标准不是绝对的定额化，而是通过精细化立法将合理的考量因素纳入其中，在个案中由法官进行具体衡量，以更符合实质平等的精神。但是在当下中国，还必须考虑到法律制度的社会可接受度，根据死亡赔偿金的性质能否被社会知晓、社会能否接受差异化的死亡赔偿金等进行综合考量，在各省试点之后总结出一套更为合理的死亡赔偿金制度。

2020 年全国人大常委会法工委对 2004 年《人身损害赔偿解释》进行了合宪性审查，经审查认为：随着社会发展进步，国家提出城乡融合发展，城乡发展差距和居民生活水平差距将逐步缩小，城乡居民人身损害赔偿计算标准的差异也应当随之取消。[③]

2022 年，最高人民法院修改了 2004 年《人身损害赔偿解释》，规定："死亡赔偿金按照受诉法院所在地上一年度城镇居民人均可支配收入标准，按二十年计算。但六十周岁以上的，年龄每增加一岁减少一年；七十五周岁以上的，按五年计算。""赔偿权利人举证证明其住所地或者经常居住地城镇居民人均可支配收入高于受诉法院所在地标准的，残疾赔偿金或者死亡赔偿金可以按照其住所地或者经常居住地的相关标准计算。"该规定被称为城乡"同命不同价"的终结。但这也并不意味着城乡完全统一，而只是考虑了年龄的差异、依据地或经常居住地人均可支配收入的差异，比起之前的规则已经有所进步。

**【延伸阅读】**

1. 刘志杰．"同命同价"体现生命平等和法治信心．四川日报，2021－03－01.
2. 黄义涛．"同命同价"维护了生命平等权．人民法院报，2018－07－15.
3. 黄金桥．生命价值观下的"同命同价"与"同命不同价"．党政干部学刊，2009（6）.
4. 姚辉，邱鹏．论侵害生命权之损害赔偿．中国人民大学学报，2006（4）.
5. 傅蔚冈．"同命不同价"中的法与理：关于死亡赔偿金制度的反思．法学，2006（9）.
6. 赵析蔓．死亡赔偿金问题探究：以"同命不同价"为视角．公民与法（法学版），2016（1）.

① 参见姚辉、邱鹏：《论侵害生命权之损害赔偿》，载《中国人民大学学报》，2006 年第 4 期。
② 参见傅蔚冈：《"同命不同价"中的法与理——关于死亡赔偿金制度的反思》，载《法学》，2006 年第 9 期。
③ 参见全国人大常委会法工委关于 2020 年备案审查工作情况的报告。

**事例三**

## 青岛考生诉教育部案①

**【案例概况】**

2001 年 7 月末、8 月初，同往年一样，全国各地的高考成绩及录取分数线陆续公布。与往年不同的是，这一年各地录取分数线之间的差距进一步扩大。以用同一试卷、在同一时间考试的山东和北京为例：当年北京市文科重点本科录取分数线为 454 分，一般本科录取分数线为 429 分，专科录取分数线为 360 分；山东省文科重点本科录取分数线为 580 分，一般本科录取分数线为 539 分，专科录取分数线为 509 分。也就是说山东的考生分数在 454 分至 509 分之间的，如果在北京可以入读重点本科院校，在山东却没有入读一般专科院校的资格。这一现象被媒体人如实地记录报道，随即引发了对于教育平等权如潮般的探讨。

面对高考平等权的争议，山东德衡律师事务所从法律的角度对此不平等现象进行剖析。各地录取分数线划定的依据是教育部下发的招生计划，即《教育部、国家计委关于下达 2001 年普通高等教育招生计划的通知》（教发〔2001〕23 号）。山东德衡律师事务所认为：教育部下发通知的行为是向特定对象发出的、不能反复适用于其他年度的具体行政行为，具有可诉性；同时，该行政行为违反了《中华人民共和国宪法》和《中华人民共和国教育法》，侵犯的是宪法赋予的公民平等接受教育的权利。敏锐的媒体将德衡律师事务所的此种观点予以报道，同时公开了设在山东德衡律师事务所的青少年维权热线，拉开了三考生状告教育部的序幕。

此消息一经报道，立即引起了众多考生和家长的关注，先后有十几名家长或学生分别通过报社或直接和山东德衡律师事务所联系，表达了希望参与诉讼的想法。为此，山东德衡律师事务所专门召集考生和家长开了一次座谈会，在会上明确表示：本次诉讼的真实目的是通过法律介入的途径引起国家、社会对当前教育体制下存在的不平等现象更多的关注，同时尽快出台相关政策和改革方案，逐步推进教育体制改革；此外，希望通过这一诉讼，为保护宪法赋予公民的平等受教育的基本权利寻求司法解决途径，从而促进对公民宪法权利的保护和对违宪行为的审查。很显然，不能指望通过本次诉讼对当时的高考录取政策进行调整，诉讼也不能改变考生无法公平选择学校的命运。

最终，张某、江某和栾某决定参加此次诉讼。张某，青岛市某中学文科 2001 年应届毕业生，高考成绩为 506 分。姜某，青岛市某中学理科 2001 年应届毕业生，高考成绩为 522 分，处于高于北京市重点本科录取分数线但低于山东省专科录取分数线的区间。栾某，青岛市某中学文科 2001 年应届毕业生，高考成绩为 457 分。

原、被告确定后，山东德衡律师事务所认为有关诉讼请求和管辖法院的确定需要谨慎斟酌：既要符合法律规定，又要能够体现本次诉讼的根本目标，即通过诉讼的方式，引起国家和社会广泛关注，进而推进教育体制改革和法制进步的进程。经反复斟酌，诉讼请求被确定为：（1）请求法院判决确认被告（教育部）所作出的 2001 年全国普通高校高等教育招生计划的行政行为违反《中华人民共和国宪法》和《中华人民共和国教育法》的有关规定；（2）请求法院向被告提出司法建议，督促被告今后避免作出类似违法行政行为。由于该案件的诉求涉及全国数以百万计的考生的切身利益和国家教育体制的改革，属于全国范围内重大、复杂的案件，根据《行政诉讼

---

① 案情来源：杨培银：《三考生状告教育部案件再回首》，载《民主与法制周刊》，2013 年第 6 期。

法》(1989 年) 第 16 条的规定，该案件可以由最高人民法院受理。

2001 年 8 月 23 日，青岛三名考生在两位代理律师的陪同下前往最高人民法院立案，但受到门卫阻拦，被告知要到最高人民法院“信访接待处”去办理相关手续。现场立案未果，代理律师决定采取法律规定的邮寄方式，用特快专递向最高人民法院邮寄立案材料。9 月 3 日，最高人民法院立案庭法官分别给三位考生或家长电话通知：“你向最高人民法院立案庭邮寄的起诉教育部的诉状及有关材料，我庭已经收到。根据《中华人民共和国行政诉讼法》第十四条的规定，对国务院各部门所作具体行政行为提起诉讼的案件，应由中级人民法院管辖。因此，你向我院起诉，不符合上述法律规定，应向教育部所在地的中级人民法院递交起诉材料。现将你邮寄我院的起诉材料，按来信地址，以邮寄方式退还，请注意查收。”

得知最高人民法院的电话通知内容后，山东德衡律师事务所和三考生及其家长进行了充分的沟通。虽然最高人民法院没有直接受理该案件，但是其并没有认定该案件不属于法院受理范围，也不是驳回原告的诉讼，而是告知具体的诉讼管辖法院。从法律的角度完全可以就法院管辖问题提出法律意见或直接到最高人民法院认为的有管辖权的法院再次起诉。但是经过详细的分析和交流后，大家认为：此次起诉以及高考录取分数的地区差异问题已经引起媒体和社会公众的广泛关注，教育部也明确表示正在就全国高考招生录取分数线在各地区存在差异的问题研究改革方案。诉讼的目的已经达到，如不及时刹车可能会出现背离诉讼初衷的结果。最终，三位考生一致决定不再继续诉讼。

三位考生状告教育部的诉讼虽然终止了，但对教育平等的改革起到或多或少的推进作用。教育部随后开始推行各项教育改革。由该案件引发的宪法司法化的理论研讨也在各领域开展起来。

**【涉及的宪法问题】**

1. 平等的基础分类

平等可以分为形式上的平等与实质上的平等。前者指机会平等或机会均等，无论人们在自然的、社会的和其他方面的情况是否完全一致，但都需要给予每个人平等的机会。后者指为了弥补形式上的平等可能导致的事实上的不平等，根据理性基于某些合理差别给予人们形式上不平等的对待，以达到实质上的平等，从而在实质上提供平等发展的条件。机会平等与结果平等也存在对应关系：前者主张起点相同，后者则追求结果的同一。

2. 平等的理论谱系

平等理论作为一种政治思想，认为不同的人在根本上是同等重要的，应该被平等对待。但是，对于“什么是平等对待”和“如何平等对待”等问题，不同的平等理论给出了不同的答案，对这些不同的平等理论可以按照下列谱系进行排列：（1）存在的平等；（2）法律—政治平等；（3）前途向才能开放的机会平等；（4）拉平社会境况的机会平等；（5）拉平社会境况和自然禀赋的机会平等；（6）福利平等。

**【条文链接】**

**《中华人民共和国宪法》(2018 年修正)**

第三十三条（第二款）　中华人民共和国公民在法律面前一律平等。

**《中华人民共和国高等教育法》(2018 年修正)**

第九条　公民依法享有接受高等教育的权利。

国家采取措施，帮助少数民族学生和经济困难的学生接受高等教育。

高等学校必须招收符合国家规定的录取标准的残疾学生入学，不得因其残疾而拒绝招收。

**【事例评析】**

1. 形式平等与实质平等

平等是自古以来人类社会追求的理想状态。在中国古代，《论语·季氏》中的“不患寡而患不均”追求分配的平等；秦人陈胜高呼的“王侯将相宁有种乎”追求的是社会地位的平等。在西方，斯多葛学派主张奴隶与其他人的平等以及精神上的平等；基督教中“每个人都是上帝的子嗣”理念蕴含着每个人在上帝面前的平等；美国《独立宣言》宣称“人人生而平等，他们都是从他们的‘造物主’那边被赋予了某些不可转让的权利，其中包括生命权、自由权和追求幸福的权利”，强调的是权利的平等；《世界人权宣言》中“人人有资格享有本宣言所载的一切权利和自由，不分种族、肤色、性别、语言、宗教、政治或其他见解、国籍或社会出身、财产、出生或其他身份等任何区别”，追求的是享有人权的绝对平等。

平等虽为自古以来人类社会的理想追求，但对平等的认知是千差万别的。对于平等而言，理论上有形式平等和实质平等的区分。西方斯多葛学派的平等观念和基督教中的平等理念，都在强调：无论尊卑贵贱，所有人都属于同等重要的生命，所有人都具有同等的地位。美国《独立宣言》宣称“人人生而平等，都享有造物主赋予不可转让的权利”，法国《人权宣言》提出“在权利方面，人们生来是而且始终是自由平等的”，均强调在政治和法律领域，每个人与其他人都具有平等的政治地位，享有同等的法律权利。这些平等理论和观念并不强调人与人之间存在的种族、性别、宗教、财产状况、阶级等自然属性的或社会层面的任何区别，只是强调人与人之间在生命、政治地位、法律权利方面的同一。如同体育中的径赛，每名选手都须站在同一起跑线，在同一时间起跑，至于最终结果如何在所不论。此种平等即为形式平等，不考虑人与人之间存在各种差异的自然事实和社会现实，也不关注最终结果是否相同。

近代宪法上的平等主要追求的是形式平等，国家承认所有的人在法律上一律平等，在法律权利和义务上给以相同的对待，禁止歧视对待。这种平等虽然能够保障人们在自由竞争中机会均等，却不能确定各具体的“人”是否拥有同等的实力，更不能保证自由竞争后的结果能否达到均衡。为了克服这一弊病，现代宪法吸收了实质平等的原理。实质平等要求依据具体情况和实际需要，针对特定的人群在经济、社会、文化等各个方面与他人存在的事实上的差异，采取不同的方式和措施，从而在实质上为公民提供平等发展的条件，缩小由形式平等造成的差距。在现代以自由竞争为主流观念的社会环境中，每个人都应享有合法的权利参与社会竞争，在分配社会资源或教育和职业机会时，应当且仅应当考虑个人的才能因素，应当剔除性别、种族、出身、财产、阶层等与才能无关的因素。但是，每个人才能的获得与每个人的社会境况（文化背景、阶层地位、财产状况等社会因素）、自然禀赋（智力、生理等自然因素）、个人努力和选择等因素密切相关。于是，有些平等理论不仅要求每个人都有合法竞争的机会且竞争结果只取决于个人才能，而且要求采取经济、政治或法律措施去消除社会境况或者自然禀赋对竞争结果的影响，最终实现相对均衡的竞争结果。

无论是形式平等还是实质平等都属于机会平等的范畴，二者的区别在于是否承认人与人之间存在自然的或社会的差异，并基于某些合理正当的差异而对不同的人区别对待。与机会平等相对立的是结果平等。结果平等抹平人与人之间的所有差异，客观存在的社会境况和自然禀赋，以及个人努力与选择，均无法影响分配社会资源与机会的结果。如同体育中的竞赛，不管参赛者在何处起跑，在何时起跑，只要求参赛者同时到达同一个终点。当然，不同学者对结果的定义不同，结果平等也可以细分为不同的理论或种类。从经济与社会发展实践的角度而言，结果平等将极大地损害经济与社会发展的效率，某些领域（如担任国家领导人）的结果平等也无从实现，从而为主流意识形态所摒弃。从理论层面而言，终极意义上的结果平等所追求的是“千篇一律”“千人一面”的同一性，这种同一性在千差万别的人类社会中根本无法实现。

2. 平等的理论谱系

平等理论作为一种政治思想，认为不同的人在根本上是同等重要的，应该被平等对待。但是，对于“什么是平等对待”和“如何平等对待”等问题，不同的平等理论给出了不同的答案，对这些不同的平等理论可以按照下列谱系进行排列：（1）平等存在；（2）法律—政治平等；（3）前途向才能开放的机会平等；（4）拉平社会境况（且只拉平社会境况）的机会平等；（5）拉平社会境况和自然禀赋的机会平等；（6）福利平等。

（1）“平等存在”，指的是所有人在存在的意义上具有相同的价值。在政治哲学的研究文献中，这种平等通常被称作“道德意义上的平等”，它是一种形而上学意义上的平等。也就是说人们并不在任何描述性的意义上具有相同的特征，也并非在尊卑贵贱的规定性意义上具有相同的价值，而是说，人们在本质上是同等重要的生命。在西方政治思想史上，肯定人们本质上是平等的存在的思想可以追溯到两个来源：一是斯多葛学派所主张的“精神上的平等”。二是基督教中的“平等”理念。在现代政治思想中，自然权利论者继承了“平等存在”的思想，并将其阐述为“自然状态下人人平等”或“人人生而平等”。康德关于“平等存在”的阐释对现代的平等理论产生了极大的影响，并且被当代绝大部分平等主义者当作讨论平等问题的前提。康德认为，所有的人都是目的王国的合法成员：“你的行动，要把你自己人身中的人性，和其他人身中的人性，在任何时候都同样看作是目的，永远不能只看作是手段”。这就是著名的“把所有人当作目的”的道德命令。基于这一命令，所谓“平等待人”指的就是“把每一个人当作目的而不仅仅作为手段”。总而言之，“平等存在”的思想构成了其他任何平等理论的基础，也是任何平等主义目标的基础。如果我们在根本上并不承认每个人是平等的生命存在的话，也就不会提出任何“平等待人”的目标。

（2）“法律—政治平等”，指的是“法律面前人人平等”，以及每个人拥有同等的政治权利。在最先提出平等权利的自然权利论者那里，“平等存在”被当作人们拥有“平等权利”的论证基础。正是在承认所有人都是平等的存在的前提下，权利论者才得以提出平等权利的政治主张。自启蒙运动以来，权利论者所倡导的平等存在以及人人拥有平等权利的观念逐渐深入人心，权利概念已成为现代政治理论的基础，并且在很大程度上得到了现代政治制度的保证。可以说，当代世界上大多数国家的政治制度已经将“法律—政治平等”作为一项基本准则。

当代的平等主义理论转而关注人们在权利平等的前提下所受到的不同对待。在市场竞争的大背景下，由于人们的偏好和能力的不同，现代社会必然呈现阶梯式的结构，社会中人们所处的地位、所拥有的资源以及各自的生活前景都有优劣好坏之分。出于对所有人基本权利的维护，平等主义者很难要求所有社会成员在竞争结果中保持一致，却可以要求所有成员拥有同等的机会以达到较优的竞争结果。这就是机会平等的核心含义。机会平等理论是当代平等理论中最重要的理论工具。然而，机会平等理论层次极为复杂，各派平等主义者对“机会平等”的解释各不相同，大体有三种层次的机会平等理论。

（3）“前途向才能开放的机会平等”，指的是给予具有相同才能的人同等的机会，在分配资源和各种教育与职业的机会时，不考虑人们的出身、种族、裙带关系、经济条件、性别、相貌等与才能无关的因素。这也被称作形式上的机会平等，是一种最低限度的机会平等。在当代的平等主义讨论中，越来越多的理论家逐渐认识到“前途向才能开放的机会平等”还远远达不到“平等待人”的目标。例如，罗尔斯认为，这种最低限度的机会平等保证“所有人都至少有同样的合法权利进入所有有利的社会地位。但由于没有作出努力来保证一种平等的或相近的社会条件（除保持必要的背景制度所需要的之外），资源的最初分配就总是受到自然和社会偶然因素的强烈影响”。也就是说，这种形式上的机会平等虽然保证每一个拥有相应才能或作出同等功绩的人都有同等的机会，但是没有考虑到人们获得相应才能或作出同等功绩的能力是受社会境况和自然禀赋等因素影响的，而后者在罗尔斯看来都是道德上任意的因素，是不应得的。所以，为了达到“平等待人”的目标，一个社会的基本制度就应该通过相应的政策消除社会境况和自然禀赋对人们在社会中的竞争结果的影响。

（4）“拉平社会境况（且只拉平社会境况）的机会平等”，指的是应通过社会分配的调整确保社会中处于不同社会境况中的人们拥有获得相应才能的同等机会，是一种试图“拉平”每个人的社会境况的平等理想。其中，“社会境况”指的是每个人所处的文化背景、经济状况、社会地位等非自然的因素，这些因素都有可能对人们在社会中所取得的竞争结果造成影响。罗尔斯在《正义论》中所阐述的“公平机会的平等”原则集中体现了“拉平社会境况的机会平等”理想。“公平机会的平等”原则是罗尔斯第二个正义原则的一部分，其含义是：“在社会的所有部分，对每个具有相似动机和禀赋的人来说，都应当有大致平等的教育和成就前景。那些具有同样能力和志向的人的期望，不应当受到他们的社会出身的影响”。

（5）“拉平社会境况和自然禀赋的机会平等”，是程度最高的机会平等理论。这一理论认为，人们在社会竞争中的最终结果，不仅不应该受到每个人所处的社会境况的影响，同时也不应该受其自然天赋的影响。坚持这一平等理想的学者被称为运气均等主义者，他们的基本观点是：一个人在社会竞争中的结果受到大自然赋予每个人的运气（如每个人的天赋和能力）的影响，一种正义的社会制度必须以某种方式补偿那些运气不好的社会成员，例如残疾人、天生愚钝的人，等等。在运气均等主义的讨论中，德沃金第一次对无情的运气和选择的运气进行了区分，这两种运气之间的根本区别在于：选择的运气是可以经过概率计算而预测的，就像是赌博，而无情的运气是不可预测的。“选择的运气”是可以预计的，应该由个人去负责。“无情的运气”则是无法预计的，就像有些人出生即残疾，这不是源自他自己的选择，他周围的人们有义务去补偿他所遭受的不幸。

（6）福利平等。这一理想要求在人们中间分配或转移资源，直到再也无法使他们在福利方面更平等。这一平等理想依据“福利”概念的不同含义可大致分为“主观”和“客观”两大类：“主观福利平等理论”追求主观结果平等，而“客观福利平等理论”追求客观结果的平等。其中，“主观福利平等理论”又可分为“福利即成功理论”和“感觉状态理论”两类：“福利即成功理论”认为，所谓福利指的是某人在实现其偏好、目标和抱负上的成功。由此，基于“福利即成功”的福利平等就是要达到人们在实现偏好、目标和抱负上的平等。而“感觉状态理论”将福利理解为人们在生活中的各种感受。德沃金在讨论“感觉状态理论”时将“享受”和“不满足”用来概括所有支持福利平等主义者所主张的称心和不称心的感觉状态或情绪。由此，福利平等的理想就是追求人们在“享受”和“不满足”方面的平等。类似于“福利即成功”的福利平等理论，“感觉状态理论”同样追求一种主观结果的平等，因此同样没有考虑到“个人努力和个人选择”对人们在社会竞争中所处的位置的影响，没有给“个人”留下应有的空间。对“客观福利平等理论”主张的“福利”的含义有着不同的解释：如果我们以财富来定义福利，那么福利平等的理想就等同于“经济相同性”。“客观福利平等理论”要求的是人们在社会竞争中所获客观结果完全一致，这类似于罗尔斯所说的要求对所有基本善进行平均分配的平等主义，而这种平等理论无疑产生自人们的嫉妒之心。总之，不论是“主观福利平等理论”还是“客观福利平等理论”，它们追求的都是结果的平等而非机会的平等，也就必然会忽视“个人选择”在人们的不同竞争结果中所发挥的作用。

以全国统一的“高考”为例：为了接受高等教育，所有的高中生都要参加高考（不论其社会境况如何，也不论其自然禀赋高低），大学则通过划出统一的分数线，择优录取。这种录取方式满足了形式上的机会平等，但并没有考虑到因社会境况不同或自然禀赋不同而造成的应试者最终成绩的不同。在这种考试制度下，来自偏远山村的考生或者智商较低的考生就有可能会觉得不公平，因为他们要花费比别人更多的努力以达到理想的考试成绩，或者他们根本就不可能达到教育发达地区考生的同等成绩。在这一例子中我们看到，最终影响每个人的考试成绩的因素有三类：社会境况、自然禀赋、个人的努力和选择。其中社会境况又包括经济条件、家庭环境、出身的社会阶层、种族、性别等等多种社会因素。然而，“前途向才能开放的机会平等”对所有这些因素都没有作出反应，而仅仅是考察相互竞争的人们之间才能的高低。

按照“拉平社会境况（且只拉平社会境况）的机会平等”的理想，在划定统一的分数线时，还应考虑经济落后、教育资源匮乏地区的具体情况，并制定相应的“优待”政策或“补贴”措施，例如，降低贫困地区的录取分数线、增加录取人数，或者对这些地区的教育事业进行财政补贴，等等。总之，“拉平社会境况（且只拉平社会境况）的机会平等”消除了影响人们在社会竞争中所处位置的三个因素——社会境况、自然禀赋、个人的努力和选择中的第一个因素，其目的是让社会背景不同的人们站在同一起跑线上，凭着自己的自然才能通过个人的努力和选择来参与竞争。

“拉平社会境况和自然禀赋的机会平等”要求排除社会境况和自然禀赋这两个因素对考试结果的影响。在现实制度层面，这一平等理想要求在实施统一的高考制度的同时，不仅要对那些经济条件较差和教育水平较低的地域的考生进行补助或优待，还要对天赋较差或天生残疾的考生进行优待（例如，提供特殊的教育服务）。值得注意的是，“拉平社会境况和自然禀赋的机会平等”的平等理想并没有排除造成考试成绩差异的第三个因素——个人的努力和选择。在德沃金的资源平等理论中，基于“无情的运气”和“选择的运气”的区分，“拉平社会境况和自然禀赋的机会平等”仍然为人们通过自己的努力和选择改变自己在社会中所处的位置保留了可能：在排除了社会境况和自然禀赋这两个因素之后，考生们的考试成绩仍然可能不同，而这一不同仅仅受到每位考生个人的努力和选择的影响。①

**【延伸阅读】**

1. 王立．平等的双重维度：形式平等和实质平等．理论探讨，2011（2）．

---

① 参见李石：《平等的理论谱系——兼论平等与自由的关系》，载《哲学动态》，2016年第10期，84～92页。

2. 张建平．从青岛学生状告教育部一案谈宪法司法化．河北法学，2002（4）．

3. 耿焰．走出违宪审查的困惑：对青岛三名考生状告教育部一案的思考．中国律师，2001（12）．

## 第三节　政治权利和自由

政治权利与自由是观察一个国家民主程度的重要指标，也是公民参与国家政治生活的基本路径，是公民在国家中的主体能动地位的根本保障。在中国宪法中，政治权利与自由主要包括选举权与被选举权，言论、出版、集会、结社、游行和示威自由两项基本权利。选举人大代表与被选举成为人大代表或国家公职人员是公民参与国家政治生活的基本方式。包含言论、出版、集会、结社、游行和示威在内的表达自由，则具有增进知识与获知真理、维持与健全民主政治、维护与促进个人价值三个维度的核心价值，以及维护社会稳定、促进文化繁荣等衍生价值。

由于选举权相关问题已在本书第二章第一节“政治制度”中有所论述，本节仅结合表达自由的基本原理和制度规定，对谢某平“非法经营”案进行分析。

**事例**

**谢某平“非法经营”案**

**【事例概况】**

谢某平，四川平昌人。他当过老师，后来通过考试到达县监察局工作，再后来调进达州市人民检察院。他一直搞文字工作，曾写过多篇报告文学并获奖。2005 年，谢某平办理提前离岗手续，应聘到《检察日报》下属《方圆》杂志社当记者。2006 年，谢某平从渭南移民局工会主席李某民处获悉了三门峡遗民的历史遗留问题，并开始关注此问题。

2010 年年初，谢某平写成了 10 万字的报告文学《移民》，后改名《大迁徙》，最终与《火花》杂志下月刊编辑部谈妥，以该杂志 2010 年增刊的方式出版。《火花》杂志由山西省文联主办，系全国百家社科核心期刊。杂志为半月刊，上半月的“大众文艺版”在太原由杂志社自身出版，下半月的“文化创意产业”在北京出版，承包给北京名镇方志文化传播中心运作，该中心每年交给杂志社 15 万元承包费。2010 年 5 月，谢某平与《火花》北京编辑部谈成出版条件，谢支付 5 万元印务费用，以增刊方式付印 1 万册。

2010 年 8 月 19 日，55 岁的谢某平被陕西渭南警方以涉嫌非法经营罪从北京家中带走。在带走谢某平时，警察口头留下一句“涉嫌非法经营”。所谓“非法经营”是指谢某平自费出版了 1 万本纪实文学《大迁徙》，那是谢某平三年的采访成果，记录了三门峡遗民的一些历史遗留问题，渭南地区的移民是作品主角。

**【涉及的宪法问题】**

1. 出版自由

出版自由是指采用出版的特定形式进行表达的自由。所谓出版，是指报社、出版社等出版单位所从事的报纸、期刊、图书、音像制品等出版物的出版、发行等活动。出版自由是狭义言论自由的延伸，更容易与学术自由、文艺自由产生竞合。出版自由还保障设立出版单位的自由以及出版单位享有的组织层面的自由。出版自由较之狭义言论自由，受到更严格的限制。

2. 新闻自由

新闻自由是指新闻媒体机构及新闻从业人员对新闻的采集、写作、报道、传递、发表、印制、发行自由，也包括公民享有的获知新闻的自由。新闻自由与出版自由系极为密切，新闻自由可以被理解为对出版自由的承继与发展。网络自媒体使每个公民成为言论的表达者、新闻传播者以及出版者，将传统的言论自由、出版自由、新闻自由相互融合，结为一体。

**【条文链接】**

**《中华人民共和国宪法》（2018 年修正）**

第三十五条　中华人民共和国公民有言论、出版、集会、结社、游行、示威的自由。

**【事例评析】**

本案是极为典型的出版自由案件，较为全面地反映出版自由的内涵结构。本部分除分析案件所涉的出版自由之外，也对与出版自由关系极为密切的新闻自由予以简要讨论。

1. 出版自由

简言之，出版自由是指采用出版的特定形式进行表达的自由。何谓出版？《出版管理条例》（2020 年修订）第 2 条和第 9 条对出版的范围（出版活动）、对象（出版物）和主体（出版单位）都有明确规定：所谓出版活动，是指出版物的出版、印刷或者复制、进口、发行。所谓出版物，是指报纸、期刊、图书、音像制品、电子出版物等。所谓出版单位，包括报社、期刊社、图书出版社、音像出版社和电子出版物出版社等。

出版自由与狭义言论自由之间的关系非常密切。出版自由也是狭义言论自由的延伸，狭义言论自由是非特定形式的表达，言论者当然也可通过出版的特定形式进行表达。当然，系统性的言论较之零散的言论更适宜通过出版形式予以表达。同时，出版自由更容易与学术自由、文艺自由产生竞合。学术研究成果和文学艺术作品，可以通过报纸、期刊、图书等纸质形式予以发表，也可以通过音像制品、电子出版物等多媒体形式予以发表。学术研究成果与文学艺术作品的发表环节也是学术自由和文艺自由的保护范围，由此产生出版自由与学术自由、艺术自由的竞合。此外，出版自由除保障公民通过出版形式发表言论的自由之外，还保障公民设立出版单位的自由，以及出版单位组织层面的自由。出版单位一般以法人的形式出现，出版单位的目的不是或者主要不是出版自己的言论，而是出版他人的作品，是出版单位所需要或出版单位自己认为有价值的作品，由此出版单位享有选择出版作品的自由。这是组织层面出版自由的核心内容。

出版自由较之狭义言论自由，其言论内容的传播范围更广，影响范围更大，因此也会受到比狭义言论自由更严格的限制。对出版自由的限制措施，一般分为事前审查和事后追惩两种形式。根据《出版管理条例》的相关规定，对出版自由事前的限制主要包括以下四个方面：其一，出版自由的限制。依据该条例第 9 条和第 61 条，出版物须经合法成立的出版单位出版，未经批准擅自出版的，根据情节追究刑事责任或行政处罚责任。其二，出版内容的限制。该条例第 25 条至第 27 条规定：任何出版物不得含有违反宪法和法律、法规或国家规定的内容；内容须真实、公正，不得侵犯他人合法权益。面向未成年人的出版物不得含有诱发未成年人模仿违反社会公德的行为和违法犯罪的行为的内容，不得含有恐怖、残酷等妨害未成年人身心健康的内容。其三，出版活动的限制。依据该条例第 20 条、第 49 条、第 50 条，出版单位的年度出版计划和涉及国家安全、社会安定等方面的重大选题应经省级出版行政主管部门审核后报国务院出版行政主管部门备案。出版单位的日常出版活动须向出版行政主管部门书面报告并接受其监管。其四，出版单位的限制。依据该条例第 12 条和第 17 条，设立出版单位，须由主办单位向省级出版行政主管部门提出申请，经审核同意后报国务院出版行政主管部门审批。出版单位变更名称、主办单位或者其主管机关、业务范围、资本机构，合并、分立，以及设立分支机构等，也须经过审批。综上，在中国的法律制度中，出版自由受到一定程度的限制。

在本案中，谢某平作为长篇报告文学作品《大迁徙》的作者，享有通过出版单位将它出版的自由。《火花》杂志社作为出版单位，也享有自主选择出版作品的自由。当然，《出版管理条例》《期刊出版管理规定》《出版物市场管理规定》等大量的法规、规章和其他规范性文件对出版自由的行使以及出版单位的日常运营都作出了详细而具体的规定。按照《期刊出版管理规定》和相关其他规范性文件的规定，杂志社出版发行增刊，须向出版行政主管部门报请审批，经批准后方可出版增刊，否则将根据情节依法追究刑事责任或行政处罚责任。谢某平与《火花》杂志社签署出版协议出版其作品，办理审批应为杂志社的义务。杂志社未办理审批手续就为谢某平出版作品，属于违反出版管理制度的违法行为，杂志社理应承担相应的法律责任，而谢某平作为出版作品《大迁徙》的作者无须承担法律责任。因此渭南警方将谢某平通过杂志社出版作品的行为认定为非法出版物并涉嫌构成非法经营罪，也据此对谢某平采取刑事强制措施，从法律角度而言，确实不妥并应认定为违法行为，构成对谢某平出版自由的侵犯。

2. 新闻自由

本案主要关涉传统的出版自由，与新闻自由并无实质联系。但基于新闻自由与出版自由极为紧密的关系，笔者认为有必要对新闻自由作简要说明。

按照 1951 年国际新闻学会的定义，新闻自由包括探访自由（free access to the news）、通讯自由（free transmission of news）、出版自由（free publication of newspaper）和批评自由（free expression of news）。[①] 1980 年联合国教科文组织国际交流问题研究委员会发布调查报告，认为公民应该有获知新闻和传播新闻的自由。对上述内容进行简要总结，所谓新闻自由是指新闻媒体机构及新闻从业人员对新闻的采集、写作、报道、传递、发表、印制、发行自由，也包括公民享有的获知新闻的自由。此种定义是对新闻作品的产生、传播、接收流程的描述。也有学者从新闻自由的功能角度对它进行分析，将新闻自由分为表达权和知情权两项内容。表达权，即公民或组织在从事或参与新闻活动过程中公开发表自己的思想见解的自由和权利。知情权，即公民或组织在从事或参与新闻活动过程中获取和交流信息的自由和权利。[②] 此外，与出版自由相同，新闻自由的内容亦可分为两个层面的：公民个体层面的自由，如公民获取、知悉、传播新闻的自由；新闻媒体机构组织层面的自由，如新闻作品的采集、写作、评论和传播的自由。

新闻自由与出版自由系极为密切，英文“freedom of the press”同时指称新闻自由和出版自

---

① 转引自汪习根、李纬娜：《论我国新闻自由的法律保障——发展权视角的思考》，载《甘肃政法学院学报》，2004 年第 10 期。

② 参见汪习根、李纬娜：《论我国新闻自由的法律保障——发展权视角的思考》，载《甘肃政法学院学报》，2004 年第 10 期。

由。我国多数学者认为，出版自由基本等同于新闻自由，新闻自由就是言论出版自由在新闻活动中的体现。① 笔者以为，新闻自由与出版自由有许多交叉重合之处，但也存在细微的差异：首先，在权利主体上，组织层面的新闻自由与出版自由的主体范围并不完全重合。出版自由的主体包括报纸、期刊、图书、音像制品、电子出版物等的出版单位，但不包括广播、电视等新闻媒体机构，新闻自由的主体一般也不包括图书等的出版单位。其次，在权利内容上，出版活动和新闻活动的侧重点不同。出版图书等活动重在表达作者之见闻、思想、情感、态度等内容，新闻活动重在向社会公众客观、公正地报道事实真相。最后，在权利层次上，出版自由主要保障公民通过出版形式发表言论的个体层面的自由，新闻自由重在保障新闻媒体机构从事新闻的采集、写作、传播等组织层面的自由。新闻自由与出版自由之间的细微差异更多的是基于时代变迁的差异：出版自由是近代以报纸为主的纸质媒体时代的产物，新闻自由则是现当代以广播、电视为主的电子媒体时代的必需品。新闻自由与出版自由的保护范围差别不大，更重要的是，出版自由以及由此发展而来的新闻自由在精神内核与根本宗旨上是完全一致的。因此，也可以这样表述二者之间的关系：新闻自由是对出版自由的承继与发展。

在人类社会步入互联网时代之后，电子邮件、网络论坛、即时通信工具、网络自媒体等崭新的信息传播方式不断涌现。当下的网络自媒体与历史上的纸质媒体、电子媒体形成鲜明的对比，具有完全不同的信息传播特性，从而使言论自由、出版自由和新闻自由迎来全新的发展领域，也给出版自由和新闻自由的监管制度带来全面挑战。在中国，以微博为代表的网络自媒体，使用户发表言论极为便利，影响极为广泛：一个选项和一次点击即可形成所要发表的言论。粉丝数量决定着言论的传播范围，拥有数千万个乃至上亿个粉丝的自媒体用户之言论的传播范围是传统时代的出版单位、新闻媒体的言论传播范围所不能比拟的。更为重要的是，自媒体弱化甚至消除了以往信息传播过程中的“把关”环节：在传统媒体时代，信息的采用以及发布需要经过层层筛选，从记者到编辑，从采编者到发行人，经过一层又一层的把关，信息最后才能进入大众传播市场，真正成为大众传播的内容。自媒体让每个普通民众都拥有了信息传播的权利，随时发现信息随时发布出去。没有严密而谨慎的信息筛查，使人们的表达更为自由。网络自媒体的出现，也使我们必须对出版自由和新闻自由中“出版”的定义进行修正。出版不再以印刷、复制或发行为前提条件，只要其言论内容可以流入大众传播领域，都可以认为作者实现了出版自由和新闻自由。或言之，网络自媒体使每个公民成为言论的表达者、新闻传播者以及出版者，它消解了传统的言论自由、出版自由、新闻自由的界限与隔阂，也使传统的言论自由、出版自由、新闻自由相互融合，结为一体。②

**【延伸阅读】**

1. 柳杨．公民出版自由权保障的实质、限度与合理路径．黑龙江省政法管理干部学院学报，2017（6）．

2. 汪习根，李纬娜．论我国新闻自由的法律保障．甘肃政法学院学报，2004（10）．

3. 李晓俊．公民基本权利保护现状研究．中州大学学报，2011（6）．

---

① 参见张书琴：《试论新闻自由为独立之宪法权利》，载《昆明理工大学学报（社会科学版）》，2008年第1期。

② 详见靖鸣：《微博表达自由：言论、出版和新闻自由边界的消解与融合》，载中国社会科学网，http：//www.cssn.cn/xwcbx/xwcbx_xwll/201407/t20140707_1243042_1.shtml，2021年8月25日访问。

# 第四节　宗教信仰自由

宗教信仰自由是一个内容丰富的权利体系，包括内心信仰自由、宗教行为自由和宗教结社自由等三项主要内容。宗教信仰自由具有双重属性，即精神上的绝对自由和行为上的相对自由。宗教信仰自由的权利主体，可以区分为公民个体和公民结社而成的宗教团体。为保障公民的宗教信仰自由，国家应当遵循政教分离、平等保护等基本原则，同时国家对公民宗教活动的保护也以合法性原则为限——国家只保护正常的宗教活动。此外，基于国情，我国在宗教问题上奉行独立办教原则，即宗教团体和宗教事务不受外国势力的支配，外国人在中国的宗教活动受到一定限制。

本节结合宗教信仰自由的基本原理和制度规定，对中国教科书诉讼第一案、三亚观音圣像事件进行分析和阐释。

**事例一**

## 中国教科书诉讼第一案①

**【事例概况】**

2004 年 9 月 12 日，来自福建的律师丘先生向四川省成都市武侯区人民法院提起诉讼，认为他在四川大学网络教育学院学习期间，学校选编的教材《马克思主义哲学原理》第 178 页关于"宗教在本质上是麻醉劳动人民的精神鸦片"的陈述，对他的宗教信仰自由构成了伤害。他认为教材的论断，违反了《宪法》第 36 条第 1、2 款规定的"中华人民共和国公民有宗教信仰自由"，"任何国家机关、社会团体和个人不得强制公民信仰宗教或者不信仰宗教，不得歧视信仰宗教的公民和不信仰宗教的公民"。他要求四川大学赔偿精神损失费 1 元，并对教科书的内容进行书面更正。

9 月 28 日，成都市武侯区人民法院以此诉求不在民事诉讼的案件受理范围内为由，裁定不予受理。丘先生不服，提起上诉。2004 年年底成都市中级人民法院维持一审裁定。丘先生转而寻求向教育部申请行政复议，也未获受理。中国教科书诉讼第一案以失败告终。

**【涉及的宪法问题】**

宗教信仰自由从字面来看仅指信仰宗教的自由：可以信仰宗教，也可以不信仰宗教；可以信仰这种宗教，也可以信仰那种宗教。其实，宗教信仰自由既涉及精神层面的信仰自由，也涉及一定范围内的行为自由，更涉及对政府和公共组织的严格要求。

1. 宗教信仰自由的保护范围

宗教信仰自由是一个内容丰富的权利体系，包括内心信仰自由、宗教行为自由和宗教结社自由等三项主要内容。宗教信仰自由具有双重属性，即精神上的绝对自由和行为上的相对自由。宗教信仰自由的权利主体，可以区分为公民个体和公民结社而成的宗教团体。

---

① 案情来源：王怡：《中国教科书诉讼第一案与受教育权》，载搜狐网，http：//nr. book. sohu. com/20050426/n225350901. shtml，2022 年 5 月 10 日访问。

2. 基本权利干预的审查

基本权利干预是基本权利限制和基本权利侵害的上位概念，在判断一项基本权利干预措施是构成基本权利限制还是构成基本权利侵害时，需要对干预措施进行合宪性审查。根据主流学术观点，当国家权力形成对公民某项基本权利的干预，而此干预又无法被正当化时，即构成基本权利侵害。

3. 基本权利的救济途径

基本权利干预可分为抽象干预和具体干预。对具体干预和法律性文件的抽象干预，有不同的救济途径。“无救济，即无权利”，对包括基本权利在内的任何法律权利都应当确立救济制度。对基本权利的侵害，可以区分为不同的类型，对每种类型的侵害均应确定相应的救济途径，以实现对基本权利更完善的保障。

**【条文链接】**

**《中华人民共和国宪法》(2018 年修正)**

第三十六条　中华人民共和国公民有宗教信仰自由。

任何国家机关、社会团体和个人不得强制公民信仰宗教或者不信仰宗教，不得歧视信仰宗教的公民和不信仰宗教的公民。

国家保护正常的宗教活动。任何人不得利用宗教进行破坏社会秩序、损害公民身体健康、妨碍国家教育制度的活动。

宗教团体和宗教事务不受外国势力的支配。

**【事例评析】**

中国教科书诉讼第一案由当事人认为教科书中对宗教信仰自由有歧视性表述所引发，因此界定宗教信仰自由的保护范围、明确宗教信仰自由的权利属性、分析侵权行为的构成要件等问题成为评析该案件的基础。

1. 宗教信仰自由的保护范围

学者间对宗教信仰自由的认识有所不同。有学者认为：宗教信仰自由的含义是指每个公民都有按照自己的意愿信仰宗教的自由，也有不信仰宗教的自由；有信仰这个宗教的自由，也有信仰那种宗教的自由；在同一宗教里，有信仰这个教派的自由，也有信仰那个教派的自由；有过去不信教现在信教的自由，也有过去信教而现在不信教的自由。[①] 有些学者在此基础上增加一项内容，即有参加宗教仪式的自由，也有不参加宗教仪式的自由。[②] 有些学者认为宗教信仰自由包括三个方面的内容：(1) 内心信仰自由，具体包括信仰特定的宗教的自由、改变特定的印象的自由，以及不信仰任何宗教的自由。内心的信仰纯粹属于精神领域，是宗教信仰的起点和归宿。(2) 宗教行为自由，具体包括礼拜、祷告以及举行或参加宗教典礼、宗教仪式上的行为的自由。宗教或布教的自由亦属于这一范畴。(3) 宗教结社自由，主要包括设立宗教团体（如教会、教派）并举行团体活动、加入特定的宗教团体以及不加入特定的宗教团体等方面的

① 参见周叶中：《宪法学》，北京，高等教育出版社，2005。

② 参见魏定任：《宪法学》，北京，北京大学出版社，2001，275 页；傅思明：《宪法学》，北京，对外经济贸易大学出版社，2007，141 页。

自由。[1] 显然，最后一种观点的界定更加全面、合理，也更有利于保障公民的宗教信仰自由。

有学者对宗教信仰自由进行如下界定：宗教信仰自由是指个体或个体结成的团体在法律规定或认可的情况下，通过各种行为公开或私下表明、显示或传递其有关宗教信仰的思想、意见、观点、情感等的权利。公民的宗教信仰自由包括精神层面的信仰绝对自由和实践层面的宗教活动相对自由。宗教组织的宗教信仰自由仅指宗教活动的相对自由。[2] 此项定义清晰地表明了宗教信仰自由的双重属性和双层含义。从权利属性来看，宗教信仰自由包括精神领域的绝对自由和行为领域的相对自由。信仰自由本质上是思想自由，信仰宗教的自由作为思想上的自由，纯粹是意识领域内的自由，不受宪法和法律的约束；即便宪法和法律予以拘束，按照当下的科学技术水平和手段，这种拘束也无法实现。从权利主体来看，宗教信仰自由包括个体层面的宗教信仰与行为自由、团体层面的宗教行为自由。团体层面的宗教行为自由是指宗教团体的行为自由，是宗教信仰自由与结社自由的产物，主要包括宗教团体以自己的名义设立宗教活动场所、举行宗教仪式、销售宗教用品等内容。

根据已知的案情，四川大学选编、确定并要求学生使用《马克思主义原理》教科书的行为，主要是对当事人宗教信仰自由中内心的信仰自由产生影响。此外，四川大学并未采取其他措施限制当事人参加宗教活动、强制加入或退出宗教团体，因此本案并不涉及当事人的宗教行为自由和宗教结社自由。

2. 对基本权利干预的审查

在基本权利理论领域，存在一组与基本权利相关的概念：基本权利干预、基本权利限制、基本权利侵害。基本权利干预是上位概念，基本权利限制与基本权利侵害是基本权利干预的下位概念。无论是基本权利限制还是基本权利侵害，都会造成基本权利不能完善地行使或完整地实现的结果。基本权利限制和基本权利侵害的区分标准在于是否合宪：合宪的干预是基本权利限制，违宪的干预则构成基本权利侵害。违宪的基本权利干预构成对基本权利的侵害，这是一个根本标准，当然也是一个非常抽象的标准，需要结合审查对象，通过对宪法相关条文进行解释的方式予以具体和明确。根据主流学术观点，对基本权利干预措施的审查一般分为三个层次：首先，明确基本权利的保护范围；其次，查明国家对基本权利的干预措施；最后，对基本权利干预措施的正当化论证。可将上述三个步骤简单概括为：当国家权力形成了对公民某项基本权利的干预，而此干预措施又无法被正当化时，即构成基本权利侵害。

本案当事人认为自己的宗教信仰自由受到侵害。按照对基本权利干预措施的审查步骤，上一部分已经对第一个层次的问题即宗教信仰自由的保护范围进行了明确，接下来需要分析第二个层次的问题，即国家相关措施是否构成对宗教信仰自由的干预。《宪法》第 36 条第 2 款规定，“任何国家机关、社会团体和个人不得强制公民信仰宗教或者不信仰宗教，不得歧视信仰宗教的公民和不信仰宗教的公民”。当国家机关、社会团体和个人存在“强制”公民信仰或不信仰宗教，或者对信仰宗教或不信仰宗教的公民存在“歧视”时，即构成对内心的信仰自由的干预。本案中，涉及当事人宗教信仰自由的措施是四川大学将马克思：关于“宗教在本质上是麻醉劳动人民

---

① 参见许崇德、胡锦光：《宪法》，北京，中国人民大学出版社，2009，189 页；焦洪昌：《宪法学》，北京，北京大学出版社，2009，387～388 页；林来梵：《宪法学讲义》，北京，清华大学出版社，2018，400 页。

② 参见闫莉：《宗教信仰：自由与限制》，北京，中央民族大学出版社，2010，41 页。

的精神鸦片”的政治学说观点编入教科书《马克思主义哲学原理》，并要求学生在相应课程中使用该教科书。四川大学选编并确定教材的措施是否包含上述“强制”或“歧视”的内容，是需要讨论的核心问题。首先是关于“歧视”的相关问题。在法律领域，歧视是平等的反义词和对立面，受到歧视意味着受到不平等的对待。具体而言，基于宗教信仰的歧视，就是以宗教信仰为由对信教或不信教的公民、信仰不同宗教的公民进行区别对待，并且在这种特定情形中，宗教信仰是一项不合理差别。本案中，四川大学并未依据宗教信仰不同而对学生进行区别对待，因此也不存在歧视信仰宗教的学生的问题。其次是关于“强制”的相关问题。有学者认为，教科书中马克思的表述仅仅是一种学术观点，可以接受，也可以怀疑或反对，甚至可以确立或坚持与它相对立的学术观点。[①] 当然，如果是教科书之外的一些学术著作或文章，对于学生而言，阅读与否、记忆与否、赞同与否、接受与否均不具有任何的强制性。但是教科书与一般的学术著作仍然存在着一些区别。按照高等学校教学管理制度和大学教学活动实际情况，“马克思主义哲学原理”一般被归入公共必修课程，在考核合格之后取得相应学分，达到一定的学分数值，学生方可毕业并取得相应学历和学位证书。教科书的内容一般都被纳入课程考核内容并成为评定成绩的标准。因此，教科书中的学说观点对学生可能不会产生直接强制的效果，但是出于课程考核的需要，会对学生提出至少记忆的强制性要求。因此，四川大学选编、确定教科书并要求学生使用的行为，对于学生而言是具有一定程度上的强制性的，只不过这种强制性非常微弱，并且尚未达到《宪法》第 36 条第 2 款所规定的“强制”的强度。

基于上述关于“强制”和“歧视”两个方面的分析，我们可以认为四川大学的相关行为不构成对当事人宗教信仰自由的干预。于是，第三个层次的问题，即基本权利干预的正当化论证，再无讨论的必要。最终的结论便是，四川大学选编、确定并要求学生使用教科书《马克思主义哲学原理》的行为尚未侵害当事人的宗教信仰自由。

3. 基本权利的救济途径

就基本权利干预而言，可以区分为行为规范层面的干预和规范适用层面的干预：前者可被称为抽象干预，后者可被称为具体干预。宪法条文和国家立法机关制定的法律中规定的基本权利限制条款属于抽象干预。按照《宪法》对立法权的分配，除国家立法机关行使国家立法权外，特定范围内的行政机关、军事机关、监察机关、司法机关和地方国家权力机关也分别享有行政立法权、军事立法权、监察立法权、司法解释权和地方立法权。在中国的法律体系中，存在大量的行政法规、军事法规、监察法规、地方性法规、自治条例与单行条例、经济特区法规、部门规章、地方政府规章、司法解释等性质不同、地位各异、效力不等的其他规范性文件。这些其他规范性文件中基于法律或最高权力机关授权、执行上位法需要等，可以规定具体的基本权利干预措施。此种干预也属于基本权利的抽象干预。在法律和其他规范性文件的执行或适用过程中，行政机关或司法机关针对具体案件作出的行政行为或司法裁判也有可能包含着基本权利干预的内容并造成实际的损害后果，此种干预即为具体干预。

如何判别对基本权利的干预措施是基本权利限制还是基本权利侵害？对此，存在不同的程序制度和具体的判断标准。对于具体干预而言，主要通过诉讼制度予以解决。例如，如果行政行

---

① 参见林来梵：《宪法学讲义》，北京，清华大学出版社，2018，401 页。

为中含有对基本权利的干预措施，可通过行政诉讼的方式，由法院以法律为标准来评判合法与否；如果司法裁判中含有对基本权利的干预措施，可通过诉讼程序中的二审及再审制度，由上级法院以法律为标准判别合法与否。对于其他规范性文件中的基本权利干预措施，主要通过备案审查制度，由备案审查机关以法律为判断标准判别合法与否。对于法律中的干预措施，可通过合宪性审查制度，由合宪性审查机关以宪法为标准决定合宪与否。当然也可能存在这样的情形：具体干预或其他规范性文件中的干预措施不符合法律，而法律又不符合宪法，由此造成基本权利干预不合法却合宪。对这种情况应以宪法为根本的判断标准来认定干预措施的合宪性和法律的违宪性。

根据案中情节，当事人认为四川大学选编的教材《马克思主义哲学原理》中关于宗教的表述侵犯其宗教信仰自由，向四川省成都市武侯区人民法院提起民事诉讼。四川大学系公立高等学校，行使法律授予的职权，如果其教学活动造成对基本权利的干预，则该干预当属具体干预。在此意义上，当事人向法院起诉，请求法院对四川大学的行为进行合法性审查并无不当。按照中国的法律救济制度，对行政机关和法律、法规、规章授权的组织作出的行政行为不服，当事人可向其上一级行政机关或主管部门申请行政复议，故当事人在向法院提起民事诉讼败诉后以存在行政争议为由申请行政复议，也无不妥之处。依据民事诉讼制度，平等民事主体之间因财产权利和（或）人身权利发生纠纷而提起的诉讼属于法院民事诉讼的案件受理范围。根据案发之时（或现行有效）的民法制度，当事人的宗教信仰自由显然不属于民事领域的一项财产权利或人身权利。另外，当事人的起诉也不符合民事诉讼特别程序的适用范围。所以，四川省成都市武侯区人民法院不予受理和四川省成都市中级人民法院维持一审裁定并不违法。此外，依据行政复议制度，本案当事人申请复议的情形明显不属于《行政复议法》（1999 年）第 6 条明确列举的可以申请行政复议的情形。那么它是否属于《行政复议法》（1999 年）第 6 条第 11 项规定的“认为行政机关的其他具体行政行为侵犯其合法权益的”情形？如果依保守立场予以解释，很难将本案中的情形纳入其中。因此，教育部不予受理也没有合法性问题。

**【延伸阅读】**

1. 王怡．“中国教科书诉讼第一案”与受教育权．观察，2005－04－15.
2. 宋秦．论我国公民宗教信仰自由的保护．中国宗教，2003（4）.

**事例二**

## 三亚观音圣像事件[①]

**【事例概况】**

南山位于我国海南省三亚市城区西南，相传是观音出巡南海的象征，又与唐代高僧鉴真东渡日本有关。为开发旅游资源，弘扬佛教文化，三亚南山观音苑建设发展有限公司（以下简称观音公司，其前身为三亚南山实业发展有限公司）于 20 世纪 90 年代初决定投资开发南山文化旅游区，并先后投资 8 亿元，建造南山海上观音圣像，并建设南山观音文化苑。1994 年 2 月，“南山

① 根据相关新闻报道和资料编写，详见《海南 108 米南山海上观音工程建造纪实》，载新浪网，http：//news.sina.com.cn/c/2005－04－24/07575733878s.shtml，2021 年 7 月 27 日访问；童之伟：《地方政府投资宗教项目涉及的法律问题——三亚南山观音圣像建设与政教关系学术座谈会纪要》，载《法学》，2005 年第 11 期。

海上观音”被正式列入规划，确定像高108米。1997年，国家宗教事务局正式批准“南山海上观音”项目。该项目也经过国家发展改革委、海南省政府及三亚市政府的审批。1999年10月27日，“南山海上观音”工程正式开工。2005年4月24日，“南山海上观音”开光大典举行。

该项目建设得到了历任海南省领导的支持。建造观音像的过程中，每一位到过南山观音文化苑的国家机关领导人，几乎无一例外地都要到建设工地上了解工程进展情况并表示支持。在2004年4月5日举行的海南三亚海上观音圣像开光大典新闻发布会上，三亚市政府副市长张琦表示：“在国家宗教局、海南省委省政府、三亚市委市政府以及各界的努力下，我们经过5年的艰苦工作，即将迎来南山海上观音的开光大典……我代表三亚市委、三亚市人民政府对长期以来关心和支持南山海上观音项目的建设的各界朋友们表示衷心的感谢!”“三亚市政府将聚集全市之力，全力配合中国佛教协会和南山寺做好开光大典的服务工作。”

据了解，观音公司是南山海上观音圣像即南山观音文化苑项目的投资、建设和管理单位，其主要业务范围包括观音文化苑及观音圣像配套项目的建设与经营管理、旅游景点的建设与经营管理，以及其他相关业务。项目建成之后，观音公司开始从事相关的经营管理业务，短期效益和发展远景都比较好。2005年5月，三亚市政府与观音公司签署一份转让南山观音文化苑项目相关资产产权的协议，约定，南山海上观音圣像及相关资产的产权移交给当地政府，当地政府按照成本加利润，以定额回报的方式对观音公司给予一定补偿，并一次性支付相关资产买断费用。随后，三亚市政府接管南山海上观音圣像及相关设施的经营管理。

**【涉及的宪法问题】**

宗教信仰自由从字面来看仅指信仰宗教的自由：可以信仰宗教，也可以不信仰宗教；可以信仰这种宗教，也可以信仰那种宗教。其实，宗教信仰自由既涉及精神层面的信仰自由，又涉及一定范围内的行为自由，更涉及对政府的严格要求。

### 1. 政教关系类型

对政教关系观察的角度不同，采用的方法不同，依据的标准不同，政教关系类型化的结果自然不同。所谓政教关系实质上应当是宗教势力与世俗政权在国家政治生活中的力量对比与互动关系。在不同国家、同一国家不同时期，宗教势力与世俗政权在国家政治生活中具有不同的地位，发挥不同的影响，相互关系多种多样、各不相同。同时我们也应当关注宗教势力与世俗政权的双向互动策略以及它们的作用层次范围。

### 2. 西方意义上的政教分离原则

政教分离诞生于西方民族国家体系建构的过程之中，是对历史上某种政教合一体系的制度回应。政教分离原则蕴含着双重规范面向：禁止宗教的政治化与禁止政治的宗教化。前者要求政治远离宗教，后者强调宗教远离政治。政教分离虽然具有两个规范面向，但其根本目的是唯一的，即保障个体层面的宗教信仰自由。政教分离原则是对公民宗教信仰自由的制度性保障。

### 3. 中国宪法中的政教分离原则

在政教分离原则的禁止政治宗教化面向上，中国宪法与西方国家的宪法是一致的，甚至要求更加严格；但在禁止宗教政治化面向上，虽然在保障内心的信仰自由层面，中国宪法与西方国家的宪法基本一致，但在宗教行为自由和宗教结社自由层面，中国宪法与西方国家的宪法差别较大。

**【条文链接】**

**《中华人民共和国宪法》（2018年修正）**

第三十六条　中华人民共和国公民有宗教信仰自由。

任何国家机关、社会团体和个人不得强制公民信仰宗教或者不信仰宗教，不得歧视信仰宗教的公民和不信仰宗教的公民。

国家保护正常的宗教活动。任何人不得利用宗教进行破坏社会秩序、损害公民身体健康、妨碍国家教育制度的活动。

宗教团体和宗教事务不受外国势力的支配。

**《宗教事务条例》（2017年修订）**

第三十条　宗教团体、寺观教堂拟在寺观教堂内修建大型露天宗教造像，应当由省、自治区、直辖市宗教团体向省、自治区、直辖市人民政府宗教事务部门提出申请。省、自治区、直辖市人民政府宗教事务部门应当自收到申请之日起30日内提出意见，报国务院宗教事务部门审批。

国务院宗教事务部门应当自收到修建大型露天宗教造像报告之日起60日内，作出批准或者不予批准的决定。

宗教团体、寺观教堂以外的组织以及个人不得修建大型露天宗教造像。

禁止在寺观教堂外修建大型露天宗教造像。

**【事例评析】**

1. 政教关系的类型

政教关系，简言之，即政治与宗教的关系。人类社会在诞生之初处于混沌状态，并无政治与宗教的区分。原始宗教是当时人类唯一的精神财富，占有这份财富的巫师们，自然而然总是成为政治权力的行使者。随着人类社会的演变与发展，政治与宗教之间的关系出现多元化的态势，不同国家的政教关系都有着或大或小、或多或少的差异，于是对政教关系的类型化分析成为政教关系研究的必要步骤。

有学者认为：不同的国家处理政教关系的方式是不同的，由此形成了宗教国家和世俗国家的区别。宗教国家是指政教合一的国家和以宪法确定国教的国家，其特点是国家以某一宗教或教派为正统信仰，该宗教的教义与宗教法典有法律效力，国家的一切活动都要体现宗教原则、维护宗教利益。按政教分离的原则处理政教关系的国家则是世俗国家，其特点是：宗教信仰是私人的事情，国家不得干涉宗教信仰自由；不设立国教；国家平等对待各种宗教和教派，在宗教事务中保持中立；代表国家的国家机关、公立机构及其公职人员不得参与或举办宗教活动。①

另有学者将不同国家的不同政教关系大体分为三种模式：（1）国教模式。在这种模式下，法律（包括宪法在内）把一种宗教认定为官方的国教。在有些国家除国教外，其他宗教不可能存在；但在有些国家，还允许公民自由地信奉其他不同的宗教。（2）合作模式。国家与特定的宗教群体合作，使其享有其他群体没有的特权，通常包括国家的财政支持、税收优惠、公立学校教授

---

① 参见郭延军：《我国处理政教关系应秉持什么原则——从三亚观音圣像的建设和开光说起》，载《法学》，2005年第6期。

本派宗教课程、突出的公共地位等。(3) 世俗模式。国家至少在理论上根据同等适用于所有宗教的法律中立地对待所有宗教。国家不偏向一个或一个以上的宗教，也不根据宗教的教义、与国家的文化联系或者占总人口的比例歧视宗教群体。①

还有学者认为，政教关系表现为四种形态：(1) 政教一体型的“神权政治”。其基本特征是：宗教与政治权力一体化，宗教直接参与社会利益的调整；宗教组织与政府机构是合一的；宗教教义是官方的意识形态。(2) 政教依赖型的“神学政治”。宗教组织不再与权力机构完全同一，国家将宗教作为自己的政治意识形态，宗教组织需要政治权力的支持，两者呈现相互依赖的关系。(3) 政教主从型的“神辅政治”。宗教不再成为国家的政治意识形态，而仅仅作为政治文化的组成部分，只对政治权力发挥辅助作用。(4) 政教分立型的“法制政治”。政治与宗教在经济、思想等方面彼此独立，平行发展，良性互动。政治权力的合法性建立在人民主权论的基础上，管理者的权力来自被管理者，管理者要受到被管理者的监督。宗教与公共权力相脱离，成为纯粹的私人事务，主要解决民众的精神信仰问题。宗教组织作为众多的社会民间组织之一，必须依照国家有关的法律、法规进行活动。②

学者对政教关系观察的角度不同、采用的方法不同、依据的标准不同，政教关系类型化的结果自然不同。笔者认为，所谓政教关系实质上应当是宗教势力与世俗政权在国家政治生活中的力量对比与互动关系，在不同国家，在同一国家的不同时期，宗教势力与世俗政权在政治生活中具有不同的地位、发挥不同的影响，相互关系多种多样、各不相同。

在政教关系中，一个极端是政治与宗教形成一元结构，政权与教权合二为一，宗教势力主宰全部政治生活，世俗政权完全没有产生影响的空间；另一个极端是世俗政权把控全部政治领域，宗教完全没有发挥作用的空间。在两个极端之间，宗教势力与世俗政权同时对政治活动发挥作用、产生影响。此外，宗教势力与世俗政权之间的强弱对比也影响着宗教势力与世俗政权的相互关系：宗教势力强大，世俗政权弱小，意味着世俗政权会受到宗教势力的控制。反之，宗教势力微弱，世俗政权极强，也意味着宗教势力会受到世俗政权的压制。此外，宗教势力与世俗政权之间的双向互动关系在现实世界主要表现为三种形态：合作、分离、对抗。这三种形态的双向互动关系结合宗教势力与世俗政权之间不同的力量对比关系，就会呈现千变万化的政教关系。如在两个国家中，宗教势力与世俗政权的力量对比关系一致，但双方的互动策略不同，那么这两个国家的具体的政教关系定会有所区别。另外，宗教势力与世俗政权的力量对比关系和双向互动策略不仅会对一个国家的政治生活产生影响，同时还会涉及人们相互之间的社会交往秩序与独自的个人生活领域。

### 2. 中国宪法中的政教分离原则

对于中国的政教关系问题，《宪法》没有明确的条文表述。关于《宪法》是否包含政教分离的内容问题，不少宪法学者进行了研究并形成了相应的学术观点，如郭延军认为：《宪法》没有确立国教，而是规定了公民的宗教信仰自由，与其他政教分离的国家一样将宗教信仰划入公民的私事。《宪法》所确立的四项基本原则等指导思想和人民代表大会制度等政治制度也不允许有

---

① 参见杰瑞米·古宁：《政教关系模式》，载普世社会科学研究网，http：//www.pacilution.com/ShowArticle.asp?ArticleID=1480，2021年8月19日访问。

② 参见张践：《论政教关系的层次与类型》，载《宗教学研究》，2007年第2期。

神权存在的空间。因此，根据对《宪法》的上述解释，可以得到中国是一个政教分离的国家的结论。[①] 韩大元认为：宪法文本没有具体规定政教分离原则，但依据宪法原理与宗教信仰自由的本质，可以肯定宪法规定的宗教信仰自由实际上包括了政教分离原则。宗教信仰自由和政教分离原则是我国的基本宗教政策。政教分离原则是具有法律效力的一项宪法原则和原理，约束一切国家机关的活动。[②] 焦洪昌认为：鉴于中国为一个民主主义专政的社会主义国家，中国宪法既把依法治国、建设法治国家宣布为国家目标，又把国家尊重和保障人权宣示为国家价值；关于宗教信仰自由这项基本人权，历部宪法都将它看成公民自治权利和公民的个人私事来加以保护。尽管宪法没有明示实行政教分离，但从宪法文本或宪法精神可以推论或引申出政教分离意图来。童之伟认为：根据宪法对四项基本原则的确认和民主共和制、人民代表大会制度的一般原理，可以推定政教分离是我国宪法包含的一项原则。从世界的发展潮流看，从我国民主法制发展的要求看，政教分离原则是必须受到肯定的。[③] 由此可见，许多宪法学者持有基本相同的主张，即在宪法规范层面中国（应当）是一个政教分离的国家，或者《宪法》蕴含着政教分离的规范内容。

但同时，学界也存在不同的观点。有学者认为从宪法条文中并不能解释出政教分离的内容，如林来梵认为：中国的宗教历史不同于欧美国家的，在中国历史上宗教不甚发达，不存在严重的宗教冲突和宗教压迫，根本上缺少政教分离原则产生的土壤。此外，对于少数民族的宗教问题，政府允许、支持、参与宗教建设、宗教活动。因此，我们不可轻易断言宪法含有政教分离原则。[④] 另有学者认为：不管是关于制宪史的讨论，还是随后领导人的“阐释”，均在强调宗教远离政治、不得干涉政治，但至于政治是否应当远离宗教，为宗教留下自治的空间，则语焉不详，或轻描淡写。虽然在一些政治性文件或讲话中使用政教分离原则的表述，但仍然强调这种原则与西方意义上的政教分离原则有别，主要强调宗教远离政治、宗教不得干涉政治的内容。[⑤]

学界的不同观点为我们提供了分析政教分离问题的思路和参考，我们可“站在巨人的肩膀上”继续前行。回答《宪法》中是否存在政教分离以及如果存在政教分离程度如何等问题不仅需要对《宪法》第36条作出解释，更需要基于宪法文本作出整体的体系解释。（1）国家指导思想角度。《宪法》“序言”确立“马克思列宁主义、毛泽东思想、邓小平理论、‘三个代表’重要思想、科学发展观、习近平新时代中国特色社会主义思想”为国家的指导思想，各项指导思想的具体内容有所不同，但都秉持马克思主义的国家学说，都以历史唯物主义为基本的立场和方法，由此形成无神论的基本结论。因此，任何宗教教义都无法通过成为意识形态领域的指导思想来发挥作用。（2）基本政治制度角度。《宪法》第1条和第2条确立了人民民主专政的国体、人民代表大会制度的政体和“坚持中国共产党的领导”的基本原则。在此种政治体制下，政权的合法性无须特定的宗教教义来赋予，对中国共产党执政地位的合法性也绝对不会通过宗教教义来解释。由此，宗教影响政治生活最为根本的途径被完全堵塞。（3）政治意志形成角度。《宪法》“序言”

---

① 参见郭延军：《我国处理政教关系应秉持什么原则——从三亚观音圣像的建设和开光说起》，载《法学》，2005年第6期。

② 参见韩大元：《试论政教分离原则的宪法价值》，载《法学》，2005年第10期。

③ 详见童志伟：《地方政府投资宗教项目涉及的法律问题——〈三亚南山观音圣像建设与政教关系学术座谈会纪要〉》，载《法学》，2005年第11期。主流宪法学教材也持相同观点，详见《宪法学》教材编写组：《宪法学》，北京，高等教育出版社、人民出版社，2011，216～217页。

④ 参见林来梵：《宪法学讲义》，北京，清华大学出版社，2018，406页。

⑤ 参见李松峰：《试论我国宪法中的政教分离原则》，载普世社会科学研究网，http：//www.pacilution.com/ShowArticle.asp? ArticleID=5256，2021年8月21日访问。

确认，“中国人民掌握了国家的权力，成为国家的主人”；第 2 条确认国家的一切权力属于人民，人民以各级人民代表大会为行使国家权力的基本形式，并且人民还可以依照法律规定，通过各种途径和形式，管理国家事务，管理经济和文化事业，管理社会事务。在政治意志形成过程中，基于“坚持中国共产党的领导”的基本原则，中国共产党领导人民形成基本的政策主张，同时领导人民管理国家事务和社会公共事务。此种政治意志形成机制完全排除宗教团体对政治意志形成过程的建制性或系统性参与。只有通过宗教信徒个人以公民的身份依照宪法和法律行使政治权利的方式，宗教力量才能参与政治生活、影响政治决策。(4) 精神文明建设角度。《宪法》第 24 条第 2 款规定，“国家倡导社会主义核心价值观，提倡爱祖国、爱人民、爱劳动、爱科学、爱社会主义的公德，在人民中进行爱国主义、集体主义和国际主义、共产主义的教育，进行辩证唯物主义和历史唯物主义的教育，反对资本主义的、封建主义的和其他的腐朽思想”。在此项精神文明建设条款中，“提倡……爱科学……的公德”“在人民中进行……共产主义的教育，进行辩证唯物主义和历史唯物主义的教育”等内容与宗教信仰之间存在某种对立关系，是否将某些宗教思想纳入“反对资本主义的、封建主义的和其他的腐朽思想”也有待解释和认定。关于对立关系如何处理、腐朽思想的解释与认定等问题，宗教团体和信教公民可以发表自身的意见和建议，但最终的决策仍旧属于世俗政权的范围。(5) 宗教事务管理角度。《宪法》第 36 条第 3 款和第 4 款规定：国家保护正常的宗教活动。任何人不得利用宗教进行破坏社会秩序、损害公民身体健康、妨碍国家教育制度的活动。宗教团体和宗教事务不受外国势力的支配。据此，政府可以制定法律对“正常的宗教活动”、“利用宗教进行破坏社会秩序、损害公民身体健康、妨碍国家教育制度的活动”，以及国内宗教团体、信教公民与外国宗教、教徒的沟通和交流予以规制。目前，大量的法律、行政法规、地方性法规、规章包含宗教事务管理性质的内容，也存在不少专门为宗教事务所制定的行政法规、地方性法规、规章对宗教事务管理作出翔实的规定。依据此类性质的法律规范，各级政府及宗教事务管理部门可对宗教事务进行广泛的、深层次的管理。(6) 公民基本权利角度。《宪法》第 36 条第 1 款规定，公民有宗教信仰自由。该条第 2 款规定，任何国家机关、社会团体和个人不得强制公民信仰宗教或者不信仰宗教，不得歧视信仰宗教的公民和不信仰宗教的公民。对内心的信仰自由，宪法与法律无法限制，政府也无法干预。内心信仰之外的宗教行为自由、结社自由的行使可受到法律规范与政府的干预。信教公民与宗教有关的行为必须符合法律的规范，否则会因不合法而得不到国家的保护。

以上是在政教关系的形式层面，结合与西方国家宪法中的政教分离原则的比较，对中国宪法中的相关条文内容的分析，由此得出的结论是：《宪法》蕴含着一定程度的政教分离原则，但与西方国家宪法中的政教分离原则有所区别。就三亚观音圣像事件，许多学者都进行了深入的分析并得出了相应的结论，很多学者都认为相关地方政府、相关政府部门和相关政府官员积极推进、参与观音圣像的建设、开光，有违宪法蕴含的政教分离原则。但在论证过程中，有些学者将西方国家宪法中的政教分离原则的内容不加鉴别地直接移植过来用于分析，没有注意到中国宪法相关条文所蕴含的规范内容与西方国家宪法中的政教分离原则在内涵上的差异，这并不妥当。

**【延伸阅读】**

1. 林明民．从制宪原意看我国政教分离的宪法规范．湖南人文科技学院学报，2012 (5).

2. 宋尧玺．政教分离的比较视野：以近代法、德、美三国为中心．西部法学评论，2011 (1).

3. 陈丹．政府，你应当离“观音”有多远：三亚观音圣像建设事件之合宪性评述．法治研究，

2007 (7).

4. 韩大元．试论政教分离原则的宪法价值．法学，2005 (10).

## 第五节　人身自由

人身自由是指关于人的身体与精神层面的一系列权利，包括狭义的人身自由、住宅自由、通信自由与秘密、人格尊严。作为基本权利的人身自由，是对公民私人生活的自主地位的维护，是对公民私人生活的安宁、隐秘状态的保障，是对公民人格利益的保护。人身自由属于传统的消极权利，强调防御来自国家的非法侵害。此外，在各项权利中，人格尊严的内涵引发的争论较大：传统观点将人格尊严等同于民法中的姓名权、肖像权、名誉权等部分人格权，但部分学者主张为人格尊严条款添附新的规范内容，或将人格尊严扩充解释为一般人格权，或比照德国基本法中“人的尊严”条款予以解释。

本节结合人身自由的基本原理和制度规定，对“北雁云依”案、陕西省安康市汉滨区公开处理大会、人脸识别第一案等事例或案例进行分析和阐释。

### 事例一

### “北雁云依”案①

**【事例概况】**

2009 年 1 月 25 日，济南市民吕某与张某夫妇的女儿出生。因酷爱诗词歌赋和中国传统文化，吕某、张某夫妇二人决定给爱女起名为“北雁云依”，“北雁”是姓，“云依”是名；并以“北雁云依”为名办理新生儿出生证明和计划生育服务手册、新生儿落户备查登记。2009 年 2 月，吕某前往燕山派出所为女儿申请办理户口登记，被民警告知拟被登记人员的姓氏应当随父姓或者母姓，即姓“吕”或者“张”，否则不符合办理出生登记条件。因吕某坚持以“北雁云依”为姓名为女儿申请户口登记，燕山派出所遂依照《婚姻法》第 22 条之规定，于当日作出拒绝办理户口登记的具体行政行为。

吕某作为法定代理人，将燕山派出所诉至济南市历下区人民法院：根据《婚姻法》和《民法通则》关于姓名权的规定，请求法院判令确认燕山派出所拒绝以“北雁云依”为姓名办理户口登记的行为违法。

被告燕山派出所辩称：依据法律和上级文件的规定不按“北雁云依”进行户口登记的行为是正确的。《民法通则》规定公民享有姓名权，但没有作出具体规定。而 2009 年 12 月 23 日最高人民法院举行新闻发布会，在关于夫妻离异后子女更改姓氏问题的答复中称，《婚姻法》第 22 条是我国法律对子女姓氏问题作出的专门规定，该条规定子女可以随父姓，可以随母姓，没有规定可以随第三姓。② 行政机关应当依法行政，法律没有明确规定的行为，行政机关就不能实施，原告和行政机关都无权对法律作出扩大化解释。这就意味着子女只有随父姓或者随母姓两种选择。从另一个角度讲，法律确认姓名权是为了使公民能以文字符号即姓名明确区别于他人，实现自己的人格

---

① 参见最高人民法院指导性案例第 89 号。

② 《民法典》第 1015 条的规定有所变化，依该条，自然人可以在以下几种情况下在父姓和母姓之外选取姓氏：(1) 选取其他直系长辈血亲的姓氏；(2) 因由法定扶养人以外的人扶养而选取扶养人姓氏；(3) 有不违背公序良俗的其他正当理由。

和权利。姓名权和其他权利一样，受到法律的限制而不可滥用。新生婴儿随父姓、随母姓是中华民族的传统习俗，这种习俗标志着血缘关系，随父姓或者随母姓都可以表明血缘关系，可以在很大程度上避免近亲结婚，但是姓第三姓，则与这种传统习俗、姓的本意相违背。全国各地公安机关在执行《婚姻法》第22条关于子女姓氏的问题上，标准都是一致的，即子女应当随父姓或者随母姓。综上所述，拒绝原告法定代理人以“北雁云依”的姓名为原告申报户口登记的行为正确，恳请人民法院依法驳回原告的诉讼请求。

因案件涉及法律适用问题，需送请有权机关作出解释或者确认，法院裁定中止审理，并层报最高人民法院，由最高人民法院向全国人民代表大会常务委员会提出对《民法通则》第99条第1款关于“公民享有姓名权，有权决定、使用和依照规定改变自己的姓名”的规定和《婚姻法》第22条关于“子女可以随父姓，可以随母姓”的规定作法律解释，明确公民在父姓和母姓之外选取姓氏如何适用法律的请求。2014年11月1日，第十二届全国人民代表大会常务委员会第十一次会议通过了《全国人民代表大会常务委员会关于〈中华人民共和国民法通则〉第九十九条第一款、〈中华人民共和国婚姻法〉第二十二条的解释》。该解释规定：“公民依法享有姓名权。公民行使姓名权，还应当尊重社会公德，不得损害社会公共利益。”“公民原则上应当随父姓或者母姓。有下列情形之一的，可以在父姓和母姓之外选取姓氏：（一）选取其他直系长辈血亲的姓氏；（二）因由法定扶养人以外的人扶养而选取扶养人姓氏；（三）有不违反公序良俗的其他正当理由。”“少数民族公民的姓氏可以从本民族的文化传统和风俗习惯。”

中止事由消除后，法院于2015年4月21日恢复审理此案。济南市历下区人民法院根据全国人民代表大会常务委员会作出的立法解释认为：本案不存在选取其他直系长辈血亲姓氏或者选取法定扶养人以外的扶养人姓氏的情形，案件的焦点就在于原告法定代理人吕某提出的理由是否符合上述立法解释第2款第3项规定的“有不违反公序良俗的其他正当理由”。首先，从社会管理和发展的角度，子女承袭父母姓氏有利于提高社会管理效率，便于管理机关和其他社会成员对姓氏使用人的主要社会关系进行初步判断。倘若允许随意选取姓氏甚至恣意创造姓氏，则会增加社会管理成本，不利于社会和他人，不利于维护社会秩序和实现社会的良性管控，而且极易使社会管理出现混乱，增加社会管理的风险性和不确定性。其次，公民选取姓氏涉及公序良俗。在中华传统文化中，“姓名”中的“姓”，即姓氏，主要来源于客观上的承袭，系先祖所传，承载了对先祖的敬重、对家庭的热爱等，体现着血缘传承、伦理秩序和文化传统。而“名”则源于主观创造，为父母所授，承载了个人喜好、人格特征、长辈愿望等。公民对姓氏传承的重视和尊崇，不仅体现了血缘关系、亲属关系，更承载着丰富的文化传统、伦理观念、人文情怀，符合主流价值观念，是中华民族向心力、凝聚力的载体和镜像。公民原则上随父姓或者母姓，符合中华传统文化和伦理观念，符合绝大多数公民的意愿和实际做法。反之，如果任由公民仅凭个人意愿喜好，随意选取姓氏甚至自创姓氏，则会造成对文化传统和伦理观念的冲击，违背社会善良风俗和一般道德要求。再次，公民依法享有姓名权，公民行使姓名权属于民事活动，既应当依照《民法通则》第99条第1款和《婚姻法》第22条的规定，还应当遵守《民法通则》第7条的规定，即应当尊重社会公德，不得损害社会公共利益。通常情况下，在父姓和母姓之外选取姓氏的行为，主要存在于实际扶养关系发生变动、有利于未成年人身心健康、维护个人人格尊严等情形。本案中，原告“北雁云依”的父母自创“北雁”为姓氏、选取“北雁云依”为姓名给女儿办理户口登记的理由是“我女儿姓名‘北雁云依’四字，取自四首著名的中国古典诗词，寓意父母对女儿的美好祝愿”。仅凭个人喜好愿望并创设姓氏，具有明显的随意性，不符合上述立法解释第2款第3项规定的情形，不应获得支持。最终，济南市历下区人民法院判决驳回原告“北雁云依”要求确认被告燕山派出所拒绝以“北雁云依”为姓名办理户口登记行为违法的诉讼请求。

**【涉及的宪法问题】**

1. 人格尊严

宪法学界的普遍观点是人格尊严等同于人格权，如马克思主义理论研究和建设工程重点教材《宪法学》认为：所谓人格尊严是指与人身有密切联系的名誉、姓名、肖像等不容侵犯的权利。人格尊严在法律层面主要表现为人格权，它是公民参加社会活动时应具有的资格。从宪法和法律的规定看，人格尊严的基本内容包括姓名权、肖像权、名誉权、荣誉权和隐私权。

2. 姓名权

公民有权依法决定、使用、变更或者许可他人使用自己的姓名，但不得违背公序良俗。任何组织或个人不得以干涉、盗用、假冒等方式侵害他人姓名权。在姓氏问题上，公民应当随父姓或者母姓，但也可以选取其他直系长辈血亲的姓氏、扶养人的姓氏，或者有不违背公序良俗的正当理由而选取其他姓氏。

**【条文链接】**

**《中华人民共和国宪法》（2018 年修正）**

第三十八条　中华人民共和国公民的人格尊严不受侵犯。禁止用任何方法对公民进行侮辱、诽谤和诬告陷害。

**《中华人民共和国民法典》（2020 年）**

第九百九十条　人格权是民事主体享有的生命权、身体权、健康权、姓名权、名称权、肖像权、名誉权、荣誉权、隐私权等权利。

除前款规定的人格权外，自然人享有基于人身自由、人格尊严产生的其他人格权益。

第一千零一十二条　自然人享有姓名权，有权依法决定、使用、变更或者许可他人使用自己的姓名，但是不得违背公序良俗。

第一千零一十五条　自然人应当随父姓或者母姓，但是有下列情形之一的，可以在父姓和母姓之外选取姓氏：

（一）选取其他直系长辈血亲的姓氏；

（二）因由法定扶养人以外的人扶养而选取扶养人姓氏；

（三）有不违背公序良俗的其他正当理由。

少数民族自然人的姓氏可以遵从本民族的文化传统和风俗习惯。

**【事例评析】**

### （一）人格尊严的含义

《宪法》第 38 条规定：“中华人民共和国公民的人格尊严不受侵犯。禁止用任何方法对公民进行侮辱、诽谤和诬告陷害。”这是现行宪法总结惨痛历史教训并参考国外的经验所作出的一项规定。①

论及宪法中的人格尊严的基本含义，宪法学界的普遍观点是人格尊严等同于人格权，如马克

---

① 参见许崇德、胡锦光：《宪法学》，北京，中国人民大学出版社，2001，194 页。

思主义理论研究和建设工程重点教材《宪法学》认为：所谓人格尊严是指与人身有密切联系的名誉、姓名、肖像等不容侵犯的权利。人格尊严在法律层面主要表现为人格权，它是公民参加社会活动时应具有的资格。从宪法和法律的规定看，人格尊严的基本内容包括姓名权、肖像权、名誉权、荣誉权和隐私权。[①] 如何得出这样的结论？对此需要进行一番规范分析。

传统宪法学上的人格权概念区分为狭广两义。狭义的人格权指的是与个人的人格价值具有基本关联性的、不可侵犯的权利，主要包括名誉权、姓名权、肖像权和隐私权；广义的人格权则同时还包括构成人格本质的个人的生命、身体、精神，以及与个人的生活相关联的利益等其他内容。中国宪法中的人格尊严相当于狭义的人格权。[②] 究竟这种狭义的人格权所包括的具体内容如何，须从《宪法》第 38 条前后两句话的联系入手分析。第 38 条由两句话构成："中华人民共和国公民的人格尊严不受侵犯。""禁止用任何方法对公民进行侮辱、诽谤和诬告陷害。"这两句话之间存在直接勾连关系，可从后句的禁止性规定直接反向推演前句中"人格尊严"的内容。后句只是列举了特定的侵犯行为类型，即只是规定了"禁止用任何方法对公民进行侮辱、诽谤和诬告陷害"，由此，其所对应的应受保障之人格利益，也就主要限定于名誉权与荣誉权，在宽泛的意义上至多可延及姓名权、肖像权等人格权利。[③]

在普通法律层面，许多法律对公民的人格尊严都予以规定。《民法通则》第 101 条曾规定，公民、法人享有名誉权，公民的人格尊严受法律保护，禁止用侮辱、诽谤等方式损害公民、法人的名誉。《民法典》第 990 条第 2 款规定，自然人享有基于人身自由、人格尊严产生的其他人格权益。《刑法》第 246 条规定，以暴力或者其他方法公然侮辱他人或者捏造事实诽谤他人，情节严重的，处 3 年以下有期徒刑、拘役、管制或者剥夺政治权利。《刑事诉讼法》第 135 条第 3 款规定，侦查实验，禁止一切足以造成危险、侮辱人格或者有伤风化的行为。《监狱法》第 7 条第 1 款规定，罪犯的人格不受侮辱，其人身安全、合法财产和辩护、申诉、控告、检举以及其他未被依法剥夺或限制的权利不受侵犯。《治安管理处罚法》第 5 条第 2 款规定，实施治安管理处罚，应当公开、公正，尊重和保障人权，保护公民的人格尊严。《义务教育法》第 29 条第 2 款规定，教师应当尊重学生的人格，不得歧视学生，不得对学生实施体罚、变相体罚或者其他侮辱人格尊严的行为，不得侵犯学生合法权益。由此可见，通过宪法和法律对人格尊严的规定，我们构建起一个较为完善的人格尊严保障体系。

虽然人格尊严在宪法和普通法律中都有规定，但是宪法中的人格尊严与普通法律中的人格尊严在功能和救济方式等维度上存在本质的差异。作为私法的民法中的人格尊严是用来防御和对抗平等主体的侵害，而作为公法的宪法所规定的人格尊严是用来防御和对抗一切国家权力的侵害，其重点是防御和对抗立法权的侵害，行政法、刑法、诉讼法等其他公法也保障人格尊严，主要是防御和对抗行政权或司法权的侵害。私法上的人格尊严受到侵犯，一般通过民事诉讼方式获得救济；一般公法上的人格尊严受到侵犯，通过行政诉讼、刑事诉讼等方式得到救济；宪法上的人格尊严受到侵犯，只能通过合宪性审查、宪法诉讼的方式得到救济。[④]

---

① 详见《宪法学》编写组：《宪法学》，北京，高等教育出版社、人民出版社，2011，221～223 页。稍早一些的主流宪法学教材在分析此问题时，一般把人格尊严的基本内容限定为姓名权、肖像权、名誉权和荣誉权，不包括隐私权。详见魏定任、甘超英、付思明：《宪法学》，北京，北京大学出版社，2001，245～246 页；周叶中：《宪法学》，北京，高等教育出版社、北京大学出版社，2005，278 页。

② 参见许崇德、胡锦光：《宪法》，北京，中国人民大学出版社，2001，194 页。

③ 参见林来梵：《人的尊严与人格尊严——兼论中国宪法第 38 条的解释方案》，载《浙江社会科学》，2008 年第 3 期。

④ 参见上官丕亮：《论宪法上的人格尊严》，载《江苏社会科学》，2008 年第 2 期。

### （二）姓名权

姓名权具有公法和私法双重属性。在私法上，自然人享有姓名权，有权依法决定、使用、变更或者许可他人使用自己的姓名，但是不得违背公序良俗。如果有其他私法主体侵犯其对姓名的决定、使用、变更或许可他人使用，权利人有权寻求救济，要求侵权主体承担赔偿责任。在宪法上，公民享有人格尊严，姓名权是其重要的组成部分。姓名是个人社会化的符号，是将人个别化，从而表征和区分个人的文字标志。姓名作为个人社会化和个性化的一项重要标志，它自然成为个人人格的有机组成部分。致力于保障个人人格自由发展的现代宪法都无一例外地认可或赋予每个人选取、使用及变更其姓名的权利。[①]

#### 1. 姓名权的保护范围

姓名权不是作为一项独立的基本权利被规定在宪法中，而是作为人格尊严的一项内容间接被规定于宪法中，宪法中并没有姓名权的明确规定。因此只能结合《民法典》的相关规定和法律实践，总结分析姓名权的保护范围。

《民法典》第1012条规定，自然人享有姓名权，有权依法决定、使用、变更或者许可他人使用自己的姓名，但是不得违背公序良俗。姓名权的保护范围主要集中在姓名的决定（姓名的变更，按其性质而言，属于姓名的二次乃至多次决定，因此姓名的变更属于决定的范畴）和使用（许可他人使用属于使用的形式之一）两个方面。本部分主要从内容范围角度分析本案所涉及的姓名的决定问题，主要包括以下几个方面：（1）姓名由姓氏和名字组成，因此姓名的决定包括称姓和命名两项内容，以及由此衍生出来的两个问题："有姓有名"、"有姓无名"和"有名无姓"的选择和"姓＋名"或"名＋姓"的选择。（2）姓名所使用的语言与读音。（3）姓名的文字长度。（4）姓名变更的次数。

#### 2. 姓名权的限制与干预体系

姓名权的限制与干预包括宪法限制、法律干预、其他规范性文件的干预、法律和其他规范性文件适用中的干预等不同层面。

宪法限制，即宪法条文中对姓名权等基本权利内容的限制。第51条规定了公民行使基本权利的基本原则，是对基本权利的整体限制，姓名权作为基本权利的内容之一，自然也要受其限制。

法律干预，即国家立法机关在其制定的法律中对姓名权的限制。如《民法典》第1012条规定的决定、使用、变更或许可他人使用自己的姓名"不得违背公序良俗"，表明姓名权的行使受到公序良俗的整体限制；第1015条规定的"自然人应当随父姓或者母姓"是对姓氏选择范围的限制。

其他规范性文件的干预，即除法律之外的行政法规、地方性法规、部门规章、地方政府规章、司法解释、其他规范性文件等具有行为规范性质的干预，如1958年公安部《关于执行户口登记条例的初步意见》中"户口变动及户口登记事项的变更、更正登记"部分对姓名变更作出限制性规定。2018年3月上海市公安局《上海市常住户口管理规定》（2023年修改）第52～54条就出生登记中的姓氏选取、姓氏变更和名字变更作出限制性规定。

法律和其他规范性文件适用中的干预，即行政机关和司法机关在执行、适用法律或其他规

---

① 参见刘练军：《姓名登记规范研究》，载《法商研究》，2017年第3期。

范性文件过程之中实施的对姓名权的干预，如本案中，燕山派出所拒绝以“北雁云依”为姓名进行户籍登记，济南市历下区人民法院作出驳回原告“北雁云依”要求确认被告燕山派出所拒绝以“北雁云依”为姓名办理户口登记行为违法的诉讼请求的判决。

法律和其他规范性文件适用中的干预措施如果违反了法律、行政法规、地方性法规或其他合法有效的规范性文件，或者行政法规、地方性法规等其他规范性文件按照效力层级，如果违反了法律或上位法，即可被认定为违法，构成对公民姓名权的侵犯。法律、其他规范性文件、行政决定、司法裁判中对姓名权的干预措施如果违反宪法，则应被认定为违宪，构成对公民姓名权的侵犯。如果法律或其他规范性文件、行政决定、司法裁判中的姓名干预措施符合宪法规定，就构成对公民姓名权的合理限制。

### (三)《民法典》第 1015 条与济南市历下区法院判决的合宪性推演

按照前述对姓名权限制与干预体系的分析，本案所涉及的合宪性分析对象众多，本部分选取其中最为核心的部分即《民法典》第 1015 条（吸收全国人大常委会的立法解释而来）和济南市历下区人民法院判决的合宪性予以辨析和阐述。

2014 年 11 月 1 日，第十二届全国人大常委会第十一次会议通过《全国人民代表大会常务委员会关于〈中华人民共和国民法通则〉第九十九条第一款、〈中华人民共和国婚姻法〉第二十二条的解释》（以下简称《解释》）。根据《宪法》（2004 年）第 67 条和《立法法》（2000 年）第 42 条和第 47 条，全国人大常委会享有解释法律的权力，其法律解释同法律具有同等效力。《解释》就是法律解释权行使所得到的之结果，其与被解释的《民法通则》和《婚姻法》具有同等效力。《解释》强调：公民行使姓名权应当尊重社会公德，不得损害社会公共利益。在中华传统文化中，姓名中的“姓”即姓氏体现着血缘传承、伦理秩序和文化传统，所以公民选取姓氏涉及公序良俗（社会公德、社会公共利益），公序良俗构成对公民选取姓氏的限制，公民选取姓氏时原则上应当随父姓或者母姓。此项对姓氏范围的限制也非绝对，如果公民有不违反公序良俗的正当理由，也可以在父姓和母姓之外选择其他姓氏。《解释》在明确列举两类情形之后，考虑到社会实际情况的复杂性，也设计了“兜底”条款，即“有不违反公序良俗的其他正当理由”。《解释》将公序良俗作为限制公民姓名权的事由，虽然与《宪法》（2004 年）第 51 条公民行使自由和权利的原则条款中的“社会公共利益”用语不一致，但其精神实质并无不同。进入现代宪法时期后，宪法理论也始终强调公民基本权利和社会公共利益的协调与均衡，社会公共利益或公序良俗在宪法文本和宪法实践中都构成对公民基本权利的限制。《解释》将相关传统文化认定为公序良俗并无不当。公序良俗是公共秩序和善良风俗的合称及简称，此处笔者无意深究公序良俗的内容构成。《解释》有“公民原则上随父姓或者母姓符合中华传统文化和伦理观念，符合绝大多数公民的意愿和实际做法”的表述，言下之意即随父姓或母姓是长期相沿、积久而成的传统习俗，此种习俗在当下社会环境中也得到绝大多数公民的赞成和传承。因此随父姓或母姓的传统习俗可以被定性为一种善良风俗。

根据上述简要分析，可以作出《解释》并不违宪的结论。由于《解释》与宪法相一致，济南市历下区人民法院判决的合宪性问题就转换为其判决是否符合《解释》的合法性问题，换言之，济南市历下区人民法院对《解释》的解释与适用是否符合《解释》的立法原意。

本案的焦点问题，正如济南市历下区人民法院总结的，是原告法定代理人吕某提出的理由是否符合《解释》第 2 款第 3 项规定的“有不违反公序良俗的其他正当理由”。一个解释思路是，对这个短语进行语法上的解释，“正当”用来修饰和限定“理由”，“不违反公序良俗”用来修饰和限定“正当理由”，或者在“理由”之前有“正当”和“不违反公序良俗”两个修饰语，都发挥着对“理由”的限定作用。由此明确“正当”及“公序良俗”两个不确定法律概念的内涵和外延就成为关键的基础性问题，但要明确不确定法律概念的含义面临着极大的困难，同时又带有较强的主观性。另外一个解释思路是，无须明确“正当”和“公序良俗”的含义，“不违反公序良俗的正当理由”是一项兜底性条款，其适用情形应与明确列举出的情形大体相同。通过分析明确列举出的可以选取其他姓氏的情形，即可总结出“不违反公序良俗的正当理由”的范围。依《解释》，对其他直系长辈血亲的姓氏、法定扶养人之外的扶养人的姓氏都可以选用。这两种情形表明存在血缘关系或扶养关系是选取其他姓氏的不违背公序良俗的正当理由。其他正当理由应当和存在血缘关系或扶养关系的理由性质近似或程度相同。本案中原告的法定代理人提出的理由是“‘北雁云依’四字，取自四首著名的中国古典诗词，寓意父母对女儿的美好祝愿”，此项理由显然与存在血缘关系或扶养关系的理由相去甚远，是“仅凭个人喜好愿望并创设姓氏，具有明显的随意性”。

以上是笔者结合宪法与法律解释方法，在合宪性推定的立场上，对《解释》的合宪性以及济南市历下区人民法院判决的合法性的推演分析。但是，这种解释的方法与结论仍然面临不少质疑，如：人类社会发展至今，姓氏所捆绑的表明等级身份、规范婚配秩序等传统社会功能的物质条件、制度背景、价值理念都已经不复存在，姓氏和姓名更多的是公民个体社会化的符号，是彰显自我个性、自由发展人格的重要途径。依照当前的价值观念、社会条件和时代趋势，从古典诗词中汲取智慧创立新的姓氏，虽然有悖于多数人认同的传统习俗，但是否确实真不属于“有不违反公序良俗的正当理由”？再如：从立宪主义出发，宪法更加注重保障少数人的自由与权利，以防多数人利用其优势地位侵害少数人的正当利益。按照此种思路，多数人赞成随父姓或母姓，是否可以成为否定少数人自由选取其他姓氏或自创姓氏的依据和理由？

**【延伸阅读】**

1. 张宝山．起名可以任性吗？网名会受保护吗？．中国人大，2021（21）．

2. 宋天一，陈光斌．从“北雁云依”案看“姓名决定权”与社会公序的价值冲突：兼论公序良俗的规制．法律适用，2019（6）．

3. 王飞．论法律原则在行政诉讼中的适用：以“北雁云依”案为例．哈尔滨工业大学学报（社会科学版），2019（3）．

4. 杨铜铜．论不确定法律概念的体系解释：以“北雁云依案”为素材．法学，2018（6）．

5. 刘练军．姓名登记规范研究．法商研究，2017（3）．

**事例二**

## 陕西省安康市汉滨区公开处理大会①

**【事例概况】**

2010 年 7 月 18 日、7 月 24 日，陕西安康市遭受特大洪涝灾害。建设中的十天高速的汉滨区

① 根据新闻报道编写，详见《陕西汉滨“挂牌公处”事件续家属称被关才后悔》，载搜狐网，http：//news.sohu.com/20101116/n277650046.shtml；《陕西安康举行公捕大会称为展示严打成绩》，载搜狐网，http：//roll.sohu.com/20120601/n344623107.shtml；《安康公开处理 48 名犯罪嫌疑人》，载新浪网，http：//sx.sina.com.cn/news/baoliao/2012-06-01/31100.html，2021 年 8 月 3 日访问。

关家乡磨河村高架桥段爆发山洪灾害，洪水夹杂着来自高架桥建设工地的数吨废渣从0.5公里左右的上游河道倾泻而下，将磨河村的位于河道下游的11亩（0.73公顷，余同）水、旱田覆盖、毁坏。事后，这11亩田涉及的磨河村村民找到负责该工程段建设的“十天高速公路A-CD46标项目部”协商赔偿事宜。由于双方数次协商未能就赔偿数额达成一致意见，村民们便将高架桥一侧的村道封堵，致使施工材料无法被运进工地，以此促使赔偿款尽快到位。因赔偿问题进展缓慢，10月11日，数位村民再次堵路催赔，项目部承诺10月30日前将赔偿款兑付给村民。10月30日，在赔偿款未到的情况下，数位村民开始封堵用于运输施工材料的村道，致使所有施工车辆无法通行。10月31日，张滩派出所接到报警后派员出警，结果与堵路的村民发生冲突。汉滨区公安局《关于汉滨区社会治安突出问题严打整治工作的情况通报》中写道：10月31日上午10时，在疏通道路时，突然遭到王某坤等人袭击，致3名民警受伤……王某坤等人阻拦国家重点工程项目施工，公然袭警，暴力抗法……其行为已经触犯《中华人民共和国刑法》第277条之规定，涉嫌妨害公务罪。根据《中华人民共和国刑事诉讼法》第61条之规定，经汉滨公安分局决定，对犯罪嫌疑人王某坤等9人立案侦查并依法刑事拘留。11月2日，陕西省安康市汉滨区委、区政府召开公开处理大会，包括已被立案侦查并刑事拘留的9位磨河村村民在内的17名阻挠重点工程建设的人员被挂牌公处。据记者调查，安康区有三成以上的市民知道公开处理大会，但许多市民并不知道因为何事；有自称教师的市民反映，所在学校当时被要求组织学生到现场观看；据说现场当时有近千人观看公开处理大会。

2012年5月31日，陕西省安康市汉滨区再一次举行公开处理大会。本次公开处理大会由安康市汉滨区公安分局组织，称为展示“严打”成绩，维护社会稳定。记者拍摄的照片显示，被公开处理人员身穿看守所在押人员的蓝色服装和黄色马甲，胸前悬挂写有涉嫌罪名和姓名的标牌。每一位被公开处理人员都被两名警察抓住胳膊，在街道上步行。整个过程由武警持枪押送。在公开处理大会现场，悬挂“依法严厉打击犯罪活动”、“深入开展‘三打击’‘三整治’‘三防范’活动”等标语。被公开处理人员在大会主席台前排成一行。安康市公安局领导在大会主席台就座，周围有不少群众围观。

另一篇新闻报道显示，被公开处理人员包括“5·21”汉滨区谭坝镇杀人纵火案犯罪嫌疑人蒲某等48名刑事犯罪嫌疑人。

据了解，2012年4月1日至5月31日，汉滨区公安分局共破获各类刑事案件198起（其中侵财类案件140起）；刑事拘留110人，逮捕68人，起诉44人；强制戒毒20余人；摧毁抢劫、盗窃团伙11个，追回被盗摩托车86辆。

**【涉及的宪法问题】**

1. 人的尊严

在《世界人权宣言》等国际人权文件和德国基本法等一些国家的宪法中，存在“人的尊严”的概念。在国际人权文件和宪法中，人的尊严被视为整个人权体系和基本权利体系的统领、顶端或来源，具有极为重要的地位。人的尊严并不等同于人格权等普通法律中的权利，更多地要求国家权力不得将人视为实现某个目的的工具，而应将每个人视为自主、自决的独立个体。

2. 人格尊严的宪法释义学发展

借鉴国际人权文件和外国宪法中关于人的尊严的条文规定、实践适用和学理解释，许多中国学者对《宪法》第 38 条规定的人格尊严展开新的学理解释，意图创建新的人格尊严的保护范围、提升人格尊严条款的地位，甚至试图以人格尊严条款为核心构建新的基本权利体系。

**【条文链接】**

**《中华人民共和国宪法》（2018 年修正）**

第三十八条　中华人民共和国公民的人格尊严不受侵犯。禁止用任何方法对公民进行侮辱、诽谤和诬告陷害。

**【事例评析】**

按照中国传统人格尊严理论，对人格尊严的侵犯主要表现为对公民的姓名权、肖像权、名誉权、荣誉权、隐私权等人格权利的侵犯。在本案中，传统人格尊严理论的解释明显乏力，无法强有力地解释公开处理大会此种措施如何侵犯以及侵犯何种人格权利。此外，随着生物信息识别技术、基因编辑技术、人工智能技术等新的科学技术的发展和普及，许多新的社会问题产生，对人格尊严或人的尊严带来新的挑战，需要对传统人格尊严理论进行改造和更新。

1. 人的尊严①

人类对人的尊严的重视始于第二次世界大战。二战中法西斯对人权的野蛮践踏，激起人们对普遍人权的深切向往和强烈渴求。那些人所不忍忆及的残忍暴行致使人的尊严受到极大挑战，也刺激人们对战争和野蛮暴行的反思。人们发现，人的尊严才是至高无上的绝对价值，再没有什么比人的尊严更重要。由此，人的尊严在二战之后的国际人权文件和一些国家的宪法中开始凸显。1945 年《联合国宪章》在“前言”中确认“欲免后代再遭今代人类两度身历惨不堪言之战祸”，“重申基本人权，人格尊严与价值，以及男女与大小各国平等之信念”。1948 年《世界人权宣言》首句写道，“……对人类家庭所有成员的固有尊严及其平等的和不移的权利的承认，乃是世界自由、正义与和平的基础”。1966 年《经济、社会和文化权利国际公约》和《公民权利和政治权利国际公约》也在“序言”中“确认此种权利（公约规定的各项权利——引者注）源于天赋人格尊严”。无论是《世界人权宣言》，还是《经济、社会和文化权利国际公约》和《公民权利和政治权利国际公约》，如同 1993 年第三次世界人权大会通过的《维也纳宣言和行动纲领》在序言表述的那样，都确认“一切人权都源于人类固有的尊严和价值”。国际人权文件将人的尊严视为一切人权的来源，其他人权都源自人的尊严和价值。

2. 人格尊严的宪法解释学的发展

正如“北雁云依”案的评析所述，当下宪法学界的主流观念是对人格尊严的内涵与保护范围进行严格限定，对人格尊严的保障在于保护姓名权、肖像权、名誉权、荣誉权、隐私权等有限的数种具体人格权。对于陕西安康市汉滨区的公开处理大会而言，依照主流观点予以解释遇到一定的困难。在本案例中，被公开处理人员的姓名权、肖像权、名誉权、荣誉权、隐私权等具体人格权利均未受到明确的侵害，但显然这些被公开处理人员的人格受到贬损，被国家机关用作法

---

① 在汉语学术界中，学术研究或对国外理论翻译过程中，出现“人的尊严”、“人性尊严”、“人类尊严”等不同的词语用法。有学者认为，这只是不同的译法，没有本质区别。但若深究，这些用法背后的意蕴有很大的差异：人的尊严，是指生物学意义上的个体的人享有尊严；在人性尊严概念中，人性是判断能否享有尊严的前提条件；人类尊严，更多地强调人类整体的尊严。参见李累：《宪法上“人的尊严”》，载《中山大学学报（社会科学版）》，2002 年第 6 期；王锴：《论宪法上的一般人格权及其对民法的影响》，载《中国法学》，2017 年第 3 期；林来梵：《人的尊严与人格尊严：兼论中国宪法第 38 条的解释方案》，载《浙江社会科学》，2008 年第 3 期。

制宣传、法制教育的工具。

（1）部分学者通过与国际人权文件和外国宪法的比较主张为人格尊严条款增附新的规范内容。如有学者从国际人权文件的角度提出超越传统人格尊严理论的观点，认为人格尊严最起码的要求包括：人应该被视为人类大家庭的一员，而不能被视为别的东西或禽兽；凡是以人的身份在法律上所能享受的一切权利和地位，均不受剥夺或侵害；人不能被强制劳动，否则被强制者就将丧失行动自由，进而丧失人格尊严。人不能被当作奴隶使用，一个允许奴隶制存在的社会不能被称为一个保障人格尊严的社会；人不可以受到非人道的待遇或酷刑，即使因涉嫌犯罪而被拘禁或在服刑期间，也应根据国际人权文件的有关规定，享有合乎人性尊严的待遇。有学者认为中国宪法中的人格尊严缺少“对任何人均不得施以酷刑或残忍的、不人道的或侮辱性的待遇或惩罚”“未经本人自愿同意，不得对任何人做医学或科学试验”“所有被剥夺自由的人应受到人道及尊重其固有尊严的待遇”等内容。[①]

（2）部分学者主张将宪法中的人格尊严解释为一般人格权，从而扩大人格尊严条款的保护范围。如有学者认为：《宪法》第 38 条由前后两个句子组成。前后句之间存在双重关系：直接勾连关系和相对独立关系。如果按照直接勾连关系对第 38 条进行解释，得到的结论就是传统主流观点。如果按照相对独立关系进行解释，前句“中华人民共和国公民的人格尊严不受侵犯”，可以被理解为一个相对独立的规范性语句，表达类似“人的尊严”具有基础性价值这样的原理。后句“禁止用任何方法对公民进行侮辱、诽谤和诬告陷害”，与前句共同构成一个整体的规范性语句，结合成为一项个别性权利的保障条款，其所包含的具体范围大抵可确定在国际学术界所厘定的人格权的狭广两义之间，而在有关语义的关联结构中，前句中的“人格尊严”可被理解为宪法上的一般人格权。[②] 有些学者认为中国宪法中的“人格尊严”更类似于“一般人格权”；强调对未列举人格权的保护，对具体的内容应当通过司法实践进行填补。[③]

（3）部分学者主张将人格尊严条款比照德国基本法中的“人的尊严”条款进行解释，使之成为宪法的一项基本的价值原理或整个基本权利体系的价值基础。有学者认为：我国现行宪法文本上仅有“人格尊严”，而无德国基本法上的“人的尊严”、美国宪法上的“个人尊严”的概念或观念。尽管西方各国有关“人的尊严”或“个人尊严”有着种种不同的表述，中国现行宪法中的“人格尊严”，其实与诸种近似的用语在语义结构上也存在着某种相通之处，尤其是与德国基本法中的以人格主义为基础的“人的尊严”概念之间，存在着某种可互换的意义空间。基于对现行《宪法》第 38 条本身内部规范结构的规范分析，我们也可以对现行宪法中的人格尊严条款作出一种新的、更为合理的解释，从而实现其规范意义上的重构。《宪法》第 38 条第一句“中华人民共和国公民的人格尊严不受侵犯”，可被理解为一个相对独立的规范性语句，表达了类似于“人的尊严”这样的具有基础性价值的原理，作为我国宪法上基本权利体系的出发点，或基础性的宪法价值原理。[④] 有学者意图以人格尊严和平等权为基础，构建起全新的基本权利体系：在论述中国宪法规定的各项基本权利时，首先论述人格尊严和平等权，然后论述宗教信仰自由、人身自由、

---

① 参见上官丕亮：《论宪法上的人格尊严》，载《江苏社会科学》，2008 年第 2 期。

② 参见林来梵：《人的尊严与人格尊严——兼论中国宪法第 38 条的解释方案》，载《浙江社会科学》，2008 年第 3 期。

③ 参见王锴：《论宪法上的一般人格权及其对民法的影响》，载《中国法学》，2017 年第 3 期，102～121 页。

④ 参见林来梵：《人的尊严与人格尊严——兼论中国宪法第 38 条的解释方案》，载《浙江社会科学》，2008 年第 3 期。

通信自由，以及政治权利、社会经济权利和文化权利。[①]

学者的上述主张中，对照国际人权文件为人格尊严充实新的内容的观点具有一定的合理性和可行性，如“人不可以受到非人道的待遇或酷刑”是《禁止酷刑和其他残忍、不人道或有辱人格的待遇或处罚公约》的基本内容，此份公约经过 1986 年 12 月的签署和 1988 年 9 月全国人大的批准，于 1988 年 11 月开始在中国生效。该公约的内容已经在中国产生效力，即对相应的国家机关产生拘束力，将其内容融入宪法条文之中并无不可。将人格尊严解释为一般人格权的观点没有理论上的障碍，同时又具有极大的必要性。距离 1982 年修宪已经过去 40 余年，得益于中国经济社会的高速发展和取得的巨大成就，今天的社会状况与 40 余年前相比已是天壤之别，仍旧拘泥于人格尊严条款的修宪本意，也无法应对当下社会问题带来的巨大挑战。相较于前两种观点，第三种观点则有可商榷之处：从人的主体性和尊严的普遍性的角度出发，尊严只可能来自人而非人格，否则可能存在以某些人的人格欠缺为由否定其尊严的危险。同时，人格与尊严强调的问题是不同的：如果说人格或者人格主义旨在强调人的社会本质的话，尊严则恰恰是个人主义的，每个人都是他自身的目的；人格以人的理性和道德能力为前提，具有特殊主义的倾向，而尊严则是普遍主义的，尊严反映的是人与人之间本质上的平等。所以，如果将《宪法》第 38 条中的“人格尊严”解释为“人的尊严”，不仅有违文义，而且理论上也颇为牵强。当然，如果从人格尊严在我国宪法文本中的位置来看，它并非公民基本权利这一章的首要权利，它前面还有平等权、选举权和被选举权、言论出版集会游行示威自由、宗教信仰自由，甚至人身自由都位于其前。[②]

**【延伸阅读】**

1. 上官丕亮，薛洁．宪法上人格尊严与民法上人格尊严的相异与交互．湘潭大学学报（哲学社会科学版），2019（6）．

2. 白斌．宪法中的人格尊严规范及其体系地位．财经法学，2019（6）．

3. 李一凡．公判大会形式的理论缺陷分析．黑龙江省政法管理干部学院学报，2018（3）．

4. 扬凡．“公捕公判、游街示众”之痛．人民法院报，2010－08－04．

**事例三**

## 人脸识别第一案

**【事例概况】**

2019 年 4 月 27 日，郭某花费 1 360 元购买了杭州野生动物世界（以下简称动物园）的年卡，该卡有效期为 1 年，不限次数，但是入园时要同时验证卡和指纹信息。郭某留存了相关个人身份信息，拍摄了照片及录入了指纹。2019 年 10 月，动物园称年卡系统已升级为人脸识别入园，原指纹识别已被取消，即日起，未注册人脸识别的用户将无法正常入园，动物园也不会退钱。2019 年 10 月 28 日，郭某将动物园起诉至法院，要求动物园退还 1 360 元的卡费，并承担本案诉讼费。郭某认为：园区升级后的年卡系统进行人脸识别将收集他的面部特征等个人生物识别信息。该类信息属于个人敏感信息，一旦泄露、非法提供或者滥用将极易危害包括原告在内的消费者的人身和财产安全。根据《消费者权益保护法》第 29 条之规定，园区收集、使用原告个人信息，

---

① 参见饶志静：《基本权利的原理与运用》，上海，上海人民出版社，2012。

② 参见王锴：《论宪法上的一般人格权及其对民法的影响》，载《中国法学》，2017 年第 3 期，102～121 页。

应当遵循合法、正当、必要的原则，明示收集、使用信息的目的、方式和范围，并经原告同意；而且，被告收集、使用原告个人信息，应当公开其收集、使用规则，不得违反法律、法规的规定和双方的约定收集、使用信息。被告在未经原告同意的情况下，通过升级年卡系统强制收集原告的个人生物识别信息，严重违反了《消费者权益保护法》等法律的相关规定，损害了原告的合法权益。

该案由于涉及人脸等个人生物识别信息采集、使用等问题，受到舆论广泛关注，被称为“人脸识别第一案”。

2020 年 11 月 20 日，杭州市富阳区人民法院作出一审判决：动物园删除郭某办理年卡时提交的面部特征信息，赔偿郭某合同利益损失及交通费共计 1 038 元。驳回郭某提出的确认动物园店堂告示、短信通知中相关内容无效等其他诉讼请求。

郭某与动物园均表示不服，分别向杭州市中级人民法院提起上诉。

郭某认为：动物园指纹识别和人脸识别相关格式条款内容无效，是案件的重要诉求，“因为如果确认无效，可以迫使动物园作出某种程度上的让步，不再会要求我们年卡用户只能通过唯一的生物识别方式，作为唯一的入园方式”。

杭州市中级人民法院经审理认为：郭某在知悉动物园指纹识别店堂告示内容的情况下，自主作出办理年卡的决定并提供相关个人信息，该店堂告示对双方均具约束力，且不符合格式条款无效的法定情形；而人脸识别店堂告示并非双方的合同条款，对郭某不发生效力。动物园为游客游览提供了不同入园方式的选择，郭某知情同意后办理指纹年卡，其选择权未受到侵害。动物园亦不存在欺诈行为，但其单方变更入园方式构成违约，应承担违约责任。一审法院判决动物园赔偿郭某合同利益损失 678 元、交通费 360 元均属适当。动物园欲将其已收集的照片激活处理为人脸识别信息，超出事前收集目的，违反了正当性原则，故应当删除郭某办卡时提交的包括照片在内的面部特征信息。鉴于动物园停止使用指纹识别闸机，致使原约定的入园服务方式无法实现，动物园亦应当删除郭某的指纹识别信息。据此，杭州市中级人民法院在一审判决的基础上增判动物园删除郭某办理指纹年卡时提交的指纹识别信息。

**【涉及的宪法问题】**

人脸识别信息属于个人信息，其宪法归属可以是《宪法》第 38 条规定的人格尊严。在大数据时代，对人脸识别信息的侵权行为增多，侵权成本低，危害性大。近几年来《民法典》《个人信息保护法》基于完善个人信息权的保护和使用规则，对人脸识别信息的处理设定了“合法、正当、必要与诚信原则”。这其中不乏宪法的精神渗透。

**【条文链接】**

**《中华人民共和国宪法》（2018 年修正）**

第三十八条　中华人民共和国公民的人格尊严不受侵犯。禁止用任何方法对公民进行侮辱、诽谤和诬告陷害。

**《中华人民共和国民法典》（2020 年）**

第一百一十一条　自然人的个人信息受法律保护。任何组织或者个人需要获取他人个人信息的，应当依法取得并确保信息安全，不得非法收集、使用、加工、传输他人个人信息，不得非法买卖、提供或者公开他人个人信息。

第一千零三十四条　自然人的个人信息受法律保护。

个人信息是以电子或者其他方式记录的能够单独或者与其他信息结合识别特定自然人的各

种信息，包括自然人的姓名、出生日期、身份证件号码、生物识别信息、住址、电话号码、电子邮箱、健康信息、行踪信息等。

个人信息中的私密信息，适用有关隐私权的规定；没有规定的，适用有关个人信息保护的规定。

第一千零三十五条 处理个人信息的，应当遵循合法、正当、必要原则，不得过度处理，并符合下列条件：

（一）征得该自然人或者其监护人同意，但是法律、行政法规另有规定的除外；

（二）公开处理信息的规则；

（三）明示处理信息的目的、方式和范围；

（四）不违反法律、行政法规的规定和双方的约定。

个人信息的处理包括个人信息的收集、存储、使用、加工、传输、提供、公开等。

**《中华人民共和国个人信息保护法》（2021 年）**

第五条 处理个人信息应当遵循合法、正当、必要和诚信原则，不得通过误导、欺诈、胁迫等方式处理个人信息。

第六条 处理个人信息应当具有明确、合理的目的，并应当与处理目的直接相关，采取对个人权益影响最小的方式。

收集个人信息，应当限于实现处理目的的最小范围，不得过度收集个人信息。

第七条 处理个人信息应当遵循公开、透明原则，公开个人信息处理规则，明示处理的目的、方式和范围。

第四十四条 个人对其个人信息的处理享有知情权、决定权，有权限制或者拒绝他人对其个人信息进行处理；法律、行政法规另有规定的除外。

**《中华人民共和国消费者权益保护法》（2013 年修正）**

第二十九条（第一款） 经营者收集、使用消费者个人信息，应当遵循合法、正当、必要的原则，明示收集、使用信息的目的、方式和范围，并经消费者同意。经营者收集、使用消费者个人信息，应当公开其收集、使用规则，不得违反法律、法规的规定和双方的约定收集、使用信息。

**《中华人民共和国刑法》（2020 年修正）**

第二百五十三条之一 违反国家有关规定，向他人出售或者提供公民个人信息，情节严重的，处三年以下有期徒刑或者拘役，并处或者单处罚金；情节特别严重的，处三年以上七年以下有期徒刑，并处罚金。

违反国家有关规定，将在履行职责或者提供服务过程中获得的公民个人信息，出售或者提供给他人的，依照前款的规定从重处罚。

窃取或者以其他方法非法获取公民个人信息的，依照第一款的规定处罚。

单位犯前三款罪的，对单位判处罚金，并对其直接负责的主管人员和其他直接责任人员，依照各该款的规定处罚。

**《中华人民共和国网络安全法》**

第四十一条（第一款） 网络运营者收集、使用个人信息，应当遵循合法、正当、必要的原则，公开收集、使用规则，明示收集、使用信息的目的、方式和范围，并经被收集者同意。

**《杭州市物业管理条例》（2024 年修正）**

第五十条（第二款） 物业服务人不得强制业主、非业主使用人通过提供人脸、指纹等生物信息方式进入物业管理区域或使用共有部分，不得泄露在物业服务中获取的业主、非业主使用人的个人信息，不得强制业主、非业主使用人购买其提供或指定的商品或者服务，不得侵害业主、非业主使用人的人身、财产权利。

**《常见类型移动互联网应用程序必要个人信息范围规定》（2021年）**

第三条　本规定所称必要个人信息，是指保障App基本功能服务正常运行所必需的个人信息，缺少该信息App即无法实现基本功能服务。具体是指消费侧用户个人信息，不包括服务供给侧用户个人信息。

第四条　App不得因为用户不同意提供非必要个人信息，而拒绝用户使用其基本功能服务。

**【事例评析】**

近年来，随着网络技术的不断发展，人工智能技术、传感器技术以及大数据分析处理技术被运用于各种场景，尤其是人脸识别等新技术被快速推广和广泛使用于交通、治安、商业等各领域，比如刷脸考勤、刷脸支付、刷脸登录App、刷脸登车、刷脸进入小区等。人脸识别无疑会使生活更便捷、管理更高效，但与此同时，由于长期以来缺乏制度约束，数据的收集处理存在不规范，人脸识别存在极大风险。大量售楼部为了确认来访者身份和来访次数，安装了人脸识别系统，才会有“戴头盔进售楼部”这样令人啼笑皆非的事件。网络中还有仅用几元钱就可以非法交易大量的人脸信息用来诈骗等。据《人脸识别技术滥用行为报告》显示，在对权限设置进行检查的78款热门应用中，八成以上的应用装载了人脸识别功能，半数应用在启用人脸识别功能时不会征求用户的同意，更未设置单独的人脸收集协议。[①] 公众普遍产生“人脸焦虑”，急需人脸等方面法律制度的完善。

### （一）人脸识别技术涉及个人信息权

人脸识别（face recognition）是指将面部识别作为识别个人身份信息的新型技术，人脸信息属于一类个人信息。根据《民法典》和《个人信息保护法》，个人信息是以电子或者其他方式记录的，能够单独或者与其他信息结合识别特定自然人的各种信息，不包括匿名化处理后的信息，包括自然人的姓名、出生日期、身份证件号码、生物识别信息、住址、电话号码、电子邮箱、健康信息、行踪信息等。生物识别信息包括指纹、声纹、虹膜、人脸信息等“人体密码”。

相对于其他个人信息，生物识别信息具有专属性，是人无法改变的专属性生理特征，深度体现自然人的生理和行为特征，是人的最后防线。但同时人脸信息还有无须携带、易于采集、成本低廉等特点，因此，这类信息在数据存储、传输流程中存在严重的隐私侵权和安全受损风险，一旦被泄露或者非法使用，可能导致个人人身、财产安全受到永久性伤害和难以弥补的损失，更应谨慎处理和严格保护。

### （二）个人信息权的属性

不同的法律属性决定了不同的权利保障方式，因此需要厘清：个人信息权属于人格权还是财产权？属于民事权利还是宪法权利？

#### 1. 个人信息权属于人格权

个人信息权既体现个人的人格利益，也能够通过使用或转让而带来财产收益。因此在学界分

---

① 参见王莹：《“全民刷脸”时代：被“滥用”的人脸识别何时休?》，载《记者观察》，2021年第13期。

别产生了人格权说和财产权说。事实上，权利的类型划分具有相对性，二者并不相斥。某项权利可能同时具备人格权和财产权的属性，但划分时应当考察该权利的保障重心。比如姓名权可以基于允许他人使用姓名而产生财产利益，但并不能因此认为姓名权属于财产权。虽然个人信息能够带来财产收益，但权利主体要求保障个人信息权，主要目的并不是保护其中的财产收益，而是维护其中的人格利益。个人信息具有识别自然人的功能，可以被看作是一个人在网络世界的人格化。个人信息权的主要功能在于防止他人非法地处理个人信息，背后反映的是对个人人格尊严的保护，尤其是保护个人自主得知、控制信息的权利。其宪法依据是《宪法》第38条中的“人格尊严”。

2. 个人信息权兼具公法权利和民事权利属性

有学者将个人信息权认定为民事权利，而将《个人信息保护法》认定为《民法典》的特别法。对此，也有学者提出了不同意见。周汉华教授将个人信息权定位为一种具备公、私法整合特点的新型公法权利。他认为，民事责任机制无助于有效惩罚、威慑违法者，也无法对抗公权力部门，所以，“作为公法权利重要的意义还在于，信息主体不但可以对抗平等的民事主体，也可以对抗公权力部门，国家机关同样要尊重和保护个人的信息控制权。同时，对于公法权利，国家有义务建立有效的事前事中政府监管与行政执法制度，有效预防损害的发生，保护公民所享有的权利”①。王锡锌教授同样认为：由作为民事权利的个人信息权无法推导出对国家运用行政法、刑法等手段对个人信息的多重保护，国家对个人信息的保护“并非为了实现信息主体对个人信息的独占，也不是在协调作为平等民事主体的信息主体和信息处理者之关系……恰恰是因为信息主体和处理者之间高度不平等”，个人信息权益不仅具有民事权利属性，也具有公法权利属性，承认个人信息权益的公法权利属性，不仅不会膨胀公权，反而能限制公权。②

从公、私法的分野来说，私法权利与公法权利的分野在于分别指向不同的义务主体。在大数据时代，对公民个人数据进行搜集、处理、利用和传输的主体可能是经营者、运营商等民事主体，也可能是国家机关，分别可能形成私法关系和公法关系，前者受民法上人格权的保护，后者主要受宪法和行政法上人格尊严的保护。相对于民事主体，国家是公民个人信息的最大收集者、占有者和使用者，数字政府系统收集、存储和处理海量的公民个人信息，这些全面、真实、巨量的个人信息一旦遭到泄露或被滥用，不仅威胁个人的人身、财产和信息安全，也可能危害公共安全，甚至危及国家整体安全③，故国家同样有个人信息保护的义务。可见，个人信息兼具个体属性与公共属性。宪法基本权利框架为容纳个人信息权利提供了可能的限度，宜将个人信息权利理解为人格尊严项下的新型宪法权利。④

实际上，这并不意味着民事权利和宪法权利的绝对分立，随着宪法第三人效力逐渐被认可，“宪法上的人权、人格尊严、社会主义原则，是民法人格权保护的价值基础，也构成人格权条文解释的背景规范”，“民法人格权保障的勃兴都体现了公、私法之间打破壁垒走向融合的趋势”⑤。可见，二者是互相关联互相作用的，个人信息权也不是单向度的，而是体现为三层构造：第一，在宪法维度，基于侵害风险的不同类型，个人信息权益包含了以尊严为核心的基本权利所对应

① 周汉华：《个人信息保护的法律定位》，载《法商研究》，2020年第3期。
② 参见王锡锌、彭錞：《个人信息保护法律体系的宪法基础》，载《清华法学》，2021年第3期。
③ 参见喻文光：《数据安全是数字政府的生命线》，载《光明日报》，2021-06-12，第6版。
④ 参见洪丹娜：《个人信息权利在我国宪法权利体系中的定位》，载《法学杂志》，2024年第3期。
⑤ 张翔：《民法人格权规范的宪法意涵》，载《法制与社会发展》，2020年第4期。

的个人自治、生活安宁、公正对待、信息安全四类法益；第二，在民法维度，个人信息权益包含民法上的隐私、名誉等个人信息关联权益，主要对应的是个人信息处理导致的现实损害；第三，在行政法维度，个人在个人信息处理活动中的权利是国家主导构建的“法秩序”的构成要素，作为国家规制的产物由公共监管积极形塑与保障。①

### （三）个人信息处理的“合法、正当、必要与诚信原则”

个人信息的处理包括个人信息的收集、存储、使用、加工、传输、提供、公开、删除等。《个人信息保护法》第5条确定了“合法、正当、必要和诚信原则”。该原则的四项子原则所蕴含的制度价值彼此间相互关联，具有体系上的递进性、周延性：合法属于形式合法性范畴，是个人信息处理者处理个人信息时要遵守的最基本的要求，主要是指个人信息处理者应履行法律规定的强制性义务，如符合告知—同意的程序和方式、符合存储期限要求等。正当、必要与诚信属于实质合法性范畴，是对合法原则的补充，要求对个人信息的处理必须出于特定、明确、合理的目的，且在必要范围内运用造成最小损害的手段，采取必要措施最大限度保障个人信息安全。②

1. 合法原则

针对个人信息的基础性规范主要有《个人信息保护法》《民法典》《网络安全法》《数据安全法》。合法原则要求个人信息处理者在信息处理活动中履行法律设定的强制性义务。大多数国家和地区已普遍确立了个人信息处理的告知—同意机制，在我国《民法典》第1035条规定，处理个人信息应“征得该自然人或者其监护人同意，但是法律、行政法规另有规定的除外”。《个人信息保护法》第13条将“取得个人的同意”作为个人信息处理者处理个人信息的前提。告知—同意机制体现了对用户的意思自治和权利的尊重，可以防止个人信息滥用，满足很多情境下对个人信息处理的需求。然而，告知—同意的机制如果不受强制性义务的约束，极有可能流于形式，成为个人信息处理者披着意思自治和契约自由的外衣侵犯个人信息的借口。比如，网络空间中大量的服务协议或隐私政策繁复晦涩、避重就轻，不经过耐心的阅读无法发现其中隐含的有失偏颇的告知事项，而个人并没有协商余地。因此，为了弥补告知—同意机制的缺陷，应当设定强制性义务，例如：该个人同意应当由个人在充分知情的前提下自愿、明确作出；个人信息处理者在处理个人信息前，应当以显著方式、清晰易懂的语言真实、准确、完整地向个人告知相关事项；个人信息处理者有采取必要措施保障个人信息安全，指定个人信息保护负责人，对个人信息处理活动进行定期合规审计并进行事前风险评估，当发生个人信息泄露时及时采取补救措施等义务。

除此之外，告知—同意并不是信息处理的唯一途径，下列情形下无须以个人同意为前提：为订立、履行个人作为一方当事人的合同所必需，或者为按照依法制定的劳动规章制度和依法签订的集体合同实施人力资源管理所必需；为履行法定职责或者法定义务所必需；为应对突发公共卫生事件所必需，或者紧急情况下为保护自然人的生命健康和财产安全所必需；为公共利益实施新闻报道、舆论监督等行为，在合理的范围内处理个人信息；依法在合理的范围内处理个人自行公开或者其他已经合法公开的个人信息；法律、行政法规规定的其他情形。③作这种要求，旨在平衡个人信息与他人利益、公共利益，是法律为个人信息权利人设定的义务，但其适用范围

---

① 参见王锡锌：《个人信息权益的三层构造及保护机制》，载《现代法学》，2021年第5期。

② 参见刘权：《论个人信息处理的合法、正当、必要原则》，载《法学家》，2021年第5期。

③ 参见《个人信息保护法》第13条。

也不应泛化，以防止对个人信息的不法侵害。在公权力机关作为个人信息处理者的情形下，公权力行使更应严格遵循“法无授权不可为”的理念。

2. 正当、必要和诚信原则

众所周知，基于社会生活的高度复杂，法律无法穷尽涉及个人信息处理的所有情形，要么有所遗漏需要填补，要么规定模糊需要解释。例如《个人信息保护法》规定，为公共利益实施新闻报道、舆论监督等行为，在合理的范围内处理个人信息，不需取得个人同意。如何理解这其中的“合理的范围”？法律是无法周延的，需要结合具体情境来进行判断，于是就需要通过“正当、必要、诚信”原则在合法的基础上进行目的与手段的合理性评价，其中：“正当原则”要求个人信息处理的行为是基于正当目的，是为了保障他人权益和公共利益，而非出于损害他人权益、破坏公共秩序等不正当目的；“必要原则”要求个人信息处理措施有助于该目的的实现，且是对该个人信息损害最小、最温和的手段，处理的个人信息应当限于满足处理目的的最小范围之内；“诚信原则”要求个人信息处理者尊重个人的合理信赖，在保有基本善意的基础上优先保护个人信息权益。这三个原则对个人信息处理者的要求呈逻辑上的递进式上升趋势，与“比例原则”的“目的正当性、适当性、必要性、狭义比例原则”四阶模式几乎是一致的，可以认为是“比例原则在私法中的体现”①。

### （四）本案分析

本案中，郭某的指纹和面部特征信息均属于生物识别信息，是敏感的个人信息，是关涉个人价值的重要权利。动物园通过合同收集此类信息时应当履行告知义务。对于指纹信息而言，郭某在知悉动物园指纹识别店堂告示的内容和合同条款的情况下，自主作出办理年卡的决定并提供相关个人信息，该店堂告示对双方均具约束力，存在合法的告知—同意过程；而对于人脸信息而言，仅有的店堂告示并非双方的合同条款，对郭某不发生效力，动物园无权将已收集的郭某照片激活处理为人脸识别信息。因此，动物园的行为超出了事前收集目的，违反了正当、必要、诚信原则，故动物园应当删除郭某在办卡时提交的包括照片在内的人脸信息。

**【延伸阅读】**

1. 王锡锌．个人信息权益的三层构造及保护机制．现代法学，2021（5）.
2. 刘权．论个人信息处理的合法、正当、必要原则．法学家，2021（5）.
3. 王锡锌．个人信息国家保护义务及展开．中国法学，2021（1）.
4. 蒋舸．个人信息保护法立法模式的选择：以德国经验为视角．法律科学，2011（2）.
5. 张翔．民法人格权规范的宪法意涵．法制与社会发展，2020（4）.

## 第六节　社会经济权利

社会经济权利是公民在社会经济领域享有的系列权利，包括财产权、劳动权、休息权、社会保障权和获得物质帮助权，其核心功能是保护公民生存和生活的物质条件。在社会经济权利中，财产权属于传统的消极权利，其功能主要在于防御国家的不法侵害；劳动权、休息权、社会保障权和获得物质帮助权则属于积极权利，是社会正义价值原则的体现，它们要求国家采取积极而

---

① 刘权：《论个人信息处理的合法、正当、必要原则》，载《法学家》，2021年第5期。

适度的干预方式，为公民享有并实现基本权利提供充分的物质条件，特别是对社会弱势群体或阶层的正当权益给予特殊保护。

本节结合社会经济权利的基本原理与制度规定，对北京 APEC 会议期间车辆单双号限行事例进行分析和阐释。

**事例**

## 北京 APEC 会议期间车辆单双号限行

**【事例概况】**

2014 年 10 月 9 日，北京市政府发布了《关于 2014 年亚太经济合作组织会议期间对本市机动车采取临时交通管理措施的通告》。通告指出：11 月 3 日至 11 月 12 日 APEC 会议期间，本市各级党政机关和本市所属的社会团体、事业单位和国有企业的机动车全天停驶 70%。通告显示，每天 3 时至 24 时，本市核发号牌机动车在本市行政区域内道路按车牌尾号实行单号单日、双号双日行驶（单号为 1、3、5、7、9，双号为 2、4、6、8、0），“二〇〇二”式号牌机动车按双号管理。同时，本市暂停实施尾号轮换限行措施。①

2014 年 11 月 26 日，北京市常务副市长李士祥在人民日报社举办的“京津冀协同发展论坛”上透露，北京市将对单双号限行常态化意见进行论证。李士祥表示：“APEC 蓝”的收获给我们带来许多有益的启示，必须加快转变经济发展方式，坚持大气污染治理的区域联防联控，持之以恒保护环境，推进产业协同发展，加快体制机制创新。②

一石激起千层浪，北京有可能单双号限行常态化的消息，引发了学者的争议。中国政法大学教授刘莘认为，该措施缺乏法律依据。北京大学教授沈岿认为，该措施属于“重大决策”，应当按照重大决策的程序规定作出，经过公众参与、专家论证、风险评估、合法性审查、集体讨论决定的法定程序。清华大学教授余凌云认为，该措施应该遵循行政法上的比例原则，选择对人民侵害最小的方式进行。③

**【涉及的宪法问题】**

究竟单双号限行常态化是不是北京治污、治堵的必要手段和最佳办法？长期实施单双号限行是否会带来其他新的交通问题？单双号限行常态化政策究竟是否可行？这些问题曾经引起宪法学界的广泛热议。下文就其中的宪法问题（主要是与财产权有关的问题）进行简单梳理。

**【条文链接】**

**《中华人民共和国宪法》（2018 年修正）**

第十三条　公民的合法的私有财产不受侵犯。

国家依照法律规定保护公民的私有财产权和继承权。

国家为了公共利益的需要，可以依照法律规定对公民的私有财产实行征收或者征用并给予

---

① 参见《北京 11 月 3 日－12 日限行细则：单日单号双日双号行驶》，载人民网，https：//auto.people.com.cn/n/2014/1010/c1005-25805019.html。

② 参见《北京市将论证单双号限行常态化意见》，载中国政府网，https：//www.gov.cn/xinwen/2014-11/26/content_2783726.htm。

③ 参见《北京单双号限行常态化合法性存疑专家：须程序正义》，载人民网，http：//politics.people.com.cn/n/2014/1128/c70731-26109600.html。

补偿。

**《中华人民共和国道路交通安全法》（2021 年修正）**

第三十九条 公安机关交通管理部门根据道路和交通流量的具体情况，可以对机动车、非机动车、行人采取疏导、限制通行、禁止通行等措施。遇有大型群众性活动、大范围施工等情况，需要采取限制交通的措施，或者作出与公众的道路交通活动直接有关的决定，应当提前向社会公告。

**【事例评析】**

1. 单双号限行措施的合法性问题

单双号限行措施的法律依据主要是《道路交通安全法》（2007 年）第 39 条，根据该条规定，公安机关交通管理部门可以对机动车采取限制通行、禁止通行等措施。虽然相关行政管理部门和部分学者根据该条规定阐释得出公安机关交通管理部门可以采取单双号限行措施的结论，但是针对单双号限行措施的临时性和长期性问题，相关法律或立法解释并没有明确规定，学界认同的也只是公安机关交通管理部门可以采取临时性单双号限行措施。

首先，《道路交通安全法》第 39 条允许“限制通行、禁止通行”的前提是“根据道路和交通流量的具体情况”，突出的是基于“变化”现况的“应急”处理，体现的也是“临时性”特征。因为道路和交通流量的具体情况是动态浮动的，交通管理部门也应该采取相对应的不同的管理措施。如果交通管理部门采取一成不变的措施来应对随时发生变化的道路交通状况，一则是不科学，违反了基本的道路运行管理原则；二则是低效率，影响了交通运力的有效使用。从这个角度出发也可以得出交通管理部门只是可以采取临时性的而不是常态化的单双号限行措施的结论。

其次，根据法律位阶原则的要求，如果位阶较高的规范性文件已事先将一项法律事务纳入其调整范围，制定了相应的调整规范，那么位阶较低的规范性文件必须对高位阶规范性文件表示服从，即使需要进一步作出相应的规定，也不能与高位阶规范性文件的相关规定相抵触，更不能相违背。《道路交通安全法》明确要求采取“限制通行、禁止通行”措施要“根据道路和交通流量的具体情况”，那么公安机关交通管理部门采取单双号限行措施必须要根据道路和交通流量的具体情况。一方面，公安机关交通管理部门在采取单双号限行措施前必须调查道路和交通流量的具体情况，并论证单双号限行措施的有效性；另一方面，公安机关交通管理部门要根据道路和交通流量具体情况对单双号限行措施的具体内容进行调整，不能机械地一用了之、有始无终。

根据《大气污染防治法》的规定，人民政府应当“采取措施”使大气环境质量达到规定标准。然而，针对人民政府可以采取哪些措施，该法并未规定，亦无立法解释。行政法上的法律保留原则，要求行政主体的行政行为必须有法律的授权，若法律规定了行政主体可以作出相关的行政行为，那么行政主体便被赋予了相关行政权力，而且必须按照法律规定的程序行使权力。若法律没有授权行政主体作出相关行政行为，那么行政主体就必须注意不能突破行政权力的界线。法律保留原则的贯彻使行政权处于立法权的控制下，保证行政权按照立法权的立法意图行使。这保证了行政机关的行政行为获得了民意基础，也就获得了正当性，从而为其行政行为获得理解与服从提供了前提条件。《大气污染防治法》的立法本意，应是通过提升大气环境质量，保护公众赖以生存的外在环境，提升公众的生活质量，所以立法的着力点在于公众的福祉。如果寄希望于通过折损一部分公众的福利来提升全体公众的福利，通过折损公众的一部分福利来提升公众的全部福利，无疑是南辕北辙。采取临时性的单双号限行措施来提升大气环境质量，暂且不论其效果如何，至少对公众来说是可忍受的，但是欲实现其常态化，对广大的机动车所有人来说，则预示着其财产福利的大减损，这与单双号限行措施欲提升公众福利的本意背道而驰，必然遭到公众的抵制。

2. 财产权的社会义务与征用问题

机动车所有人对其车辆享有财产所有权，使用权是财产所有权的权能之一。正如权利的行使有其边界一样，机动车所有人使用车辆亦有其限制，而存在种种限制的最为正当的理由及目的，便是社会公共利益的实现。这种财产权为了社会公共利益的实现而受到束缚的状态，根据限制程度以及受限制的财产权利人的普遍程度，可以分为财产权的社会义务与征用。私有财产不可避免地具有一定程度的社会关联性，当这种社会关联性较强时，私有财产的使用必须兼顾公共福利。换句话说，当个人在使用私有财产时，需要其他人进行相关配合，或者个人使用私有财产需要对他人的权利行使造成一定负面影响的时候，个人使用私有财产就要受到一定的约束，承担相应义务。这被称为社会义务。私人汽车上路行驶，不仅需要使用公共道路，而且排放汽车尾气造成大气污染，故其社会关联性较强，于是使用私人汽车意味着一定社会义务的承担。征用，则是针对财产权的严重限制。征用是指国家取得私有财产的使用权，这时个人对私有财产的使用权受严重限制甚至被剥夺。财产权的社会义务是针对不特定多数人所作的轻微权利限制，征用则是针对特殊对象的财产权所作的严重限制。因为财产权的社会义务之受限制权利人的普遍性和受限制的轻微性，故而不需要公权力给予补偿，一般情况下社会大众亦不期待得到补偿。至于征用，因其属于对权利人的差别对待，且严重限制其权利，故权利人期待得到合理补偿，公权力也应满足这种期待

3. 信息公开问题

行政机关主动公开或者经公民申请公开相关政府信息和决策信息，是现代法治政府的普遍要求。政府信息公开客观上提升了公民参与行政决策的程度。只有更多地知悉行政机关的相关决策信息，才能在一定程度了解的基础上参与行政机关的管理、决策等。了解、知悉是公民参与行政管理的有效性的保证，尤其对于事关公民个人直接利益的事项，充分地了解相关行政信息，可以有效促进公民对自身合法权益的保护。《政府信息公开条例》对政府信息公开范围作出了明确规定，需要行政机关主动公开的政府信息主要分为两类：一类是涉及公民、法人或者其他组织切身利益的，另一类是需要社会公众广泛知晓或者参与的。单双号限行措施本质上是对公民财产权的处置，限制了公民对车辆的完全使用权，故而涉及公民的切身利益。另外，单双号限行措施涉及利益群体广泛，其顺畅运行需要广大车主事先了解、知悉，需要他们参与配合，所以它也是需要社会公众广泛知晓并且参与的。综上，单双号限行措施在政府信息公开范围之列，需要相关行政机关主动公开。

单双号限行措施的公开内容应该包括与单双号限行措施有关的客观信息、决策过程和决策理由。客观信息是单双号限行措施的客观性事实，包括作为单双号限行措施决策依据的社会现实情况、已有的相关法律规范、措施的具体内容等。决策过程主要指单双号限行措施决策作出的程序，包括意见听取程序、论证程序和决定程序等。决策理由，顾名思义，是指单双号限行措施决策作出的理由，包括最终决策的逻辑推演、价值分析等。决策理由是公开内容最重要的部分，它使措施获得公众理解，为措施的施行增添了润滑剂，提高了公众的主动服从愿望。

4. 民主的广泛性问题

民主的广泛性必然要求一项决策有广泛的民意基础，而从决策的科学性角度考虑，一项决策需要听取各方面意见、考虑所有情形。这不仅要求广泛地听取民意，还要求听取专家学者的专

业意见，兼听则明。公民参与决策是民主决策的必然要求，公民发表意见的舞台可以是论证会、听证会等。行政机关在考虑要不要作出采取单双号限行措施的决策之前，要给予相关利益各方一定时间进行利益表达和博弈，利益各方都要通过各种证据、事实、法律依据、理由，甚至感情来支持自己的利益诉求。利益各方肯定有利益冲突甚至对立的地方，在采取单双号限行措施的考量下，支持该措施的群体大体要求顺畅的道路交通和更加有益身体健康的空气质量——当然不排除部分支持者的额外要求是对自己不能完全行使财产使用权进行合理补偿；反对该措施的群体大体要求自由且充分地行使对自己财产的使用权。这两种基本诉求都有其正当性，所以单双号限行措施是一个不那么容易拍板定案的决策，它需要决策者充分听取利益各方的意见，对各方的正当利益进行取舍，并妥善地处理好平衡各方利益的问题。通过听证会等形式听取意见，不仅是正当程序的要求，更是决策民主性的要求，避免行政机关闭门造车：通过听取专家意见，增强决策的科学性；通过事先考虑、论证政策的可行性，以排除成本高昂的措施内容这样的方式间接地降低了政策运行的成本。通过这样一系列的程序后，政策的背景、目的被广泛了解，政策背后的利益需求得到广泛而深刻的交流，所有这些都对最终落地的政策的实际运行提供了润滑剂。

**【延伸阅读】**

1. 张翔．机动车限行、财产权限制与比例原则．法学，2015（2）.
2. 林鸿潮，栗燕杰．“尾号限行”，权从何来．中国改革，2008（12）.
3. 李松锋．“机动车限行令”的合宪性分析．厦门大学法律评论，2011（1）.

## 第七节　文化教育权利

文化教育权利是公民在文化教育领域享有的系列权利，包括受教育权和文化活动自由。受教育权的核心内容是按照能力接受教育。接受教育是公民获得生存和发展能力的基本方式，是公民人格形成和发展的基本途径，是创造社会价值、推动国家与社会发展的基本条件。文化活动自由主要包括科学研究的自由、文学艺术创作的自由和进行其他文化活动的自由，既具有防御国家非法干涉的消极自由的性质，也包含请求国家提供文化活动设施、对文化活动进行保障和保护等积极权利的内容。

本节结合文化教育权利的基本原理与制度规定，对董某斌诉国家广电总局案、“孟母堂”事件等事例或案例进行分析和阐释。

**事例一**

**董某斌诉国家广电总局案①**

**【事例概况】**

2007年11月9日，中国政法大学的法学博士研究生董某斌在北京××国际影城花费50元观看了电影《色・戒》。《色・戒》是由著名华人导演李安执导，由梁朝伟、汤唯、王力宏、陈冲主

① 根据相关新闻报道编写，详见《法学博士生状告广电总局》，载网易网，https：//www.163.com/news/article/3TB2C3Q6000120GU.html；《色・戒》影片介绍详见百度网，https：//baike.baidu.com/item/%E8%89%B2%C2%B7%E6%88%92/25462?fromtitle=%E8%89%B2%E6%88%92&fromid=12624048&fr=aladdin，2021年7月26日访问。

演的剧情片，于2007年11月1日在中国上映。电影改编自作家张爱玲的同名短篇小说，以20世纪40年代抗日战争时期的上海为背景，讲述女大学生王佳芝利用美色接近汉奸易先生意图行刺，王佳芝成功勾引易先生并准备下手时，却发现自己已动真情，于是通风报信，让易先生逃过一劫，易先生却决定将他们赶尽杀绝的故事。

董某斌在接受采访时表示，"看完后大失所望，与张爱玲的原著相比，公演的《色・戒》结构不完整、女主角的心理刻画情节缺失，令观众难以理解这部电影的真正艺术魅力"。他也认为：完整版的《色・戒》在世界不同国家和地区放映以来，广受赞誉。作为电影产品的消费者，中国观众并不缺少判断力和欣赏水平，有公平消费的权利。而作为电影放映方，××国际影城应提供完整的电影让消费者观赏。董某斌还对电影放映和审查制度提出意见："对电影情节进行判断的资格，应主要属于消费者，至少属于成年消费者，而不是放映方，而且广电部门应尽快推出电影分级制度，完善国内的电影播放监管制度。"

11月13日，董某斌委托律师向北京市西城区人民法院递交了起诉书。他在起诉书中称：××国际影城侵犯了观众的公平交易权和知情权，国家广电总局未建立电影分级制违反社会公共利益。要求两者向自己道歉，赔偿500元精神损害费，并放映完整版的《色・戒》，供包括自己在内的成年消费者观看。

对于董某斌的诉讼，××国际影城工作人员表示："这跟我们电影院没关系。全国各地放映的都是这个删节版，我们也想给大家放映完整版的电影。删不删节，是国家广电总局决定的。"北京市西城区人民法院收到董某斌的起诉材料后，进行了初步审查，认为董某斌还需提供没有删节的《色・戒》电影版本作为证据。

**【涉及的宪法问题】**

1. 文化活动自由

公民的文化活动包括科学研究、文学艺术创作和其他文化活动。无论是科学研究，还是文学艺术创作，都是从研究者、创作者等作者的角度进行界定的。其他文化活动则侧重于从科学研究成果的使用者、文学艺术作品的欣赏者等的角度进行界定，主要包括公民使用科研成果、欣赏文艺作品、利用文化设施等具体内容。

2. 基本权利与基本制度的交互

文化活动自由并不是一个孤立的宪法条文，它与《宪法》第20条科学事业条款、第22条文化事业条款和第24条精神文明建设条款的关系极为密切，形成一种复杂的基本权利与基本制度的交互关系。文化活动自由可以被视为科学事业条款和文化事业条款的延伸，科学事业条款和文化事业条款为文化活动自由提供制度性保障，同时精神文明建设条款为文化活动自由设置边界和限制。

**【条文链接】**

**《中华人民共和国宪法》（2018年修正）**

第四十七条　中华人民共和国公民有进行科学研究、文学艺术创作和其他文化活动的自由。国家对于从事教育、科学、技术、文学、艺术和其他文化事业的公民的有益于人民的创造性工作，给以鼓励和帮助。

**《中华人民共和国电影产业促进法》（2016年）**

第四条　国家坚持以人民为中心的创作导向，坚持百花齐放、百家争鸣的方针，尊重和保障电影创作自由，倡导电影创作贴近实际、贴近生活、贴近群众，鼓励创作思想性、艺术性、观赏性相统一的优秀电影。

第十六条　电影不得含有下列内容：

（一）违反宪法确定的基本原则，煽动抗拒或者破坏宪法、法律、行政法规实施；

（二）危害国家统一、主权和领土完整，泄露国家秘密，危害国家安全，损害国家尊严、荣誉和利益，宣扬恐怖主义、极端主义；

（三）诋毁民族优秀文化传统，煽动民族仇恨、民族歧视，侵害民族风俗习惯，歪曲民族历史或者民族历史人物，伤害民族感情，破坏民族团结；

（四）煽动破坏国家宗教政策，宣扬邪教、迷信；

（五）危害社会公德，扰乱社会秩序，破坏社会稳定，宣扬淫秽、赌博、吸毒，渲染暴力、恐怖，教唆犯罪或者传授犯罪方法；

（六）侵害未成年人合法权益或者损害未成年人身心健康；

（七）侮辱、诽谤他人或者散布他人隐私，侵害他人合法权益；

（八）法律、行政法规禁止的其他内容。

第十七条　法人、其他组织应当将其摄制完成的电影送国务院电影主管部门或者省、自治区、直辖市人民政府电影主管部门审查。

国务院电影主管部门或者省、自治区、直辖市人民政府电影主管部门应当自受理申请之日起三十日内作出审查决定。对符合本法规定的，准予公映，颁发电影公映许可证，并予以公布；对不符合本法规定的，不准予公映，书面通知申请人并说明理由。

国务院电影主管部门应当根据本法制定完善电影审查的具体标准和程序，并向社会公布。制定完善电影审查的具体标准应当向社会公开征求意见，并组织专家进行论证。

**【事例评析】**

文化活动自由（又称文化权利）是人权中的“不发达部门”，所谓“不发达”，是指相对于其他种类的人权，比如公民权利、政治权利、经济和社会权利而言，文化权利在范围、法律内涵和可执行性上最不成熟。[①] 国内宪法学界对文化活动自由的研究状况也大体如此，对文化活动自由的相关理论、制度与实践问题的研究亟待加强。

1. 文化活动自由

对基本权利的解释必须从宪法文本出发。《宪法》第47条规定：中华人民共和国公民有进行科学研究、文学艺术创作和其他文化活动的自由。国家对于从事教育、科学、技术、文学、艺术和其他文化事业的公民的有益于人民的创造性工作，给以鼓励和帮助。此条共有两句话：第一句主要涉及文化活动自由的内容、范围和类型，第二句是对国家“鼓励和帮助”特定义务的规定。

第一句中的文化活动包括科学研究、文学艺术创作、其他文化活动三项内容，但这并非依照统一标准的、严格意义上的逻辑分类。依据文化活动性质的标准，文化活动可以分为创造型文化活动与享受型文化活动。可以依经济活动的供给与需求来区分创造型文化活动和享受型文化活动，前者带来文化产品的供给，后者提供文化产品的需求。创造型文化活动包括科学研究、文学艺术创作、其他领域和形式的文化创造活动。享受型文化活动主要是指对现有文化产品、文化设

---

① 转引自王月明：《论公民文化生活的自由——对广电总局相关“禁令”的宪法学思考》，中国法学会宪法学研究会2008年年会论文。

施、文化活动的使用、参与、消费和享受。不同类型的文化活动指向具有不同内容的文化活动自由。文化活动自由并不是内容单一的基本权利，而是若干具体权利的集合，它包括科学研究自由（学术自由）、文学艺术创作自由（艺术自由）、其他文化活动自由等创造型文化活动自由，也包括享受型文化活动自由。此外，从权利性质的角度来看，文化活动自由也不是属性单一的基本权利，而是同时具有消极自由和积极权利的性质。依据文化活动自由条款，公民可以防御国家对其学术自由或艺术自由的非法干涉，也可以主张国家对其“有益于人民”的文化创造活动的“鼓励和帮助”。

第二句规定了国家“鼓励和帮助”的特定义务。此项特定义务指向教育、科学、技术、文学、艺术等文化事业中的“创造性工作”，即创造型文化活动，并不包括享受型文化活动。此项特定业务以“有益于人民”为条件：并非所有的创造型文化活动都可以得到国家的“鼓励和帮助”，只有“有益于人民”的创造型文化活动方可主张国家的“鼓励和帮助”。尤其需要注意的是，“有益于人民”只是获得国家“鼓励和帮助”的前提，而非认定某项活动是否属于宪法规定的文化活动的必要条件。

本案较为完整地体现出文化活动自由中不同类型的内容。电影是一种艺术形式，对于电影的导演、编剧、演员、摄影、配乐等创作人员与制片方而言，《色·戒》是其行使创作型文化活动自由（艺术自由）的结果。影院等文化场所虽然具有营利性质，其设立与运营的行为也具有其他创作型文化活动自由的性质。观影者利用影院的设施、设备观看电影的行为，具有享受型文化活动自由的属性。就电影行业而言，政府设立基金对一些符合条件的电影项目进行资助体现出国家对文化活动的“鼓励和帮助”的特定义务。

此外，需要注意一个非常重要的理论和制度问题。在《宪法》文本中，享受型文化活动自由被笼统地涵盖在“其他文化活动自由”之内，其位阶与科学研究自由、文学艺术创作自由相去甚远。当前在宪法学文化活动自由领域，学术自由和艺术自由等创造型文化活动自由是学者关注的重点，享受型文化活动自由却极少引人关注。此种制度与学术状况，和相关国际人权文件的规范与精神存在不小的差别。1948 年《世界人权宣言》第 27 条规定：“（一）人人有权自由参加社会的文化生活，享受艺术，并分享科学进步及其产生的福利。（二）人人对由于他所创作的任何科学、文学或美术作品而产生的精神和物质的利益，有享受保护的权利。”此条内容也被 1966 年《经济、社会和文化权利国际公约》所吸收，其第 15 条规定：“本盟约缔约国确认人人有权：（子）参加文化生活；（丑）享受科学进步及应用之惠；（寅）对其本人之任何科学、文学或艺术作品所获得之精神与物质利益，享受保护之惠。”“本盟约缔约国为求实现此种权利而采取之步骤，应包括保存、发展及传播科学与文化所必要之办法。”“本盟约缔约国承允尊重科学研究及创造活动所不可缺少之自由。”在国际人权文件中，享受型文化活动自由，即“参加社会的文化生活”“享受艺术”“分享科学进步及其产生的福利”，在文化权利中占据首要地位，创作型文化活动自由位居其后。此种排列顺序首先表明享受型文化活动自由遵循平等原则，防止在科学技术、文学艺术等领域的等级和歧视倾向；同时也表明享受型文化活动自由享有不低于创造型文化活动自由的位阶。

2. 基本权利与基本制度的交互

任何一部宪法都不是数量不等的、毫无关联的条文的堆砌，而是一个各部分之间密切联系的整体。在我国，《宪法》由“序言”、“总纲”、“公民的基本权利和义务”、“国家机构”和“国旗、国歌、国徽、首都”组成，各部分都是《宪法》的有机组成部分。对于公民基本权利与国家权力等宪法的核心内容，都不能与其他部分割裂开来而孤立对待。就公民基本权利而言，必须与总纲、国家机构等章节相结合，才能完整地界定其轮廓、确定其内容、明晰其机理。本部分内容以文化活动自由为例，解析公民的基本权利（《宪法》第二章）与国家基本制度（《宪法》第一章）之间的交互关系。

有学者认为，思想和良心自由（我国现行宪法没有规定）、表达自由、宗教信仰自由、文化活动自由等都属于精神自由的范畴。[①] 这种学理观点当然具有其合理性。无论是创造型文化活动，还是享受型文化活动，都与人的精神世界密切相关：创造型文化活动是人的精神创造或者人的精神世界的外化，享受型文化活动也是人的精神层面的活动并且对人的精神世界产生重要影响。所以，文化活动自由与《宪法》“序言”中的“精神文明”，以及《宪法》第19条规定的教育事业、第20条规定的科学事业、第22条规定的文化事业、第23条规定的知识分子队伍、第24条规定的精神文明建设有着极为密切的联系，其中，第20条、第22条和第24条与文化活动自由直接关联。因此下述内容将讨论的核心聚焦于这些条款与第47条规定的文化活动自由的交互关系。

有学者经过对新中国制宪史的回顾，认为制宪者对《宪法》“总纲”的性质和功能进行了积极定位：不仅发挥总纲的巩固和确认功能，而且充分重视“总纲”的指引和导向功能。制宪者在《宪法》中设定了“总纲”和基本权利的“交互模式”，其中一种“交互”关系就是“总纲”为基本权利的实现提供制度性保障，建立起与基本权利相配套的制度体系。[②]《宪法》第20条规定，“国家发展自然科学和社会科学事业，普及科学和技术知识，奖励科学研究成果和技术发明创造”。第22条第1款规定，“国家发展为人民服务、为社会主义服务的文学艺术事业、新闻广播电视事业、出版发行事业、图书馆博物馆文化馆和其他文化事业，开展群众性的文化活动”。显而易见，第20条和第22条分别与公民的科学研究自由和文学艺术创作自由在内容上保持一致。在基本权利层面，赋予公民科学研究自由和文学艺术创作自由是国家发展科学事业和文化事业必要的组成部分，公民若无相应的权利与自由从事科学研究和文学艺术创作，科学事业与文化事业必然无法得到发展。在国家义务层面，第20条规定的“奖励科学研究成果和技术发明创造”构成第47条规定的国家对符合条件的文化活动的“鼓励和帮助”的特定内容。基于内容一致性与对应关系，科学事业条款和文化事业条款为公民的科学研究自由和文学艺术创作自由提供了制度性保障，这种制度性保障体现在：(1) 消极保障。科学事业条款和文化事业条款的存在能够防止普通立法整体废弃公民科学研究和文学艺术创作的自由，或预防对公民科学研究和文学艺术创作的自由的实质性侵害。(2) 积极保障。科学事业条款和文化事业条款作为一种国策性条款，表明国家在此领域的目标或义务，为国家机关的相应活动提供指引和导向，如立法机关要制定保护知识产权的法律，行政机关须严厉打击侵犯知识产权的违法行为，司法机关也要通过裁判活动保护诉讼当事人的知识产权，从而营造保护知识产权的法律环境与社会氛围，鼓励、激励公民积极从事科学研究和文学艺术创作。

除了为公民的基本权利提供制度性保障的功能，《宪法》“总纲”中的一些条款可能构成对公民基本权利的限制。如前所述，文化活动自由具有精神自由的性质，虽然精神自由在某种程度上具有绝对权利的性质，但包括宪法在内的法律只能规范人外在的行为，而不能约束内在的精神。

---

① 参见林来梵：《宪法学讲义》，北京，清华大学出版社，2018，395页。

② 参见王理万：《制度性权利：论宪法总纲与基本权利的交互模式》，载《浙江社会科学》，2019年第1期，32～40页。

一旦内在的精神外化为行为，宪法和法律必将发挥其规范的功能，对外化的行为进行约束。《宪法》第24条规定，“国家通过普及理想教育、道德教育、文化教育、纪律和法制教育，通过在城乡不同范围的群众中制定和执行各种守则、公约，加强社会主义精神文明的建设”。“国家倡导社会主义核心价值观，提倡爱祖国、爱人民、爱劳动、爱科学、爱社会主义的公德，在人民中进行爱国主义、集体主义和国际主义、共产主义的教育，进行辩证唯物主义和历史唯物主义的教育，反对资本主义的、封建主义的和其他的腐朽思想。”此即精神文明建设条款，它对于人民的意识形态、价值观念、社会公德等及其实现路径都有明确规定，由此构成文化活动自由的边界与限制。如根据《宪法》第24条关于“反对资本主义的、封建主义的和其他的腐朽思想”的规定，不得制作鼓吹含有“男尊女卑”内容的文学艺术作品；根据关于“国家倡导社会主义核心价值观”等的规定，学者也不得发表拥护“君主专制”的学术文章。精神文明建设条款还会通过法律具体化，如《电影产业促进法》对电影中不得含有的内容予以明确列举，同时设置相应的审查制度以保障宪法和法律中相关条文内容的贯彻和落实。

综上所述，基于《宪法》“总纲”与“公民的基本权利和义务”的交互关系，文化活动自由可以被视为“总纲”中的科学事业条款、文化事业条款的延伸，科学事业条款和文化事业条款为文化活动自由提供制度性保障；同时，“总纲”中的精神文明建设条款为文化活动自由设置了明确的界限。

**【延伸阅读】**

1. 黄明涛．宪法上的文化权及其限制：对“文化家长主义”的一种反思．浙江社会科学，2015（12）.

2. 张慰．艺术自由的文化与规范面向：中国宪法第47条体系解释的基础．政治与法律，2014（6）.

3. 屠凯．论文化权利与表达自由的界分．法商研究，2020（5）.

**事例二**

## “孟母堂”事件[①]

**【事例概况】**

2004年9月，全日制私塾“孟母堂”在上海松江开设，其教学内容是：语文以读经为主，如《易经》、《道德经》、《论语》等中国古代传统典籍；英文则从《仲夏夜之梦》起步；数学由外聘老师根据读经教育的观念，重组教材，编排数理课程；体育课以瑜伽、太极之类修身养性的运动为主。

2006年7月17日，上海市松江区教育局下发告知单，指出：“孟母堂”属非法教育机构，从事的是非法教育活动，应立即停止非法行为。24日，上海市教委发言人阐述了三大理由：学堂未经教育行政部门审批，未获得办学许可；“读经教育”与义务教育多学科、全面发展的要求不相符，违反了《义务教育法》的多项规定；未经物价部门审核，擅自收取高额学费。而家长未按规定把适龄子女送到经国家批准的教育机构接受义务教育，也属违法行为。

然而，“孟母堂”负责人则声称：孟母堂并没有违反《义务教育法》。教育行政部门的告知书和公开发言无法律依据。准备通过行政诉讼和民事诉讼分别起诉上海市松江区教育局和上海市

① 参见李丽：《我们的宪法权利就在身边——2006年度中国十大宪法事例》，载《中国青年报》，2007-01-06。

教委，通过法律手段维护其合法权利。

**【涉及的宪法问题】**

1. 受教育权的性质

关于受教育权的性质，宪法学界众说纷纭，其中学习权说具有深厚的理论基础与合理性，正在成为主流观点。受教育权兼具自由权和社会权双重属性，同时包括积极权利的内容和消极自由的内容。受教育权中的教育平等是极为重要的理论、制度和实践问题。

2. 受教育的形式

《义务教育法》将义务教育限定在学校教育的形式之内。国家应当尊重公民在教育形式上的适当选择自由，修订立法，丰富义务教育的实施形式。

3. 受教育的内容

关于受教育内容的决定权归属问题，存在国民教育权说和国家教育权说两种观点。以立宪主义为基础的国民教育权说显然不符合中国宪法和法律的制度实际，但国家对教育事务的全方位干预也不能满足教育事务的实际需要，受教育内容决定权应当在国家、社会、公民层面合理配置。

**【条文链接】**

**《中华人民共和国宪法》（2018 年修正）**

第四十六条　中华人民共和国公民有受教育的权利和义务。

国家培养青年、少年、儿童在品德、智力、体质等方面全面发展。

**《中华人民共和国义务教育法》（2018 年修正）**

第十一条　凡年满六周岁的儿童，其父母或者其他法定监护人应当送其入学接受并完成义务教育；条件不具备的地区的儿童，可以推迟到七周岁。

适龄儿童、少年因身体状况需要延缓入学或者休学的，其父母或者其他法定监护人应当提出申请，由当地乡镇人民政府或者县级人民政府教育行政部门批准。

**【事例评析】**

本事件入选当年中国宪法十大事例，引起新闻媒体和社会公众的热烈讨论，宪法学界不少学者以宪法基本权利等为切入点予以理论阐述，本部分主要从宪法理论角度分析本事件所折射出的受教育权的性质、受教育的形式、受教育的内容等三个问题。

（一）受教育权的性质

有学者通过文献研究，总结出关于受教育权性质的不同学说——“公民权说”、“生存权说”、“社会权说”、“自由权说”、“综合权利说”、“发展权说”、“文化教育权利说”和“学习权说”，并在对其他学术观点批驳的基础上论证“学习权说”的合理性。[①] “学习权说”认为：受教育权是个人发展所需的主动权利，是个人为自身积极生存创造幸福而享有的权利。每一个公民为了自己的成长，成为立足于社会、国家的个人或市民，为了形成健全的人格，完成自我成就的实现，追求人生幸福等，享有受教育权这一与生俱来的权利。[②]

---

① 参见马岭：《对受教育权性质的评析》，载《中国青年政治学院学报》，2009 年第 4 期，91～96 页。

② 参见胡锦光、任端平：《受教育权的宪法学思考》，载郑贤君：《公民受教育权的法律保护》，北京，人民法院出版社，2004，107～108 页。

“学习权说”将受教育权定义为一种学习权，将受教育视为学习之一种。1985年，联合国教科文组织发布《学习权宣言》，指出：学习是人类为了追求自我的生存发展而与生俱备的本能，应与生命、财产、自由等基本人权列为同等重要。所谓学习权，包括读与写的权利、持续疑问与深入思考的权利、想象与创造的权利、阅读自己本身的世界而编纂其历史的权利、使个人与集体力量发达的权利、获得一些教育方法的权利。由此观之，学习权是以个人为主体，通过适当的学习情境、学习活动和所获教育方法，进行思考、想象和创造，充分挖掘自身潜能并使自己不断强大的一种基本权利。通过与学习权的比较可以发现，受教育从其本性上说主要是一种学习，作为一种行为，受教育的行为和学习的行为在本质上是相同的，受教育不是学习的手段，而是学习本身，故受教育权就是一种学习的权利。当然，宽泛意义上的学习可以等同于个人的整个成长过程，涵盖个人生活及社会活动的方方面面。与此不同，法律意义上的学习应当是一种完成相应学业的对文化知识或某种技能的系统学习。

此外，对受教育权的理解和界定有狭广两义。狭义受教育权，仅指“接受教育的权利”，英文表述为“the right to be educated”或“the right to receive an education”，其核心内容是公民有要求国家提供教育机会与设施并不得侵犯受教育选择自由的权利。广义受教育权，是《世界人权宣言》、《经济、社会和文化权利国际公约》、《儿童权利公约》等国际人权文件的官方中文版本对“the right to education”的通用译法①，其含义非常广泛，如《经济、社会和文化权利国际公约》第13条将学校制度、奖学金制度、教育人员物质条件，以及父母或法定监护人的教育选择自由、个人或团体设立及管理教育机构的自由等内容均纳入受教育权范围之内。前述以学习权为基础与核心的受教育权，与狭义受教育权在理论基础、实现途径等方面并不相符，它更接近广义受教育权，是一种与法律意义上的学习（或教育）有关的权利与自由。可见，受教育权兼具自由权和社会权的双重属性，或言之，受教育权同时包含着消极自由的内容和积极权利的内容。

在国际人权文件中，受教育权具有积极权利的性质，要求国家积极作为，为协助个人的人格自由发展而维持和发展一套学校系统。主要国际人权文件将个人的受教育规定为初等教育、中等教育、职业技术教育、高等教育和基础教育五个层次，每个层次上的受教育权的内容有共同点，如都要求国家提供的各级各类教育具备可获得性、可进入性、可接受性和可适应性的特征以满足个人进入学校接受教育的需要。每个层次上的受教育权也有各自的特殊内容，如初等教育中“义务”和“免费”是核心内容，中等教育应“普遍设立”、“对一切人开放”和“逐渐做到免费”，高等教育根据能力平等获得，等等。同时受教育权也具有消极自由属性，要求国家尊重个人享有的教育自由，不得加以侵害。主要国际人权文件直接确认两项教育自由。其一是选择教育的自由。监护人有确保其子女所受的宗教和道德教育与自身的信仰一致的自由，以及由此带来的选择非公立学校的自由。其二是设立教育机构的自由。每个人均有设立和管理各类教育机构的自由，当然，这些教育机构须符合教育的目的并满足政府制定或批准的最低教育标准。② 与上述国际人权文件中的相关内容基本一致，中国相关的法律对《宪法》第46条即公民受教育权条款予以具体详尽的规定，如《义务教育法》对义务教育（国际标准中的基础教育或初等教育、初级中等教育）的规定，《民办教育促进法》对设立教育机构的规定，等等。由此，公民受教育权既包含义务教育的免费、高等教育根据能力平等获得等积极权利的内容，同时也包括公民在公

① 参见申素平：《受教育权的理论内涵与现实边界》，载《中国高教研究》，2008年第4期，13～16页。

② 参见申素平：《受教育权国际标准研究——基于国际标准确立文件的分析》，载《清华大学教育研究》，2007年第5期，99～104页。

立学校和私立学校之间选择的自由、设立教育机构的自由等消极自由的内容。

## （二）受教育的形式：义务教育当是何种形式

受教育不仅仅是公民的一项权利，同时也是公民的一项义务。我国宪法的条文表述极为简约：公民有受教育的权利和义务。此处虽然将受教育表述为“权利和义务”，但受教育的权利与受教育的义务相互之间具有独立性，受教育权的内涵与受教育义务的内涵应当有所不同。本部分着重讨论受教育义务中教育的形式问题。

受教育义务是何种义务？根据国际人权文件和国内教育制度，受教育义务显然是指接受义务教育阶段的教育（可简称为义务教育）的义务。义务教育具有普遍性和强制性，即所有适龄儿童应当一律接受义务教育，并且以国家强制力量为后盾保障所有适龄儿童接受义务教育。此外，义务教育还具有无偿性，是一种应当由国家提供的免费教育。接受义务教育作为受教育义务的内容，在理论和制度层面当无疑义，现实世界里争议聚焦在义务教育的形式上。义务教育形式在本事件中有着经典的体现。当前现实生活中，义务教育主要存在两种形式：学校教育和在家教育。前者又可细分为公立学校教育和私立学校教育。[①] 在家教育，亦称在家上学，是指以家庭为主要教育场所，通常由父母或家庭教师组织开展的教育活动，包括父母自行教授、小规模私塾学堂、微型学校规模等多种形式。[②] 在家教育是与包括公立学校和经教育行政部门许可设立的私立学校在内的学校教育相对应的教育形式，其主要特点是教育的针对性、灵活性较强。上海“孟母堂”即可被理解为一种在家教育的形式。

在《义务教育法》中，在家教育的形式并未被立法机关认可。2006 年修订后的《义务教育法》第 14 条规定：“禁止用人单位招用应当接受义务教育的适龄儿童、少年。”“根据国家有关规定经批准招收适龄儿童、少年进行文艺、体育等专业训练的社会组织，应当保证所招收的适龄儿童、少年接受义务教育；自行实施义务教育的，应当经县级人民政府教育行政部门批准”。有学者将“自行实施义务教育的，应当经县级人民政府教育行政部门批准”的内容视为特别规定，认为“法律对自行实施义务教育开了个口子，这意味着只要能够切实保证适龄儿童以合理之学习过程接受符合规定的义务教育，并达到相应学业标准，则在家学习亦是可为的实践模式”[③]。此种解释显然不符合法律条文的原意。第 14 条分为两款：第 1 款规定禁止用人单位招用应当接受义务教育的适龄儿童、少年。这是对适龄儿童、少年受教育权的保护，更是在履行保障适龄儿童接受义务教育的国家义务。第 2 款用分号隔开。前半句是与第 1 款对应的特别规定，只有根据国

---

① 现实生活中还包括以出国留学的方式接受教育。不同于以往在高等教育阶段出国留学，近些年来出国留学正在逐步“低龄化”，中小学生中出国留学的人数急剧增加，2017 年出国读高中及以下的学生占所有出国留学学生的 36%，而在 2013 年这一数字还不到 23%。详见《赴美留学：“低龄化”的热潮与困境》，载澎湃网，https://www.thepaper.cn/newsDetail_forward_4012155，2021 年 8 月 24 日访问。

② 在 20 世纪 70 年代初美国诞生了“在家上学”教育模式，逐步建立起与之相匹配的社会认可度、社区支持和资源共享体系等。“在家上学”成为美国官方认可的四类学校类型中的一类（其余三类为公立学校、私立学校、教会学校）。美国学生在家上学者占到 3%～4%，2012 年美国教育部的统计是 177 万人，而相关的民间组织的统计是 204 万人。在中国，民办非营利机构 21 世纪教育研究院课题组 2017 年 2 月 24 日发布的对现今中国“在家上学”的调查结果显示，截至 2016 年 2 月，中国有约 6 000 人实践了“在家上学”，全国约 5 万名家长有意尝试这一教育模式。详见《“在家上学”被教育部叫停 6000 名孩子何去何从?》，载搜狐网，http://news.sohu.com/20170225/n481687982.shtml，2021 年 8 月 24 日访问。

③ 首都教育政策与法律研究院院长劳凯声在首都师范大学家庭教育研究中心第二届学术论坛（主题为“家庭教育学科建设——大学的责任”）上的报告。详见《在家上学的合法吗?“在家上学”现象的背后……》，载搜狐网，https://www.sohu.com/a/219350795_100928，2021 年 8 月 24 日访问。

家有关规定经批准后，社会组织才可招收适龄儿童、少年进行文艺、体育等专业训练，并且要保证所招收的适龄儿童、少年接受义务教育。后半句中的“自行实施义务教育的”表述，在语句表达上省略了主语，被省略的主语是前半句中的“社会组织”。因此，第2款后半句的完整意思是招收适龄儿童、少年的“社会组织”可以自行实施义务教育来保障适龄儿童、少年接受义务教育，绝不是适龄儿童、少年的“父母或其他监护人”自行实施义务教育。换言之，此处经批准自行实施义务教育的社会组织可以被理解为一种“特殊的学校”。可见，在家学习意义上的自行实施义务教育在法律层面从未合法化。2017年2月，教育部办公厅发布《关于做好2017年义务教育招生入学工作的通知》（教基一厅〔2017〕1号），其中规定，“义务教育是国家统一实施的所有适龄儿童、少年必须接受的教育，适龄儿童、少年的父母或者其他法定监护人应当依法送其按时入学接受并完成义务教育”。“不得擅自以在家学习替代国家统一实施的义务教育。”此文件对在家学习的问题首次作出明确的政策回应，当然也是一种否定性的回应。因此，上海“孟母堂”式的在家教育或“私塾”教育并不合法，相关教育行政部门对此的性质认定并未明显不妥。

### （三）受教育的内容：教育权力与受教育权的关系

上一部分着重分析了受教育的形式问题。本事件中，上海“孟母堂”的教学内容方面，语文以读经为主，如《易经》、《道德经》、《论语》等中国古代传统典籍；英文则从《仲夏夜之梦》起步；数学由外聘老师根据读经教育的观念，重组教材，编排数理课程；体育课以瑜伽、太极之类修身养性的运动为主。此种教学内容安排与公立学校的课程设置方案存有明显的差异。这也是上海市教委认定“孟母堂”属非法教育机构、从事非法教育活动的重要理由之一。这涉及教育领域非常重要的宪法问题，即受教育内容的决定权归属问题。

根据1949年《共同纲领》第41条教育性质和任务条款、第42条国民公德条款、第46条教育方法条款和第47条教育工作计划条款，1954年宪法第94条国家教育义务条款，1975年宪法第12条文化领域无产阶级专政条款，1978年宪法第13条教育事业条款和第51条国家教育义务条款，1982年宪法第19条教育事业条款、第24条精神文明建设条款和第46条国家特定教育义务条款等历个宪法及宪法性文件的规定，结合宪法中的根本政治制度、国家指导思想等相关内容，辅以马克思主义阶级国家学说的理论阐释，即可得出关于教育制度和教育工作的指导思想与基本原则、受教育的性质与目的、受教育的内容与方法等问题的明确答案。自新中国成立以来，教育一直被视为国家的一项积极职能，并被视为实现特定国家目标的有效途径。国家被授予广泛的教育权力。凭借宪法授予的教育权力，国家可以对教育的宏观制度，以及微观的教学内容、教学方法、教学效果，予以全面而深入的干预和控制。

国家对教育事务的干预在任何时代和任何国家都有其必要性，但国家对教育事务的全方位的干预和限定缺乏合理性。诚如有学者所言，“我们不能把教书育人看成是机械化的大生产，仅仅为了生产出千人一面的‘产品’”。教育的目的是培养人，是要培养出充满积极性、创造性，具有鲜活个性的人。① 基于教育问题的特殊性，我们应当对受教育的内容、方式等相关事务的决定权在国家、学校、监护人、受教育者之间作出适当的分配，使教育事业和教育活动既符合国家对受教育的性质、目的、内容、方式等事务的宏观制度设定，又满足学校、监护人、受教育者对受教育内容、方式等事务在微观层面自由选择的需要。就本事件涉及的义务教育而言，它是为了保证每个人一生中都能够享有最起码的一段时间的教育，它也应当是兜底式的教育或基本保障，

① 参见李丽：《我们的宪法权利就在身边——2006年度中国十大宪法事例》，载《中国青年报》，2007-01-06。

在这个层面应当做到“有教无类”。但义务教育不应该排斥更适合某些适龄儿童的其他教育方式并为其安排适当的教育内容，相反，义务教育应当丰富受教育形式和受教育内容，使义务教育更为多元化以适应不同适龄儿童的实际需要，做到“因材施教”。因此，国家可以通过立法方式，赋予私立学校、监护人、适龄儿童在受教育方式和受教育内容上适当的教育选择权利，同时设立义务教育的监测制度，确保采取学校教育以外的其他教育方式的适龄儿童得到适当的教育并对教育效果进行测评。

**【延伸阅读】**

1. 饶龙飞，欧阳晓安．教育权配置基本原则探析：以“孟母堂”事件为例．上海教育科研，2012 (1).

2. 林祖鈊．“入学”不是保障受教育权的唯一途径：从“孟母堂”事件看《中华人民共和国义务教育法》的缺陷．基础教育研究，2010 (15).

3. 倪洪涛．论义务教育阶段学生的学习权：从“孟母堂”事件谈起．法学评论，2008 (4).

4. 季卫华．“孟母堂”事件中的受教育权探析．教学与管理，2007 (19).

5. 郑素一．教育权之争：“孟母堂事件”的法理学思考．行政与法，2006 (11).

6. 陈鹏．个体人格、国家目标与公共人格：受教育权与受教育义务的自洽性之破立．浙江社会科学，2018 (9).

## 第八节　监督权与请求权

监督权是公民依照宪法和法律规定监督国家机关及其工作人员之活动的权利。监督权具有政治权利的属性，也是公民参与国家政治生活与社会公共事务管理的方式和途径。宪法中的请求权包括请愿权、裁判请求权和国家赔偿或补偿请求权等传统宪法学理论上的权利种类。在我国现行《宪法》第 41 条规定了批评、建议、申诉、控告、检举和取得赔偿共六项内容。根据各项内容的含义，批评、建议、检举当属参政性质的监督权，申诉、控告和取得赔偿则属于请求权，但与传统宪法学上请求权的种类和内容并不完全一致。

本节结合监督权、请求权的基本原理与制度规定，对厦门 PX 项目事件和呼格案中的国家赔偿等事例或案例进行分析。

**事例一**

### 厦门 PX 项目事件

**【事例概况】**

2006 年，厦门引进一项被称为厦门“有史以来最大工业项目”的 PX（二甲苯）项目。该项目先后获得了国务院、国土资源部、国家环保总局和国家发展改革委的审核批准，并于 2006 年 11 月开工建设。项目选址在厦门市海沧台商投资区，投产后每年的工业产值可达 800 亿元人民币，将会极大地促进当地经济发展。由于项目区域 5 公里半径范围内人口稠密，居民区与厂区最近处不足 1.5 公里，105 名全国政协委员担心项目建成后危及民众健康和环境，于 2007 年 3 月联合签名《关于厦门海沧 PX 项目迁址建议的提案》在“两会”期间公布。但国家发展改革委及厦门市政府均无意停建或迁建该项目，因此该项目遭到了市民集体抵制。自 2007 年 5 月中旬，厦门市民中广泛传播着反对PX项目并号召市民集体抗议的手机短信，并在“厦门小鱼论坛”上集中讨论该项目。5月下旬，相关短信被技术手段监控屏蔽，“厦门小鱼论坛”被关闭，报道PX项目的有关港媒的刊物被收缴。市民的不满情绪被激发至高潮。6月1日及2日，数千名厦门市民聚集于市政府广场，促请政府停建该项目。6月7日，厦门市政府委托国家环保总局组织各方专家，开展“厦门市城市总体规划环境影响评价”。12月8日，在厦门市委主办的厦门网上，开通了“环评报告网络公众参与活动”的投票平台，开展了为期10天的公众参与，厦门市民以各种方式广泛地表达了意见。12月13日、14日，厦门市政府连续召开市民座谈会，参加座谈会的市民代表、市区两级部分人大代表和政协委员中，九成以上反对PX项目。12月15日下午，福建省政府形成了一致意见，决定将该项目迁址至漳州市东山湾北岸的漳浦县古雷半岛。厦门市政府表示愿意承担应当承担的企业损失。

**【涉及的宪法问题】**

本事件涉及公民的监督权。所谓监督权，主要是指公民依照宪法和法律规定监督国家机关及其工作人员的活动的权利。《宪法》第41条第1款规定：“中华人民共和国公民对于任何国家机关和国家工作人员，有提出批评和建议的权利；对于任何国家机关和国家工作人员的违法失职行为，有向有关国家机关提出申诉、控告或者检举的权利，但是不得捏造或者歪曲事实进行诬告陷害。”根据这一规定，监督权的内容具体包括批评、建议、申诉、控告、检举的权利。公民参与是监督权行使的重要途径之一。

**【条文链接】**

**《中华人民共和国宪法》(2018年修正)**

第二条 中华人民共和国的一切权力属于人民。

人民行使国家权力的机关是全国人民代表大会和地方各级人民代表大会。

人民依照法律规定，通过各种途径和形式，管理国家事务，管理经济和文化事业，管理社会事务。

第三十五条 中华人民共和国公民有言论、出版、集会、结社、游行、示威的自由。

第四十一条（第一、二款） 中华人民共和国公民对于任何国家机关和国家工作人员，有提出批评和建议的权利；对于任何国家机关和国家工作人员的违法失职行为，有向有关国家机关提出申诉、控告或者检举的权利，但是不得捏造或者歪曲事实进行诬告陷害。

对于公民的申诉、控告或者检举，有关国家机关必须查清事实，负责处理。任何人不得压制和打击报复。

**《中华人民共和国集会游行示威法》(2009年修正)**

第七条（第一款） 举行集会、游行、示威，必须依照本法规定向主管机关提出申请并获得许可。

**《重大行政决策程序暂行条例》(2019年)**

第六条 作出重大行政决策应当遵循民主决策原则，充分听取各方面意见，保障人民群众通过多种途径和形式参与决策。

**【事例评析】**

1. 监督权的概念和实践

监督权是指公民享有的，通过法定的渠道，为了维护自身权益或团体、公共利益，就特定事项向有关国家机关表达意见的权利。在国家政治生活和社会生活中，为了防止权力的专断和恣意，公民有权监督国家机关及其工作人员的活动。根据《宪法》第41的规定，监督的方式主要有批评、建议、控告、检举和申诉。

（1）批评权和建议权。

批评权是指公民对国家机关或国家机关工作人员的缺点和错误提出批评意见的权利。建议权是指公民对国家机关或国家机关工作人员的某项工作提出自己的主张和看法的权利。批评、建议权有助于实现民主监督，是保证国家机关及其工作人员廉洁从政、决策民主化和科学化的重要措施。

（2）控告权和检举权。

控告权是指公民对国家机关或国家机关工作人员的违法失职行为，有提出控告，要求有关机关予以处理和制裁的权利。控告分为诉讼控告和非诉讼控告：前者是指公民向司法机关控告，后者是指公民向司法机关以外的有关机关控告。检举权是指公民对国家机关或国家机关工作人员的违法失职行为，有向有关机关揭发事实，要求依法处理的权利。控告权与检举权存在区别：第一，控告人是受国家机关或国家机关工作人员的违法失职行为侵害的人，而检举人一般与事件无直接关系，其自身权益并未受侵害。第二，控告是为了保护自己的权益而要求依法处理，而检举一般出于正义感和维护公共利益的目的。控告权和检举权不但是公民对国家机关及其工作人员的监督权利，还是公民保卫自己权利不受侵犯的手段。

（3）申诉权。

申诉权是指公民在认为国家机关或国家机关工作人员的违法失职行为侵犯了自己的权利时，有向有关机关申明理由，要求重新处理的权利。申诉分为两种：一是非诉讼申诉，是指公民对有关机关的处理意见不服而向该机关或其上级机关提出的申诉；二是诉讼申诉，是指案件的当事人、被害人、家属或其他公民对法院的判决、裁定不服，向法院或检察院提出的申诉。

监督权是公民参与国家政治生活和社会生活的重要手段，有助于政府在决策时充分考虑公民的意见，防止决策的片面和恣意，从而赋予行政决策正当性。监督权是现代公民的基本权利，应当由宪法予以确认。大部分西方国家的宪法和相关的国际人权文件，都有请愿权的相关规定。很多人对监督权存在这样一个认识误区：过多行使监督权会把社会搞乱，不利于社会稳定。实际上，监督权作为民众表达利益诉求的法定手段，为公民宣泄不满情绪提供了安全阀，不但不会把社会搞乱，反而会因为排除了潜在的不安定因素而维护了稳定。当初厦门市政府如果能够尽早重视监督渠道的畅通，作出更加理性的决策，便能防止后续一系列事件的爆发。

2. 公民参与是行使监督权的重要途径

现行《宪法》规定，“人民依照法律规定，通过各种途径和形式，管理国家事务，管理经济和文化事业，管理社会事务”。公民参与是公民除选举以外管理公共事务、监督国家权力的重要途径，是消解行政单方性、促进现代行政民主的必然追求。

首先，公民参与可以提高政府决策的可接受度，减少执行成本。如果政府在决策的过程中不通过公开的利益表达渠道全面地考虑多方利益诉求，则决策可能在出台后受到一部分人的反对，从而导致决策的执行阻力增大。在现代社会利益多元化的背景下，更需要通过公众参与进行公开信息交流。公民参与可以帮助政府在适当、全面地考虑各种利益诉求的基础上，对提出的各种方案进行斟酌，最后作出决定并说明理由。政府的决策在经过公民参与后，在一定程度上获得了合法性和可接受性，决策的执行将会更加顺利。

其次，公民参与可以实现对公权力决策过程的监督。公开、广泛的公众参与，提供了监督政府的手段。对话沟通的形式和程序能够大大降低政府被“管制俘获”的可能性，提高参与者对结论的信任度。对这样经过协商的决策，公民在执行时，也会是心甘情愿的。

最后，公民参与是程序正义的必然要求。正当法律程序的意义不仅仅在于导向一个最接近正确的实体结果，更在于通过决策者对相对方主体性的尊重来实现独立的程序价值。公正、公开的程序能够使正义以一种看得见的方式实现，在此之后，结果如何并不是唯一重要的，即使决策结果不完全符合某一方的利益，利益各方也能因为参与了决策过程、进行了信息交流和协商而在很大程度上互相理解，从而对结果表现出接受。

一切重要的法律制度和公共事务都决定于公民，既能够最大限度地维护公众的利益，也能够最大可能地降低制度和决策实施时的成本和风险。① 厦门 PX 项目自申请立项开始，就获得了各级政府不同程度的支持，并因此而进展顺利。但是，由于忽略了对该项目享有决定权的厦门市民，厦门政府在决定投产 PX 项目前并未展开充分的公众参与，所以导致虽然在前期加速了决策过程、缩短了决策周期，但因为缺乏正当性基础而在后期决策执行过程中遭遇了激烈的反抗，反而增加了行政成本。

3. 知情是公民参与的前提

知情权又称了解权、信息获得权。广义的知情权是指公民或组织依法享有的要求对方公布一定信息的权利。狭义的知情权是指公民或组织享有的了解政府信息的权利。知情权自产生以来，被许多学者所接受，他们认为知情是公民行使监督权等其他民主权利的前提和基础，是国家民主管理的重要保障，是防止政府腐败的有效措施。

对公民知情权的保护原则主要有以下几项：第一，公开情报原则。依法公开情报是政府的义务，政府应当定期真实地公布情报。第二，同等获取原则。政府情报属于公共资料，任何公民有同等资格享用。第三，政府负有举证责任原则。政府如拒绝公开有关情报，必须提供相关依据。第四，司法救济原则。如知情权受到侵犯，公民可寻求法律救济。考虑到政府情报公开可能与公共利益发生冲突，各国也规定了免除公开情报的范围，但该范围不得超过合理的界限。

想要实现有效的公众参与，知情权是必不可少的。在本事件中，厦门市民希望政府全面、准确地公开相关信息，而与此形成鲜明对比的是，厦门市政府对该项目的风险等问题有意地选择性回避。掌握主动权的政府屏蔽短信和论坛，在信息不对称的情况下只会增加双方的不信任，也会使决策不够理性。“了解真实、准确和充分的关于安全状况的信息是人们自我保护的本能，如果公众不能及时准确地从政府部门获得应当得到的信息，尤其在信息被刻意封锁、隐瞒的情况下，各种流言和小道消息就会迅速传播开来，政府就会失去公信力，公众会陷入普遍的恐慌之中。公众对危害后果的不确定性的担忧，加上信息与交流的不通畅，就容易受到情绪的影响而做出不理智的行动。”② 从本事件可以看出，监督权、知情权是公民参与公共事务的重要保障，这些权利实现得顺畅，就能构建和谐的政民关系，促进社会经济的发展。

目前我国宪法尚未明确规定知情权，但自 2008 年 5 月 1 日起正式实施的《政府信息公开条例》实施十年后，对于促进政务公开、满足公众知情权和监督权，起到了重要的作用。经过

---

① 参见曲相霏：《公民宪法权利的保障与民主的制度性展开——厦门 PX 项目事件分析》，载王利明主编：《判解研究》，2009 年第 2 辑，北京，人民法院出版社，2009。

② 同上书。

2019年的修订，该条例首次对政府信息公开“例外”情形明确予以界定，并进一步扩大了政府信息主动公开的范围和深度，有助于更好地推进政府信息公开，切实保障公众依法获取政府信息。

**【延伸阅读】**

1. 王锡锌．公众参与和行政过程：一个理念和制度分析的框架．北京：中国民主与法制出版社，2007.

2. 曲相霏．公民宪法权利的保障与民主的制度性展开：厦门PX项目事件分析//王利明．判解研究：2009年第2辑．北京：人民法院出版社，2009.

### 事例二

## 呼格案中的国家赔偿

**【事例概况】**

1996年4月9日，内蒙古自治区呼和浩特市毛纺厂一名女子被掐死在公厕内，年仅18周岁的职工呼格去报案，却被认定为凶手。案发仅仅62天后，法院判决呼格死刑，并立即执行。2005年，被媒体称为“杀人恶魔”的内蒙古系列强奸杀人案凶手赵某红落网，并交代了自己是“4·9”毛纺厂女厕女尸案的真凶，从而引发媒体和社会对呼格案的广泛关注。

2014年11月20日上午，内蒙古自治区高级人民法院立案庭庭长代表自治区高级人民法院向呼格父母送达立案再审通知书，备受关注的呼格案进入再审程序。

2014年12月15日上午，内蒙古自治区高级人民法院作出再审判决，撤销原一审判决和二审裁定并宣告呼格无罪。后有关机关和部门迅速启动追责程序，依法依规对呼格案负有责任的27人进行了追责。

2014年12月25日，呼格的父母李某、尚某向内蒙古自治区高级人民法院提出了国家赔偿申请。内蒙古自治区高级人民法院于同日立案，并于12月30日依法作出国家赔偿决定，决定支付李某、尚某国家赔偿金共计2 059 621.40元，其中包括死亡赔偿金、丧葬费共计1 047 580元，呼格生前被羁押60日的限制人身自由赔偿金12 041.40元，精神损害抚慰金100万元。

**【涉及的宪法问题】**

本案涉及办理刑事案件中公、检、法三机关的关系，疑罪从无，错案问责，国家赔偿等问题，在此主要针对国家赔偿中的精神损害抚慰金进行分析。过去一段时间内冤假错案频繁出现，无辜的人被错误地追究了刑事责任，其身心健康受到了损害。现行《国家赔偿法》已经确立了权利救济的理念，该法的实施和完善有助于恢复社会公众对司法公正的信赖。如何及时、充分地对无辜者的人身自由、生命健康权、精神健康权益所受的损害进行赔偿，便是国家赔偿法的立法目的。本案中，对死亡赔偿金、丧葬费、限制人身自由赔偿金都有精确的计算标准，故而引发的争议较少。而精神损害抚慰金的计算，在《国家赔偿法》中表述为“应当支付相应的精神损害抚慰金”。如何理解“相应”？在不同的案件中，计算标准有所区别。在本案中，法院通过考虑侵权司法机关及其工作人员的过错程度、侵害的具体情节以及侵害结果这三项因素，最终得出了精神抚慰金数额为100万元。此“金额”体现了《国家赔偿法》中的“相应性”的特点：既体现了其“严格性”，又展现了其“弹性”。

**【条文链接】**

**《中华人民共和国宪法》(2018 年修正)**

第四十一条(第三款)　由于国家机关和国家工作人员侵犯公民权利而受到损失的人，有依照法律规定取得赔偿的权利。

第一百四十条　人民法院、人民检察院和公安机关办理刑事案件，应当分工负责，互相配合，互相制约，以保证准确有效地执行法律。

**《中华人民共和国国家赔偿法》(2012 年修正)**

第十七条　行使侦查、检察、审判职权的机关以及看守所、监狱管理机关及其工作人员在行使职权时有下列侵犯人身权情形之一的，受害人有取得赔偿的权利：

(一)违反刑事诉讼法的规定对公民采取拘留措施的，或者依照刑事诉讼法规定的条件和程序对公民采取拘留措施，但是拘留时间超过刑事诉讼法规定的时限，其后决定撤销案件、不起诉或者判决宣告无罪终止追究刑事责任的；

(二)对公民采取逮捕措施后，决定撤销案件、不起诉或者判决宣告无罪终止追究刑事责任的；

(三)依照审判监督程序再审改判无罪，原判刑罚已经执行的；

(四)刑讯逼供或者以殴打、虐待等行为或者唆使、放纵他人以殴打、虐待等行为造成公民身体伤害或者死亡的；

(五)违法使用武器、警械造成公民身体伤害或者死亡的。

第三十三条　侵犯公民人身自由的，每日赔偿金按照国家上年度职工日平均工资计算。

第三十四条　侵犯公民生命健康权的，赔偿金按照下列规定计算：

(一)造成身体伤害的，应当支付医疗费、护理费，以及赔偿因误工减少的收入。减少的收入每日的赔偿金按照国家上年度职工日平均工资计算，最高额为国家上年度职工年平均工资的五倍；

(二)造成部分或者全部丧失劳动能力的，应当支付医疗费、护理费、残疾生活辅助具费、康复费等因残疾而增加的必要支出和继续治疗所必需的费用，以及残疾赔偿金。残疾赔偿金根据丧失劳动能力的程度，按照国家规定的伤残等级确定，最高不超过国家上年度职工年平均工资的二十倍。造成全部丧失劳动能力的，对其扶养的无劳动能力的人，还应当支付生活费；

(三)造成死亡的，应当支付死亡赔偿金、丧葬费，总额为国家上年度职工年平均工资的二十倍。对死者生前扶养的无劳动能力的人，还应当支付生活费。

前款第二项、第三项规定的生活费的发放标准，参照当地最低生活保障标准执行。被扶养的人是未成年人的，生活费给付至十八周岁止；其他无劳动能力的人，生活费给付至死亡时止。

第三十五条　有本法第三条或者第十七条规定情形之一，致人精神损害的，应当在侵权行为影响的范围内，为受害人消除影响，恢复名誉，赔礼道歉；造成严重后果的，应当支付相应的精神损害抚慰金。

**【事例评析】**

请求权是指公民依照宪法的规定，要求国家积极作为的权利，通常包括国家赔偿请求权、国家补偿请求权、裁判请求权等。在我国请求权主要表现为国家赔偿请求权。

1. 保障国家赔偿请求权的意义

国家赔偿请求权是指由于国家机关和国家工作人员侵权而受到损害的公民，依照法律规定取得赔偿的权利。保障国家赔偿请求权具有以下意义：

一是保障公民权利。国家赔偿制度与人权保障的发展密切相关。获得国家赔偿系第二性权利，这意味着当第一性权利（公民的人身、财产等权益）受损时，由第二性权利进行弥补和救济，从而实现对公民权利的保障。

二是规范公权力行使。国家机关及其工作人员对于其违法执行职务的侵权行为需要承担赔偿责任，对于有故意或重大过失的责任人员，国家机关可以追偿一部分或全部损失并作出行政处分。由此起到预防、控制和减少职务违法侵权行为的作用，用事后赔偿制度来“倒逼”执法环节的依法行使职权。

三是增强公权力机关的公信力。现代公务活动的复杂性使侵权行为无法完全避免，但通过国家赔偿使受害的相对方得到补偿，减少了国家与公民的对立，从而可以增强公民对公权力机关的信任，构建和谐互信的政民关系。

2. 我国国家赔偿制度的发展

国家赔偿制度的有无和好坏是评判一个国家民主与法制水平的重要尺度。1982 年《宪法》第 41 条为国家赔偿奠定了基础。随着社会主义法治建设的发展，国家赔偿制度也在不断发展、完善。其发展可以大致分为以下三个阶段：

一是依附于民法。1986 年《民法通则》规定，国家机关和国家机关工作人员在执行职务中，侵犯公民、法人的合法权益造成损害的，应当承担民事责任。通过承担民事责任的方式来实现国家赔偿，无法充分实现对公民的救济。

二是行政诉讼法催生了国家赔偿法。1990 年实施的《行政诉讼法》规定，公民、法人或者其他组织的合法权益受到行政机关或者行政机关工作人员作出的具体行政行为侵犯，遭受损害的，有权请求赔偿。这是国家赔偿历史上第一次对国家机关的侵权赔偿责任作出具体规定。《行政诉讼法》颁行之后，为了推动行政赔偿制度有效发挥作用，全国人大着手起草《国家赔偿法》，并于 1994 年 5 月 12 日通过（自 1995 年 1 月 1 日起施行）。这标志着国家赔偿制度正式确立。该法对赔偿范围、赔偿主体、赔偿程序、赔偿方式、赔偿标准进行了规定，为国家赔偿制度搭建了基本的框架。

三是《国家赔偿法》的修正和补充。《国家赔偿法》先后有过两次修正，最重要的是 2010 年的修正：在增加精神损害赔偿、完善赔偿程序、畅通赔偿渠道、扩大赔偿范围、保障赔偿费用支付等方面作了修改，同时规定了新的归责原则——公权力侵犯当事人合法权益造成损害的，受害人有依法获得国家赔偿的权利。这意味着国家赔偿从采单一的违法归责原则走向形成以违法归责原则为主、以过错归责原则和结果归责原则为辅的多元归责原则体系。除了法律的修正，最高人民法院也出台了大量的司法解释，主要包括 2011 年《最高人民法院关于适用〈中华人民共和国国家赔偿法〉若干问题的解释（一）》和 2021 年《最高人民法院关于审理国家赔偿案件确定精神损害赔偿责任适用法律若干问题的解释》，为国家赔偿制度的精细化和适时调整提供了补充。

在不断发展、完善的过程中，我国国家赔偿制度从无到有、从小到大，对于弥补受损权益、保障人权、规范公权力行使发挥着重要作用，是我国法律体系中不可或缺的一部分。

3. 本案中的国家赔偿

根据《国家赔偿法》，我国的国家赔偿包括行政赔偿和司法赔偿。行政赔偿是指行政机关及其工作人员在行使职权过程中违法侵犯公民、法人或其他组织的人身权或财产权并造成损害时，国家对此承担的赔偿责任。司法赔偿是指司法机关及其工作人员在行使侦查权、检察权、审判权以及看守、监狱管理职权时违法给无辜的公民、法人或者其他组织的生命、健康、自由和财产造成损害时，国家对此承担的赔偿责任。司法赔偿又包括刑事错判赔偿与民事、行政诉讼中的侵权损害赔偿。

本案中的赔偿属于司法赔偿中的刑事错判赔偿。根据《国家赔偿法》第 17 条第 3 项，“依照审判监督程序再审改判无罪，原判刑罚已经执行的”，受害人有取得赔偿的权利。可见，刑事错判赔偿遵循严格责任原则，即只要再审认定错判，国家就要赔偿。

本案中错判直接造成了呼格的死亡，按照《国家赔偿法》第 34 条，造成死亡的，赔偿的内容和标准主要为：（1）死亡赔偿金、丧葬费。总额为国家上年度职工年平均工资的 20 倍。（2）生活费。对死者生前扶养的无劳动能力的人，还应当支付生活费，生活费的发放标准，参照当地最低生活保障标准执行。被扶养的人是未成年人的，生活费给付至 18 周岁止；是其他无劳动能力的人的，生活费给付至死亡时止。（3）精神损害抚慰金。致人精神损害的，应当在侵权行为影响的范围内，为受害人消除影响、恢复名誉，或者赔礼道歉；造成严重后果的，应当支付相应的精神损害抚慰金。

在 2010 年之前，《国家赔偿法》中并未有精神损害赔偿规定，因此该项请求往往得不到支持，在诸如“麻旦旦处女嫖娼案”中精神损害赔偿请求并未得到支持，引发了社会的议论。2010 年《国家赔偿法》修改时增加规定精神损害抚慰金，反映出国家对精神层面的关注，体现了文明的进步。但相对于死亡赔偿金和生活费有相对精确的计算标准，精神损害抚慰金的赔偿标准在《国家赔偿法》中体现为“相应”，较为抽象和模糊。对此，有学者认为应当考量以下因素：一是侵权机关及其工作人员的过错程度，二是侵害的具体情节，三是受害人精神损害的程度和后果，四是侵权机关事后采取弥补措施的有效程度。[①] 中国政法大学终身教授应松年表示支持法院的裁决：就呼格案这类案件而言，人已经被执行死刑，对其家庭造成了巨大的精神痛苦，给多少精神抚慰金都无法弥补，100 万元不算多。[②]

2021 年《最高人民法院关于审理国家赔偿案件确定精神损害赔偿责任适用法律若干问题的解释》明确了精神损害赔偿的规则：致人精神损害的，应当为受害人消除影响、恢复名誉或者赔礼道歉；致人精神损害，造成严重后果的，一般在人身自由权、生命健康权赔偿金总额的 50%以下（包括本数）酌定精神损害抚慰金，同时视案件具体情形，为受害人消除影响、恢复名誉或者赔礼道歉；后果特别严重的，可在 50%以上酌定。区分不同损害后果、适用不同的责任承担方式和抚慰金标准，能够兼顾司法适用的统一和个案的差异与公平，能够更好地为国家赔偿案件中精神损害赔偿的适用提供依据。

**【延伸阅读】**

1. 蒋成旭．国家赔偿违法要件的基本构造．法学家，2021（5）.

2. 何家权．疑罪从无与国家赔偿．人民检察，2020（23）.

3. 杜仪方．国家赔偿中的“相应”精神损害抚慰金：（2013）浙法赔字第 1/2 号浙江省高院张氏叔侄赔偿决定书评析及展开．浙江学刊，2015（1）.

① 参见马怀德、张红：《论国家侵权精神损害赔偿》，载《天津行政学院学报》，2005 年第 1 期。

② 参见周斌：《呼格案百万精神抚慰金不算多》，载《法制日报》，2015-01-08。

# 第四章　国家机构

对国家权力进行合理配置，保证国家机构按照宪法规定的原则、方式和程序行使权力，是宪法的另一项重要功能。我国的国家机构包括全国人民代表大会及其常务委员会、国家主席、国务院、国家监察委员会、中央军事委员会、最高人民法院、最高人民检察院，地方各级人民代表大会及其常务委员会和地方各级人民政府、民族自治地方的自治机关、地方各级监察委员会、地方各级人民法院和人民检察院。以下通过典型事例对全国人民代表大会及其常务委员会、国家主席、国务院、监察委员会、人民法院、人民检察院等进行介绍。

## 第一节　全国人民代表大会及其常务委员会

根据宪法规定，全国人民代表大会是最高国家权力机关。现行《宪法》第 62 条具体规定了全国人民代表大会的 15 项职权。以下对其立法权和监督权进行介绍。

### 事例一

#### 全国人大及其常委会的基本法律修改权[①]

**【事例概况】**

近些年来，在我国的立法实践中，对基本法律的修改权限问题不断引发争议，这些争议的焦点集中体现在：全国人大常委会对于由全国人大制定和通过的基本法律是否都具有修改的权限？全国人大常委会修改基本法律的权限如何界定？例如，第十届全国人大常委会第三十次会议于 2007 年 10 月 28 日修订通过《律师法》，其中不少条文的规定与 1997 年《刑事诉讼法》存在冲突。《侵权责任法》于 2009 年 12 月 26 日由第十一届全国人大常委会第十二次会议通过。而徐显明委员在第十一届全国人大常委会第十二次会议分组审议《侵权责任法（草案）》时，曾建议将该草案提交全国人大审议。[②] 由于该法一直被认为是与《物权法》《合同法》并列的民事基本法律，因此其草案未被提交全国人大审议通过，在社会上和学界引起了较大的争议。[③] 又如，2010 年 3 月 14 日，十一届全国人大三次会议通过了现行《选举法》的第五个修正案，而之前的 1986 年、1995 年、2004 年的修改均由全国人大常委会进行。2010 年，围绕着全国人大常委会是否有权修改《代表法》修正案，学界也提出了质疑。2011 年 2 月 25 日第十一届全国人大常委会第十

---

① 参见吉敏丽、王存河等编：《宪法事例研析》，北京，中国政法大学出版社，2013，259～260 页。

② 参见《徐显明建议侵权责任法草案提交全国人民代表大会审议》，载 http：//www.npc.gov.cn/huiyi/lfzt/qqzrfca/2009－12/23/content_1531450.htm。

③ 参见王竹：《〈侵权责任法〉立法程序的合宪性解释——兼论“民法典”起草过程中的宪法意识》，载《法学》，2010 年第 5 期。

九次会议审议通过了《刑法修正案（八）》。该修正案修正条文的数量最多，一共修改了50个条款，涉及49个问题。至此，自1997年刑法全面修订到2011年，全国人大常委会先后对刑法典进行了八次修正，形成了八个刑法修正案，出台了一个补充规定，形成了一部单行刑法。总而言之，平均一年半左右修改1次，共修改了79个条文，约占刑法典全部条文的17.5%，占分则条文总数的22.5%。而2011年对刑法典的修正，开始涉及刑法总则，共修改19个条文，占总则条文总数的18.8%。在总则部分的修改主要是修改刑罚制度，修改分则的突出表现是废除13个罪名的死刑。这些修正对全国人大制定的刑法典的内容进行了较大的变动①，而全国人大常委会对刑法如此进行修正的权限是否合宪也受到了质疑。

**【涉及的宪法问题】**

本事例涉及的核心问题是全国人大与全国人大常委会的关系以及两者立法权限的划分。根据宪法规定，全国人大和全国人大常委会在制定、修改法律方面的权限有所区别：全国人大有权“制定和修改刑事、民事、国家机构的和其他的基本法律”，全国人大常委会有权“制定和修改除应当由全国人民代表大会制定的法律以外的其他法律”。可见，二者的权限区分在于是否属于“基本法律”，因此需要对“基本法律”进行解释。同时，还需要思考全国人大常委会修改基本法律时能否改变全国人大制定的法律的规定，全国人大常委会修改的“新法”与全国人大制定的“旧法”间哪个效力更高。

**【条文链接】**

**《中华人民共和国宪法》（2018年修正）**

第六十二条　全国人民代表大会行使下列职权：

…………

（三）制定和修改刑事、民事、国家机构的和其他的基本法律；

…………

第六十七条　全国人民代表大会常务委员会行使下列职权：

…………

（二）制定和修改除应当由全国人民代表大会制定的法律以外的其他法律；

…………

**《中华人民共和国立法法》（2023年修正）**

第十条　全国人民代表大会和全国人民代表大会常务委员会根据宪法规定行使国家立法权。

全国人民代表大会制定和修改刑事、民事、国家机构的和其他的基本法律。

全国人民代表大会常务委员会制定和修改除应当由全国人民代表大会制定的法律以外的其他法律；在全国人民代表大会闭会期间，对全国人民代表大会制定的法律进行部分补充和修改，但是不得同该法律的基本原则相抵触。

全国人民代表大会可以授权全国人民代表大会常务委员会制定相关法律。

**【事例评析】**

本事例涉及的核心问题是全国人大与全国人大常委会的关系以及二者之立法权限的划分。

---

① 如在《刑法》第49条中增加一款作为第2款：“审判的时候已满七十五周岁的人，不适用死刑，但以特别残忍手段致人死亡的除外”；取消13个罪名的死刑；将“醉驾”入刑，将恶意欠薪入刑等。

1. 全国人大与全国人大常委会的关系

全国人大常委会是全国人大的常设机关，是最高国家权力机关的组成部分，是在全国人大闭会期间经常行使国家最高权力的机关。但是，全国人大与其常委会是否属于同一机关？两者的地位、性质是否相同？

《宪法》第57条规定："中华人民共和国全国人民代表大会是最高国家权力机关。它的常设机关是全国人民代表大会常务委员会。"由宪法文本的表述可以看出，宪法明确规定，只有全国人大是最高国家权力机关，而全国人大常委会只是其常设机关，二者性质是不相同的，不能称全国人大常委会为最高国家权力机关。[①] 由此可以看出，全国人大与全国人大常委会的宪法地位是不同的，其性质也不同。

全国人大与全国人大常委会在组成与产生方式上也是不同的。全国人大由省、自治区、直辖市、特别行政区和军队选出的代表组成，全国人大常委会由委员长、副委员长若干人、秘书长、委员若干人组成，全国人大选举并有权罢免全国人大常委会的组成人员。

关于全国人大与全国人大常委会的职权划分宪法上的规定是十分明确的，《宪法》分别在第62条和第67条详细规定了它们职权，"这种职权上的不同为二者属于不同机关提供了有力的佐证：二者如果是同一机关的话，(就) 其职权就没有必要用宪法加以区分并作出不同范围的规定；同时更没有必要规定全国人大对常务委员会的授权条款"。

2. 全国人大与全国人大常委会的立法权限

《宪法》第58条规定："全国人民代表大会和全国人民代表大会常务委员会行使国家立法权。"《宪法》第62条和第67条以及《立法法》第10条规定了全国人大与全国人大常委会在立法权方面的划分：全国人大有权修改宪法，制定和修改刑事、民事、国家机构的和其他的基本法律；全国人大常委会有权解释宪法，制定和修改除应当由全国人大制定的法律以外的其他法律，解释全国人大制定的法律，在全国人大闭会期间可以部分补充和修改全国人大制定的法律，但是不得同该法律的基本原则相抵触；全国人大可以授权全国人大常委会制定相关法律。同时，《立法法》第11条专门规定："下列事项只能制定法律：(一) 国家主权的事项；(二) 各级人民代表大会、人民政府、监察委员会、人民法院和人民检察院的产生、组织和职权；(三) 民族区域自治制度、特别行政区制度、基层群众自治制度；(四) 犯罪和刑罚；(五) 对公民政治权利的剥夺、限制人身自由的强制措施和处罚；(六) 税种的设立、税率的确定和税收征收管理等税收基本制度；(七) 对非国有财产的征收、征用；(八) 民事基本制度；(九) 基本经济制度以及财政、海关、金融和外贸的基本制度；(十) 诉讼制度和仲裁基本制度；(十一) 必须由全国人民代表大会及其常务委员会制定法律的其他事项"。可见，在立法权限的划分方面，我国法律的规定是比较清晰和详细的。按照宪法的规定，二者之间的立法权限是不一样的。《宪法》第62条第3项规定的是全国人大对基本法律的立法权，而《宪法》第67条第2项规定的是全国人大常委会对非基本法律的立法权。《宪法》第62条第3项和《宪法》第67条第2项共同构成了我国立法体制中的立法权二元结构模式。然而，(1)《宪法》和《立法法》条文中的"基本法律""应当由全国人民代表大会制定的法律以外的其他法律"，由于含义的模糊性，引起了一些理论和实践问题。在理论层面上，该如何界定"基本法律"与"非基本法律"？在实践层面上，全国人大与全

---

① 参见韩大元：《中国宪法事例研究》(四)，北京，法律出版社，2010，152～153页。

国人大常委会在行使立法权过程中出现混乱现象：原本应该由全国人大制定和修改法律，往往由全国人大常委会行使该项权力。(2) 全国人大常委会“在全国人民代表大会闭会期间，对全国人民代表大会制定的法律进行部分补充和修改”中的“部分补充和修改”，如何判断?[①] 这些问题的存在不仅给立法机关带来不利影响，而且在法律实施过程中给执法机关、司法机关以及公民等造成更大的困惑，如关于《律师法》与《刑事诉讼法》的冲突，从修订伊始就纷争不断，实践中使律师、行政执法机关（看守所、公安机关）无所适从。[②] 随着《律师法》与《刑事诉讼法》在近年的修改、完善，这些冲突已消解。

虽然全国人大和全国人大常委会都行使国家立法权，但是由于两者地位的不同，宪法所赋予全国人大和全国人大常委会的国家立法权是有区别的，两者的权力不能混用。有必要对全国人大和全国人大常委会的立法权限作出明确界定，因为这关系到我国法制的统一问题，立法不统一，法律的实施也必将面临不统一，而法律实施的不统一必将影响法律的权威，进一步影响我国法治国家建设的进程。

**【延伸阅读】**

1. 林彦．再论全国人大常委会基本法律修改权．法学家，2011 (1).

2. 姜涛．谁之修正——对我国刑法修正案制定权的反思与重构．中国刑事法杂志，2011 (5).

3. 韩大元．“全国人大修改选举法”与基本法律的修改权．法学杂志，2010 (7).

4. 韩大元．全国人大常委会新法能否优于全国人大的旧法．法学，2008 (10).

5. 涂龙科，程兰兰．刑法修正案立法权违宪之思考．昆明理工大学学报（社会科学版），2009 (1).

6. 林彦．传统续造：基本法律修改权的创制．清华法学，2023 (1).

7. 周承建．关于全国人大常委会基本法律修改权的思考．人大研究，2017 (11).

**事例二**

## 全国人大常委会专题询问

**【事例概况】**

2010 年 6 月 24 日上午第十一届全国人大常委会第十五次会议在分组审议国务院关于 2009 年度中央决算的报告时进行了专题询问。受国务院委托，财政部多位负责人到会回答询问。这是全国人大常委会首次进行专题询问。

2010 年 8 月 27 日 9 时，在北京人民大会堂，第十一届全国人大常委会第十六次会议分别在东大厅和西大厅举行联组会议，审议国务院关于粮食安全工作情况的报告并进行专题询问。受国务院委托，国家发展改革委、财政部、国土资源部、水利部、农业部等九部门负责人到会听取意见，并对提出的询问进行回答。这是全国人大常委会首次以联组会议形式进行专题询问。

2010 年 12 月 24 日第十一届全国人大常委会第十八次会议在人民大会堂召开联组会议，专题询问国务院关于深化医药卫生体制改革工作的情况。受国务院委托，国家发展改革委、财政

① 如从 1997 年 10 月实施至 2011 年 2 月，刑法已经有过八次修正，这八部修正案均由全国人大常委会审议通过，在修改的内容上，不仅增设了新的罪名、调整了某些犯罪的法定刑，而且还修正了刑法典总则的规定（其中包括刑罚的调整、死刑的减少等）。

② 参见袁定波：《律师会见期待出台操作细则》，载《法制日报》，2009－05－27，5 版。

部、人力资源社会保障部、卫生部等相关部委局的负责人到会听取意见、回答询问。

2011年6月28日，第十一届全国人大常委会第二十一次会议举行分组会，就国务院关于2010年度中央决算的报告进行专题询问。受国务院委托，财政部、审计署的多位负责人到会回答询问。这是全国人大常委会在2011年进行的首次专题询问。

2011年12月30日9时，全国人大常委会在人民大会堂金色大厅对国务院关于实施《国家中长期教育改革和发展规划纲要（2010—2020年）》工作情况进行专题询问。受吴邦国委员长委托，全国人大常委会副委员长路甬祥主持了这次联组会议。受国务院委托，教育部、国家发展改革委、科技部、公安部、财政部、人力资源社会保障部、卫生部和国务院法制办公室等相关部委的负责人到会听取意见、回答询问。这是全国人大常委会在2011年举行的第三次专题询问。在30日上午的联组会议上，全国人大常委会组成人员就教育经费保障、教育均衡发展、素质教育实施、校车校园安全等群众普遍关心的问题提出询问，教育部等相关部委的负责人一一作了回答。

全国人大常委会的示范作用产生了冲击波，一些地方人大常委会也先后启动专题询问。近年来，地方人大常委会的专题询问更加常态化，对于加大监督力度、增强监督实效起到了一定作用。

**【涉及的宪法问题】**

本事例涉及全国人大常委会的询问和质询权。询问是全国人大常委会组成人员了解有关情况的一种手段，是全国人大常委会对国务院、国家监察委员会、最高人民法院、最高人民检察院等依法实施监督的一种重要方式。质询具体指人大代表依照有关法律规定，有对本级人民政府及其所属工作部门、监察委员会、人民法院、人民检察院提出质询并要求答复的权利。质询是人大对“一府一委两院”实施监督的法定形式，是人大代表的一项重要权利。质询可以发挥重要的监督作用，在程度上要比询问严厉得多。

**【条文链接】**

**《中华人民共和国宪法》（2018年修正）**

第七十三条　全国人民代表大会代表在全国人民代表大会开会期间，全国人民代表大会常务委员会组成人员在常务委员会开会期间，有权依照法律规定的程序提出对国务院或者国务院各部、各委员会的质询案。受质询的机关必须负责答复。

**《中华人民共和国各级人民代表大会常务委员会监督法》（2006年）**

第三十四条　各级人民代表大会常务委员会会议审议议案和有关报告时，本级人民政府或者有关部门、人民法院或者人民检察院应当派有关负责人员到会，听取意见，回答询问。

第三十五条　全国人民代表大会常务委员会组成人员十人以上联名，省、自治区、直辖市、自治州、设区的市人民代表大会常务委员会组成人员五人以上联名，县级人民代表大会常务委员会组成人员三人以上联名，可以向常务委员会书面提出对本级人民政府及其部门和人民法院、人民检察院的质询案。

质询案应当写明质询对象、质询的问题和内容。

第三十六条　质询案由委员长会议或者主任会议决定交由受质询的机关答复。

委员长会议或者主任会议可以决定由受质询机关在常务委员会会议上或者有关专门委员会会议上口头答复，或者由受质询机关书面答复。在专门委员会会议上答复的，提质询案的常务委员会组成人员有权列席会议，发表意见。委员长会议或者主任会议认为必要时，可以将答复质询案的情况报告印发常务委员会会议。

第三十七条　提质询案的常务委员会组成人员的过半数对受质询机关的答复不满意的，可以提出要求，经委员长会议或者主任会议决定，由受质询机关再作答复。

第三十八条　质询案以口头答复的，由受质询机关的负责人到会答复。质询案以书面答复的，由受质询机关的负责人签署。

**《中华人民共和国全国人民代表大会组织法》（2021年修正）**

第二十一条　全国人民代表大会会议期间，一个代表团或者三十名以上的代表联名，可以书面提出对国务院以及国务院各部门、国家监察委员会、最高人民法院、最高人民检察院的质询案。

第三十条　常务委员会会议期间，常务委员会组成人员十人以上联名，可以向常务委员会书面提出对国务院以及国务院各部门、国家监察委员会、最高人民法院、最高人民检察院的质询案。

**【事例评析】**

1. 询问与质询的区别

询问和质询都是人大对“一府一委两院”实施监督的法定形式，都要按一定的法律程序提出，都要求询问/质询对象在会议期间作出答复或说明。但两者有一定的区别。

（1）性质与目的不同。质询必须以质询案的形式提出，属于议案的一种，带有批评性和强制性，提出质询的目的是获知被质询机关的工作情况或者对被质询机关的工作提出批评，以监督其改正工作中的缺点和错误。而询问具有介绍、说明的性质，不属于议案，代表提出询问是为了解所审议议案或报告中不清楚、不理解的问题。

（2）主体与对象不同。根据《各级人民代表大会和地方各级人民政府地方组织法》的规定，在人民代表大会会议期间，代表10人以上联名，有权向本级政府和它所属工作部门、监察委员会、人民法院、人民检察院提出质询案；在人大常委会会议期间，设区的市以上人大常委会组成人员5人以上联名，县级人大常委会组成人员3人以上联名，有权对本级政府、监察委员会、人民法院、人民检察院提出质询案；根据《代表法》的规定，代表可在大会审议议案和报告事项时向所审议议案或报告有关的本级国家机关提出询问，且没有人数的限制。

（3）问题的指向不同。质询的范围较广，对于被质询机关的职权事项，都可以提出质询；而询问只限于正在审议的议案和报告。

（4）答复的范围和形式不同。质询案一旦成立，在人民代表大会会议期间被质询机关就应在主席团会议、大会全体会议或有关的专门委员会会议上，在常委会会议期间被质询机关应当在常委会全体会议或有关专门委员会会议上口头或书面作出答复。以口头答复的，应当由被质询机关的负责人到会答复；以书面答复的，应当由被质询机关负责人签署。而询问提出后，被询问机关派负责人或负责人员作出说明即可。

（5）运作程序不同。质询案必须以书面形式提出，而且要写明质询对象、质询的问题和内容，并须提请人民代表大会会议主席团或常委会主任会议决定交受质询机关答复；关于询问没有严格的程序规定，一般随问随答，比较简便。

（6）法律效力和后果不同。质询的法律层次高，效力强。提出质询案的代表半数以上对答复不满意的，可以要求受质询机关再作答复；如仍不满意，可通过依法行使建议权、罢免权、特定问题调查权等方式，达到监督目的。相比较而言，询问的法律层次较低，效力较弱，被询问机关答复后，代表一般即可对所询问问题有所了解，无须采取替他措施。

2. 开展专题询问是全国人大常委会不断强化监督的重要举措

人大常委会对“一府一委两院”的工作进行专题询问，其法律依据是《监督法》第 34 条。法律规定，各级人大常委会会议审议议案和有关报告时，本级人民政府或者有关部门、监察委员会、人民法院或者人民检察院应当派有关负责人员到会，听取意见，回答询问。专题询问是人大及其常委会行使监督职权的一个重要方式，也是人大常委会组成人员在审议议案和有关报告时了解有关情况的一种有效手段，是人大的法定职责。

开展专题询问，有利于人大常委会进一步加大监督工作力度，增强监督的实效性，是完善监督制度的有益尝试；同时，通过询问活动，民众也能切实感受到实践中人大监督在加强，监督权的行使具有力度。对公民而言，开展专题询问有助于增强公民的民主意识、权利意识，激发大家关心、参与国家生活。专题询问可谓是进行公民教育的一个生动平台。对政府而言，接受专题询问既是压力也是动力，有利于政府树立“责任政府”的理念，也有助于进一步落实依法行政原则，加强对政府工作的约束，使依法行政制度化，从而推动建设法治政府、服务型政府目标的实现。

笔者认为，开展专题询问应该进一步常态化、制度化。一方面，要讲求实效，选好询问的主题；另一方面，专题询问对媒体和公众的开放，也应形成制度，以保障公民的知情权。

**【延伸阅读】**

1. 韩大元．专题询问，让人大监督更有力．中国人大，2011（11）．

2. 陈扣喜．询问、质询的启动：人大监督的新内涵．人大研究，2011（12）．

3. 阿计．人大询问权：能否激活更多的监督权？．民主与法制，2010（19）．

4. 王东亮．新形势下人大质询制度发展和展望．人大研究，2017（6）．

## 第二节　国家主席

根据宪法的规定，国家主席有公布法律和发布命令权、任免权、外事权、授予荣誉权等。2004 年通过的《宪法修正案》第 28 条增加规定国家主席代表中华人民共和国“进行国事活动”。以下对此进行详细说明。

**事例**

### 2004 年修宪时增加国家主席关于“进行国事活动”的职权

**【事例概况】**

2004 年宪法修正案将第 81 条“中华人民共和国主席代表中华人民共和国，接受外国使节；根据全国人民代表大会常务委员会的决定，派遣和召回驻外全权代表，批准和废除同外国缔结的条约和重要协定”，修改为：“中华人民共和国主席代表中华人民共和国，进行国事活动，接受外国使节；根据全国人民代表大会常务委员会的决定，派遣和召回驻外全权代表，批准和废除同外国缔结的条约和重要协定。”其中增加“进行国事活动”这一新的内容，既是我国开展特色大国外交的重要一步，也对国家主席开展外交活动予以规范和确认。

**【涉及的宪法问题】**

本事例涉及国家主席的职权。面对百年未有之大变局，当前国际格局和国际体系正在发生深刻调整，我国国家主席参与双边外交、多边外交的频率不断提高，特色大国外交实践不断丰富，故作者选取“进行国事活动”对其职权进行简单梳理。

**【条文链接】**

**《中华人民共和国宪法》（2018 年修正）**

第八十一条　中华人民共和国主席代表中华人民共和国，进行国事活动，接受外国使节；根据全国人民代表大会常务委员会的决定，派遣和召回驻外全权代表，批准和废除同外国缔结的条约和重要协定。

**《中华人民共和国国家勋章和国家荣誉称号法》（2016 年）**

第八条　中华人民共和国主席进行国事活动，可以直接授予外国政要、国际友人等人士“友谊勋章”。

**《中华人民共和国集会游行示威法》（2009 年修正）**

第二十九条（第四款）　包围、冲击国家机关，致使国家机关的公务活动或者国事活动不能正常进行的，对集会、游行、示威的负责人和直接责任人员依照刑法有关规定追究刑事责任。

**《中华人民共和国集会游行示威法实施条例》（2011 年修订）**

第十三条（第一款）　主管公安机关接到举行集会、游行、示威的申请书后，在决定许可时，有下列情形之一的，可以变更举行集会、游行、示威的时间、地点、路线，并及时通知其负责人：

…………

（五）在申请举行集会、游行、示威的同一时间、地点有重大国事活动的；

…………

**【事例评析】**

关于“国事活动”的含义：《辞源》将“国事”定义为“国家的政事”，即国家的重大政治问题，《汉语常用大词典》认为国事就是国家为主体的重大政治事件；《现代汉语规范用法大词典》将“活动”定义为，“为达到某种目的而采取的行动”。由此，可以认为国事活动是与重大国家事务有关的政治性行为。

根据分权原则，外交权力在全国人大及其常委会、国家主席和国务院之间进行分配，国家主席在外交活动中具有最高性。国家主席开展国事活动的范围需要通过国家主席的外交实践和全国人大常委会的宪法解释加以确定。

第一，“国事活动”条款有其特定的规范内涵和特征，国家主席参与元首外交、进行外交活动时不能超越该规范的范畴。

第二，国家主席进行国事活动的实践受到其他国家机构的限制，如国家主席代表国家签订条约时，依据我国《宪法》第 81 条的规定，需由全国人大常委会决定是否批准条约的签署，国家主席根据全国人大常委会的决定作出最后的签署。我国《宪法》第 80 条和第 81 条实质上明确了国家主席行使国家权力的界限，超越此界限将可能导致违宪的后果。

第三，在政治实践中，国家主席在进行国事活动和接受外国使节时具有自主性，但这并不意味着国家主席可以参与实质性的外交决策。在国际法上，国家主席的外交行为被视为国家行为，据以产生的权利和义务由国家承担。在我国宪法规定的外交权分配格局中，国务院管理对外事务、同外国签订条约和协定，国家权力机关批准重大的外交决策以及条约，国家主席则是国家外交决策的执行者。因而，在我国，国家主席进行国事活动须服从国家权力机关的决定，在既有的外交决策框架下进行。

综上所述，“国事活动”条款授予国家主席在元首外交中的自主性，主要体现为参与过程的自主性，且不得与国家权力机关和国家行政机关的外交决策相违背。

**【延伸阅读】**

1. 许崇德．许崇德全集：第 5 卷·国家元首．北京：中国民主法制出版社，2009.
2. 张庆福．宪法学基本理论．北京：社会科学文献出版社，1999.
3. 徐秀义，韩大元．现代宪法学基本原理．北京：中国人民公安大学出版社，2001.

## 第三节　国务院

根据现行宪法的规定，中华人民共和国国务院，即中央人民政府，是最高国家权力机关的执行机关，是最高国家行政机关。自新中国成立以来，国务院部门的设置经历了数次改革，以下对 2018 年和 2023 年的机构改革进行简要介绍。

**事例**

### 国务院机构改革

**【事例概况】**

改革开放以来，中国已进行了 9 次国务院政府机构改革。1982 年改革开始精简人员，减少各类行政组织。1988 年改革将政府职能转变作为指导思想。1993 年改革将转变政府职能作为改革重点。1998 年改革着重调整政府与市场、企业、社会之间的关系。2003 年改革提出政治文明建设是行政体制改革的重要方面。2008 年改革提出了“大部制”改革方向。2013 年改革继续推进大部制改革，国务院组成部门减为 25 个。2018 年 3 月，《国务院机构改革方案》通过，提出构建“系统完备、科学规范、运行高效的党和国家机构职能体系”，国务院组成部门数量为 26 个。2023 年，党的二十届二中全会通过了《党和国家机构改革方案》，深化国务院机构改革是其中的一项重要任务：加强科学技术、金融监管、数据管理、乡村振兴、知识产权、老龄工作等重点领域的机构职责优化和调整，转变政府职能，加快建设法治政府，为全面建设社会主义现代化国家、全面推进中华民族伟大复兴提供有力保障。改革后，国务院组成部门仍为 26 个。

**【涉及的宪法问题】**

本事例涉及国务院的职权。国务院机构改革是提升国家治理体系和治理能力现代化的应有之义，通过政府职能的完善和发展，不断服务社会主义现代化建设。因此，有必要对国务院的职权范围予以界定和简单梳理。

**【条文链接】**

**《中华人民共和国宪法》（2018 年修正）**

第八十五条　中华人民共和国国务院，即中央人民政府，是最高国家权力机关的执行机关，是最高国家行政机关。

**《中华人民共和国国务院组织法》（2024 年修订）**

第十一条　国务院组成部门的设立、撤销或者合并，经总理提出，由全国人民代表大会决定；在全国人民代表大会闭会期间，由全国人民代表大会常务委员会决定。国务院组成部门确定或者调整后，由全国人民代表大会或者全国人民代表大会常务委员会公布。

第十三条　国务院可以根据工作需要和优化协同高效精简的原则，按照规定程序设立若干直属机构主管各项专门业务，设立若干办事机构协助总理办理专门事项。每个机构设负责人二至五人，由国务院任免。

**《国务院行政机构设置和编制管理条例》(1997年)**

第二条　国务院行政机构设置和编制管理应当适应国家政治、经济、社会发展的需要，遵循精简、统一、高效的原则。

第三条　国务院根据宪法和国务院组织法的规定，行使国务院行政机构设置和编制管理职权。

国务院机构编制管理机关在国务院领导下，负责国务院行政机构设置和编制管理的具体工作。

第四条　国务院行政机构的设置以职能的科学配置为基础，做到职能明确、分工合理、机构精简，有利于提高行政效能。

国务院根据国民经济和社会发展的需要，适应社会主义市场经济体制的要求，适时调整国务院行政机构；但是，在一届政府任期内，国务院组成部门应当保持相对稳定。

第五条　国务院行政机构的设立、撤销或者合并，由国务院机构编制管理机关事先组织有关部门和专家进行评估和论证。

第六条（第一款）　国务院行政机构根据职能分为国务院办公厅、国务院组成部门、国务院直属机构、国务院办事机构、国务院组成部门管理的国家行政机构和国务院议事协调机构。

**【事例评析】**

1. 国务院的职权

宪法规定的国务院职权主要有以下几个方面：

（1）行政法规的制定和发布权。国务院有权根据宪法和法律制定有关行政机关的活动准则、行政权限以及行政工作制度和各种行政管理制度等方面的规范性文件。国务院制定的行政法规的法律效力低于宪法和法律，其内容不能与宪法和法律相抵触，否则无效。

（2）行政措施的规定权。国务院在行政管理中认为需要的时候，或者为了执行法律和执行最高国家权力机关的决议，有权采取各种具体办法和实施手段。

（3）提出议案权。国务院是具体管理和组织我国社会主义经济建设和社会生活的最高行政机关。为了完成宪法和最高国家权力机关规定的各项任务，国务院必须提出有关的法律草案以及国民经济和社会发展计划，报告计划的执行情况，报告国家的预算和预算的执行情况，等等，经最高国家权力机关审议批准，使之变成指导经济建设和社会生活的法律性文件。这些计划、报告都必须在全国人大及其常委会会议上以议案的形式提出。

（4）对所属部、委和地方各级行政机关的领导权及监督权。国务院有权对我国地方各级国家行政机关发布指示、规定任务，进行行政领导和监督；有权改变地方各级行政机关所发布的不适当的决定、命令和规章；有权确定其所属各部、各委员会等中央国家行政机关的工作内容、工作制度、工作任务和所担负的职能与责任；有权改变或者撤销各部、各委员会发布的不适当的决定和命令。国务院所属各部、各委员会和地方各级行政机关必须接受国务院的统一领导和监督。

（5）对国防、民政、文教、经济等各项工作的领导权和管理权，对对外事务的领导权和管理权。国务院根据国家宏观计划的安排，负责组织、管理和实施我国武装力量的建设，通过设置民政部、公安部、司法部、教育部、文化部等，管理和领导国家民政、公安、文教等各项工作；通过国家计划的宏观调控手段和其他经济手段，组织、指导和监督国有企业、集体经济组织和其他各种经济组织，依法进行生产和经营活动；领导和管理民族事务，保障少数民族的平等权利和民族自治地方的自治权利；保护华侨的正当权利和利益；领导和管理国家的对外事务；等等。

(6) 行政人员的任免、奖惩权。国务院有权依照《宪法》、《国务院组织法》、《地方各级人民代表大会和地方各级人民政府组织法》以及《公务员法》等有关法律，任免国家行政机关的领导人员，奖励先进的工作人员，惩罚违反法纪、造成一定后果的工作人员。

(7) 最高国家权力机关授予的其他职权。这是指国务院除行使宪法明确规定的职权外，还可以行使全国人大或全国人大常委会授予的其他职权。如 1985 年 4 月，六届全国人大三次会议通过决定，授权国务院对于有关经济体制改革和对外开放方面的问题，必要时可以根据宪法，在同有关法律和全国人大及其常委会有关决定的基本原则不相抵触的前提下，制定暂行的规定或条例，并报全国人大常委会备案。

2. 国务院机构改革的历程

自新中国成立以来，党和政府为建立和完善结构合理、人员精干、灵活高效的党政机关进行了坚持不懈的努力，分别在 1982 年、1988 年、1993 年、1998 年、2003 年、2008 年、2013 年、2018 年和 2023 年进行了 9 次规模较大的政府机构改革。截止到 2023 年，国务院组成部门为 26 个。

历次国务院机构改革的主要经验是适应社会主义市场经济体制，转变政府职能。党的十九届三中全会研究深化党和国家机构改革问题并作出《中共中央关于深化党和国家机构改革的决定》，明确指出，“深化党和国家机构改革是推进国家治理体系和治理能力现代化的一场深刻变革”。2018 年 3 月 13 日，国务院机构改革方案公布。根据该方案，改革后，国务院正部级机构减少 8 个，副部级机构减少 7 个，除国务院办公厅外国务院设置组成部门 26 个。

2023 年，党的二十届二中全会通过了《党和国家机构改革方案》，深化国务院机构改革是其中的一项重要任务。此次机构改革以习近平新时代中国特色社会主义思想为指导，以加强党中央集中统一领导为统领，以推进国家治理体系和治理能力现代化为导向，坚持稳中求进工作总基调，适应统筹推进“五位一体”总体布局、协调推进“四个全面”战略布局的要求，适应构建新发展格局、推动高质量发展的需要，加强科学技术、金融监管、数据管理、乡村振兴、知识产权、老龄工作等重点领域的机构职责优化和调整，转变政府职能，加快建设法治政府，为全面建设社会主义现代化国家、全面推进中华民族伟大复兴提供有力保障。2023 年 3 月 10 日，十四届全国人大一次会议表决通过了《关于国务院机构改革方案的决定》，批准了这个方案。改革后，除国务院办公厅外，国务院组成部门仍为 26 个。

2023 年国务院机构改革的具体内容如下：重新组建科学技术部；组建国家金融监督管理总局；深化地方金融监管体制改革；中国证券监督管理委员会调整为国务院直属机构；统筹推进中国人民银行分支机构改革；完善国有金融资本管理体制；加强金融管理部门工作人员统一规范管理；组建国家数据局；优化农业农村部职责；完善老龄工作体制；完善知识产权管理体制；国家信访局调整为国务院直属机构；精简中央国家机关人员编制。按照上述方案调整后，除国务院办公厅外，国务院组成部门仍为 26 个。

**【延伸阅读】**

1. 石青川，王红茹．国务院机构改革现重要变化：将为解决这些问题厘清思路．中国经济周刊，2023.

2. 刘倩．国务院机构改革 70 年来回顾与思考．安徽行政学院学报，2019 (5).

3. 韩大元．论国家监察体制改革中的若干宪法问题．法学评论，2017 (3).

4. 何颖．中国政府机构改革 30 年回顾与反思．中国行政管理，2008 (12).

5. 毛寿龙．中国政府体制改革的过去与未来．江苏行政学院学报，2004 (2).

## 第四节　监察委员会

根据《宪法》第 123 条和《监察法》第 3 条的规定，各级监察委员会是国家的监察机关，是行使国家监察职能的专责机关，依法对所有行使公权力的公职人员进行监察，调查职务违法和职务犯罪，开展廉政建设和反腐败工作。作为在 2018 年由宪法正式设立的国家机关，监察机关的体制改革自党的十八大开始持续至今。以下将以国家监察体制改革为例进行简要说明。

**事例**

### 国家监察体制改革

**【事例概况】**

2016 年 11 月《关于在北京市、山西省、浙江省开展国家监察体制改革试点工作的决定》印发，作为我国国家监察体制改革的开端，部署在上述三省市设立各级监察委员会，从体制机制、制度建设上先行先试、探索实践，为在全国推开积累经验。

2017 年 11 月 4 日，全国人大常委会通过《全国人民代表大会常务委员会关于在全国各地推开国家监察体制改革试点工作的决定》。后各地均建立监察委员会。

2018 年《宪法修正案》对此予以明确规定：在第三章“国家机构”中增加一节，作为第七节“监察委员会”；增加 5 条，分别作为第 123 条至第 127 条。

**【涉及的宪法问题】**

国家监察体制改革关系我国政治体制改革的大局，是全面深入推进反腐败工作的重要举措。通过建立监察委员会实现了对所有行使公权力的公职人员监察的全覆盖。在全面提升治国理政水平的伟大进程中，国家监察体制改革具有重要价值和意义。

**【条文链接】**

**《中华人民共和国宪法》(2018 年修正)**

第一百二十三条　中华人民共和国各级监察委员会是国家的监察机关。

第一百二十四条　中华人民共和国设立国家监察委员会和地方各级监察委员会。

监察委员会由下列人员组成：

主任，

副主任若干人，

委员若干人。

监察委员会主任每届任期同本级人民代表大会每届任期相同。国家监察委员会主任连续任职不得超过两届。

监察委员会的组织和职权由法律规定。

第一百二十五条 中华人民共和国国家监察委员会是最高监察机关。

国家监察委员会领导地方各级监察委员会的工作，上级监察委员会领导下级监察委员会的工作。

第一百二十六条 国家监察委员会对全国人民代表大会和全国人民代表大会常务委员会负责。地方各级监察委员会对产生它的国家权力机关和上一级监察委员会负责。

第一百二十七条 监察委员会依照法律规定独立行使监察权，不受行政机关、社会团体和个人的干涉。

监察机关办理职务违法和职务犯罪案件，应当与审判机关、检察机关、执法部门互相配合，互相制约。

**《中华人民共和国监察法》(2018 年)**

第三条 各级监察委员会是行使国家监察职能的专责机关，依照本法对所有行使公权力的公职人员（以下称公职人员）进行监察，调查职务违法和职务犯罪，开展廉政建设和反腐败工作，维护宪法和法律的尊严。

第四条 监察委员会依照法律规定独立行使监察权，不受行政机关、社会团体和个人的干涉。

监察机关办理职务违法和职务犯罪案件，应当与审判机关、检察机关、执法部门互相配合，互相制约。

监察机关在工作中需要协助的，有关机关和单位应当根据监察机关的要求依法予以协助。

**【事例评析】**

通过国家监察体制改革，从中央到地方建立各级监察委员会，在加强党中央统一领导反腐败工作，推进国家治理体系和治理能力现代化进程中具有重要价值。

1. 改变反腐深陷僵局的现实难题

“吏不廉平，则治道衰”道出了吏治对国家发展的重要影响。贪污腐败犯罪历来是刑法调整的重点。改革开放以来，腐败犯罪的相关惩治出现了难以调和的矛盾：一方面，刑事政策一直保持对腐败犯罪的惩治力度和超高压态势，各种反腐败刑事举措频出；另一方面，尽管每年都有大量腐败犯罪的官员落网，但是腐败案件并没有随之减少，相反，腐败犯罪案件出现连年大幅增加的情况，近些年来腐败上亿案并不鲜见。这种内在矛盾对反腐败工作提出了严峻的挑战。究其根本，“重结果严惩，忽视过程监督”、“监察权弱小而又分散”是腐败滋生的困境所在。进行国家监察体制改革，其实质就是打破重病难医的反腐僵局，革除监察低效而又软弱的弊端，强力整合反腐机构，大力加强监察体系建设，将全部监察力量凝结成晶，形成反腐新体制，适应反腐新常态。

2. 促进反腐从治标到治本的彻底转变

准确研究反腐形势，是作出正确决策的实践基础。国家监察体制改革之前反腐工作形势严峻，仅仅依靠单一严惩刑事政策与高压态势完成反腐工作，往往难以取得反腐胜利结果。综合运用多重措施、多种方式才能实现对腐败的科学治理。鉴于此，当前反腐工作，在坚持严惩高压政策的同时，更应注重对权力运行的严管。公开的权力运行与监督是反腐治本的重要标志，应建立权力运行机制与权力动态监督体系，使权力运行过程实现透明化。此外，还应着力在权力制约与监督、制度健全与完善等方面下功夫，突出治标，重视预防，实现“不想腐”的机制建设，促进反腐从治标到治本的彻底转变。

3. 激发反腐由消极转向积极的根本革新

改革开放以来一段时间内，我国反腐工作一直以结果本位主义为导向，将严刑峻罚的古老刑事政策延续下来，导致反腐工作无法动摇腐败的根基，腐败持续发展，呈泛滥形态。其根本原因还在于我国反腐机关自身资源有限，使消极治理腐败的理念一直在指导反腐工作，难以从根本上解决问题与扭转治理态度。在20世纪90年代，积极治理腐败的理念开始在英美等西方国家流行开来，以该理念为指导思想的腐败治理取得明显成效，治理实践取得显著成功。因此，要想在反腐斗争中取得战略主动权，必须根本革新腐败治理理念，改消极反腐为积极反腐，以积极反腐为主，以消极反腐为辅。积极切断腐败行为发生链条，压缩腐败的空间与时间维度，使对权力产生、运行与结果的全过程有全面监督机制。由此才能真正掌握反腐败斗争的主动权，使反腐败斗争立于不败之地。

**【延伸阅读】**

1. 徐汉明．国家监察权的属性探究．法学评论，2018（1）.
2. 陈光中，邵俊．我国监察体制改革若干问题思考．中国法学，2017（4）.
3. 韩大元．论国家监察体制改革中的若干宪法问题．法学评论，2017（3）.
4. 秦前红．监察体制改革的逻辑与方法．环球法律评论，2017（2）.
5. 马怀德．国家监察体制改革的重要意义和主要任务．国家行政学院学报，2016（6）.

## 第五节　人民法院

人民法院是我国国家机构的重要组成部分，是国家的审判机关，行使国家审判权。人民法院依照法律对刑事案件、民事案件、行政案件和其他案件进行审理和裁决。人民法院通过审判和裁决各类案件和争议，保卫人民民主专政制度，维护社会主义法制和社会秩序，保护社会主义全民所有的财产、劳动群众集体所有的财产和公民个人的合法财产，保护公民的人身权利、民主权利和其他权利，保障国家的社会主义建设事业顺利进行。

### 事例一

### 河南洛阳玉米种子案①

**【事例概况】**

2001年5月22日，河南汝阳县种子公司（以下简称汝阳公司）与伊川县种子公司（以下简称伊川公司）签订合同，约定由伊川公司为其代繁玉米种子。但伊川公司为赚取更大利润未能履约，将所育种子高价卖与了他人。2003年年初，汝阳公司以伊川公司不履约为由，将其诉至洛阳市中级人民法院，请求法院判令伊川公司合同违约并对汝阳公司作出经济赔偿。

伊川公司同意作出赔偿，但在赔偿损失的计算方法上与汝阳公司发生争议。汝阳公司认为：

① 参见吉敏丽、王存河等编：《宪法事例研析》，北京，中国政法大学出版社，2013，209～211页。

依据《中华人民共和国种子法》(以下简称《种子法》)的立法精神，赔偿损失的计算应按市场价格，伊川公司之所以将代繁的种子转卖他人，是因为当时市场价格较高。按市场价格3.4元～3.9元/公斤计算，扣除其他因素，汝阳公司的损失为70余万元。而伊川公司认为应当依据《河南省农作物种子管理条例》(已失效——编辑注)及省物价局、农业厅据此制定的《河南省主要农作物种子价格管理办法》(以下简称《办法》)即政府指导价来确定赔偿数额，因为按此计算，伊川公司只需赔偿2万元左右。

洛阳市中级人民法院经审理后，于2003年5月27日作出判决［(2003)洛民初字第26号民事判决书］，认定：《种子法》实施后，玉米种子的价格已由市场调节，《河南省农作物种子管理条例》为法律位阶较低的地方性法规，其与《种子法》相冲突的条款"自然无效"，而河南省物价局、农业厅联合制定的《办法》又是根据该条例制定的一般性规范性文件，其与《种子法》相冲突的条款亦为"无效"条款。遂判令伊川公司按市场价格赔偿汝阳公司经济损失59.7万余元。

但伊川公司提出：《种子法》并没有对种子的销售价格作出任何规定，《河南省农作物种子管理条例》对农作物种子经营价格作出的具体规定没有与《种子法》、《价格法》相抵触，法庭不应视为"无效"。法院是司法机关，无权直接在判决书中认定上级立法机关制定的正在生效的条例无效。

一审判决作出后，伊川公司不服，向河南省高级人民法院提起上诉。

与此同时，河南省人大、洛阳市人大亦对洛阳市中级人民法院"宣告"地方性法规"无效"的判决表示不满，于是在2003年10月13日，河南省人大常委会办公厅下发了《关于洛阳市中级人民法院在民事审判中违法宣告省人大常委会通过的地方性法规有关内容无效问题的通报》(以下简称《通报》)，指出："针对洛阳市人大常委会的请示，2003年10月13日省十届人大常委会第24次主任会议认为，洛阳市中级人民法院作为一级审判机关，在其民事判决书中宣告省人大常委会通过的地方性法规有关内容无效，其实质是对省人大常委会通过的地方性法规的违法审查，违背了我国的人民代表大会制度，侵犯了权力机关的职权，暴露了一些审判机关对人民代表大会制度意识的淡薄，是严重违法行为。1998年省高级人民法院已就沁阳市人民法院在审理一起案件中错误地审查地方性法规的问题已通报全省各级法院(豫高法［1998］111号)，洛阳市中级人民法院却明知故犯。主任会议决定，为了维护地方性法规在全省贯彻执行的严肃性，请省法院对洛阳市中级人民法院的严重违法行为做出认真、严肃的处理，认真查找、分析再次出现类似情况的原因，真正采取切实措施，以避免类似情况的再发生，并将处理结果报告省人大常委会。"

2003年10月13日，河南省人大常委会法制室下发了题为《关于洛阳市人大常委会关于〈河南省农作物种子管理条例〉实施中有关种子经营价格问题的请示的答复》：经2003年10月13日省十届人大常委会第24次主任会议研究，现答复如下：

"1.《河南省农作物种子管理条例》第三十六条关于种子经营价格的规定，与《中华人民共和国种子法》没有抵触，应继续适用。

"2. 洛阳市中级人民法院在其民事判决书(［2003］洛民初字第26号)中宣告地方性法规有关内容无效，这种行为的实质是对省人大常委会通过的地方性法规的违法审查，违背了我国的人民代表大会制度，侵犯了权力机关的职权，是严重违法行为，请你们依法行使监督权，纠正洛阳市中级人民法院的违法行为，对直接责任人员和主管领导依法做出处理，通报洛阳市有关单位，并将处理结果报告省人大常委会。"

随后，河南省高级人民法院于2003年10月21日作出了《河南省高级人民法院关于洛阳中院在民事审判中违法宣告省人大常委会通过的地方性法规有关内容无效问题的通报》（豫高法[2003] 187号），洛阳市中级人民法院作出了《关于中院（2003）洛民初字第26号民事判决书违法宣告省人大常委会通过的地方性法规有关内容无效问题通报》。11月7日，在河南省人大和省高级人民法院的直接要求下，洛阳市中级人民法院党组作出书面决定，撤销了此案主审法官的审判长职务，并免去其助理审判员的资格，同时撤销了当时受委托签发判决书的一位副庭长的职务。

**【涉及的宪法问题】**

1. 法院的地位

我国《宪法》第2条第1、2款规定："中华人民共和国的一切权力属于人民。""人民行使国家权力的机关是全国人民代表大会和地方各级人民代表大会"。第3条第3款规定："国家行政机关、监察机关、审判机关、检察机关都由人民代表大会产生，对它负责，受它监督。"我国的根本政治制度是人民代表大会制度。在国家机构中，只有人民代表大会才是国家权力机关，在国家机构体系中处于核心最高地位，其他国家机关不能凌驾于其上。国家行政机关、监察机关、司法机关等都由人民代表大会产生，对它负责，受它监督。人民检察院是法律监督机关，人民法院是审判机关，它们要对同级人大负责，接受监督和制约。

根据宪法的规定，最高人民法院是最高审判机关，对全国人大和全国人大常委会负责并报告工作。地方各级人民法院对产生它的国家权力机关负责。人民法院依照法律规定独立行使审判权，不受行政机关、社会团体和个人的干涉。

2. 法院的职权

我国《立法法》明确规定了我国法律等规范性文件的效力等级，法律的效力高于行政法规、地方性法规、规章。法官在审理具体案件过程中，对于地方人大制定的地方性法规与法律之间的冲突是否有职权作出裁决，宣布法律条款无效？

**【条文链接】**

**《中华人民共和国立法法》（2023年修正）**

第九十八条　宪法具有最高的法律效力，一切法律、行政法规、地方性法规、自治条例和单行条例、规章都不得同宪法相抵触。

第九十九条　法律的效力高于行政法规、地方性法规、规章。

行政法规的效力高于地方性法规、规章。

第一百零八条　改变或者撤销法律、行政法规、地方性法规、自治条例和单行条例、规章的权限是：

…………

（二）全国人民代表大会常务委员会有权撤销同宪法和法律相抵触的行政法规，有权撤销同宪法、法律和行政法规相抵触的地方性法规，有权撤销省、自治区、直辖市的人民代表大会常务委员会批准的违背宪法和本法第八十五条第二款规定的自治条例和单行条例；

（三）国务院有权改变或者撤销不适当的部门规章和地方政府规章；

（四）省、自治区、直辖市的人民代表大会有权改变或者撤销它的常务委员会制定的和批准的不适当的地方性法规；

…………

**【事例评析】**

根据《宪法》第 2 条第 1、2 款，第 3 条第 3 款的规定，以及《立法法》的规定，在我国，能够有权撤销同宪法、法律和行政法规相抵触的地方性法规的机关是全国人大常委会，能够有权改变或者撤销省级人大常委会制定的或批准的不适当的地方性法规的是省、自治区、直辖市的人民代表大会。法院在行使审判权时，确实无权对省级人大及其常委会通过的地方性法规的效力进行评判。

在本案中，法官的法律推理是正确的，但是最终法官与地方人大的冲突就在于洛阳市中级人民法院的（2003）洛民初字第 26 号民事判决书中的一句话——“《种子法》实施后，玉米种子的价格已由市场调节，《河南省农作物种子管理条例》作为法律位阶较低的地方性法规，其与《种子法》相冲突的条文自然无效……”中国的法官并没有宣布法律条款无效的权力，而本案法官在此判决中宣布地方性法规的条款无效，自然涉及了一个越权的问题。

法官在审理案件过程中，认为地方性法规与法律相冲突，当作何种选择呢？第一种选择是上报。法官中止案件审理，将认为与宪法和法律相冲突的地方性法规报请最高人民法院提请全国人大常委会裁决。第二种选择是适用上位法。法官在具体法律适用上是有选择权的，根据《宪法》和《立法法》的原则和规定，法官肯定不能适用与法律相抵触的地方性法规。

值得一提的是，第一种选择“上报”来源于《立法法》赋予最高人民法院提出合宪性审查要求权。但在实践中，最高人民法院并未有效行使过这一权力。为激活该条款，有学者主张构建法院合宪性预审机制：受理法院对当事人提出的合宪性审查要求进行初步审查，将符合要求的诉求移送最高人民法院，由最高人民法院运用合宪性推定再次进行审查，作出是否提请全国人大常委会审查的裁定。①

**【延伸阅读】**

1. 朱姗姗．论法院合宪性预审机制的建构：激活《立法法》第 99 条第 1 款研究．政治与法律，2022（8）．

2. 杨春福．法官应该是司法能动主义者：从李慧娟事件说起．现代法学，2009（6）．

3. 赵晓力．司法过程与民主过程．法学研究，2004（4）．

**事例二**

## 陕西省国土资源厅召开“协调会”否定法院判决②

**【事例概况】**

2010 年 7 月 17 日，陕西省榆林市横山县波罗镇山东煤矿和波罗镇樊河村发生了群体性械斗，共造成 87 人受伤。

事件起因于煤矿的采矿许可权归属纠纷。波罗镇山东煤矿在采矿许可证变更以前，是波罗镇北窑湾煤矿。正是这个名称变更，引发了一场旷日持久的行政诉讼。根据榆林市和陕西省两级法院判决书的内容，北窑湾煤矿于 1996 年 12 月开办，属集体性质。2000 年煤矿换证期间，山东淄博人李某，通过私刻公章、涂改采矿许可变更登记申请书等手段，获取了陕西省国土资源厅

---

① 参见朱姗姗：《论法院合宪性预审机制的建构——激活〈立法法〉第 99 条第 1 款研究》，载《政治与法律》，2022 年第 8 期。

② 参见吉敏丽、王存河等编：《宪法事例研析》，北京，中国政法大学出版社，2013，316～317 页。

新的“采矿许可证”，将“横山县波罗镇北窑湾煤矿”变更为“横山县波罗镇山东煤矿”，负责人由樊某变为李某。对此，樊河村村民联名要求有关部门给予更正。横山县矿产局发现问题后立即予以更正，并通过榆林市矿产局上报省国土资源厅。省国土资源厅口头答应尽快更正，却一拖再拖。无奈之下，樊某向法院提起行政诉讼。

2005年3月5日，在一审、二审法院审理后，樊河村委会向榆林市中级人民法院申请再审，要求对陕西省国土资源厅未经村委会同意将集体矿权变更为李某个人矿权一事进行审理。榆林市中级人民法院以（2005）榆中行再终字第36号行政判决书作出判决：陕西省国土资源厅给横山县波罗镇山东煤矿批准变更“采矿许可证”的行政行为，侵犯了原企业采矿权人的合法权益，属违反法定程序行为；李某擅自涂改采矿许可变更登记申请书，骗取省国土资源厅颁发“采矿许可证”，显系违法行为，所取得的610000032××××号采矿证应依法予以撤销，由省国土资源厅作出具体行政行为。

该判决送达后，陕西省国土资源厅向陕西省高级人民法院申诉，陕西省高级人民法院以（2007）陕行监字第1号裁定书驳回其申诉，明确指出：陕西省国土资源厅向横山县波罗镇山东煤矿颁发“采矿许可证”的行为缺乏合法性基础，榆林市中级人民法院再审判决对此予以撤销，并判令省国土资源厅重新作出具体行政行为并无不当，省国土资源厅的申诉理由不能成立。

至此，这起“民告官”的行政诉讼，有了一个很明确的判决，只待败诉方——陕西省国土资源厅履行法院判决，纠正违法行政造成的错误，恢复“横山县波罗镇北窑湾煤矿”的合法权益。然而，在陕西省高级人民法院裁定作出后两年有余的时间里，樊河村委会多次到陕西省国土资源厅反映情况，要求执行，但陕西省国土资源厅拒不纠正，生效的行政判决形同废纸。

2010年3月1日，横山县波罗镇北窑湾煤矿负责人和樊河村村民代表接到陕西省国土资源厅通知，赴西安市参加该厅举行的“山东煤矿采矿权属纠纷协调会”。准时到达会场后，他们却被告知不能参加会议，在指定地点等候消息。当日下午，陕西省国土资源厅两位厅长向他们宣布：经有关部门相关人员及法律专家对该矿纠纷案进行解读，一致认定：第一，对榆林市中级人民法院和省高级人民法院的法律文书应理解为采矿权与樊某及樊河村村民和集体无任何关系；第二，由山东煤矿出资800万元给樊某作为招商引资奖励；第三，如不服，可向最高人民法院寻求法律救济。至此，陕西省国土资源厅召开“判决”性质的协调会，以会议决定否定生效的法院判决。

2010年7月20日，最高人民法院新闻发言人明确表示：陕西省国土资源厅如对法院终审判决有异议，可以申诉、申请再审等，走法律规定的救济途径，而不能拒不履行生效判决，干扰生效判决的正常履行。

**【涉及的宪法问题】**

本事例涉及人民法院依法独立行使审判权原则。我国《宪法》第126条规定：“人民法院依照法律规定独立行使审判权，不受行政机关、社会团体和个人的干涉。”这一规定指明了人民法院具有独立的法律地位，人民法院在审理和裁判案件时只能以事实为依据、以法律为准绳。独立行使审判权就是只服从事实，只服从法律。因此，人民法院要排除来自各方面的干扰和阻力，以及行政机关、社会团体的干涉和压力，公正司法。

**【条文链接】**

**《中华人民共和国宪法》（2018年修正）**

第一百三十一条　人民法院依照法律规定独立行使审判权，不受行政机关、社会团体和个人的干涉。

**《中华人民共和国人民法院组织法》（2018 年修订）**

第四条　人民法院依照法律规定独立行使审判权，不受行政机关、社会团体和个人的干涉。

**【事例评析】**

第一，法院判决的拘束力问题。

《行政诉讼法》（1989 年）第 5 条规定："人民法院审理行政案件，对具体行政行为是否合法进行审查。"《宪法》（2004 年）第 123 条规定人民法院是国家审判机关，第 126 条规定人民法院独立行使审判权。《行政诉讼法》（1989 年）第 3 条第 1 款规定，"人民法院依法对行政案件独立行使审判权，不受行政机关、社会团体和个人的干涉"。《人民法院组织法》（2006 年）也规定人民法院独立行使审判权，不受行政机关、社会团体和个人的干涉。根据《行政诉讼法》（1989 年）第 63 条第 1 款的规定，人民法院院长对本院已经发生法律效力的判决、裁定，发现违反法律、法规规定，认为需要再审的，应当提交审判委员会讨论决定是否再审。《行政诉讼法》（1989 年）第 65 条第 1 款规定："当事人必须履行人民法院发生法律效力的判决、裁定。"本案中，陕西省榆林市中级人民法院依据《行政诉讼法》的规定启动再审程序具有法律依据。陕西省国土资源厅向陕西省高级人民法院申诉，陕西省高级人民法院以（2007）陕行监字第 1 号裁定书驳回其申诉。因此，陕西省高级人民法院的判决应为最终生效判决，对该判决所有当事人必须履行，而其当事人既包括作为原告的行政相对人，也包括作为被告的陕西省国土资源厅。这个判决有拘束力，陕西省国土资源厅应该执行。即使该判决存在错误，陕西省国土资源厅也不能否定该判决。

第二，如果陕西省国土资源厅认为判决有错误，应该通过什么程序纠正？

《行政诉讼法》（1989 年）第 62 条规定："当事人对已经发生法律效力的判决、裁定，认为确有错误的，可以向原审人民法院或者上一级人民法院提出申诉，但判决、裁定不停止执行。"第 64 条规定："人民检察院对人民法院已经发生法律效力的判决、裁定，发现违反法律、法规规定的，有权按照审判监督程序提出抗诉。"据此，陕西省国土资源厅如果认为已经发生法律效力的判决存在错误，既可以向检察院申请提起抗诉，也向上一级法院申诉，但判决不停止执行。因此，陕西省国土资源厅召开一个包括陕西省高级人民法院、省国土资源厅相关人员和专家学者的协调会，来否定一个已经生效的法院判决，实际上是很荒唐的。

就此事件而言，还涉及行政许可的变更问题：法院能否在涉及采矿权的行政诉讼的判决中判定采矿许可权的归属？本事例中，陕西省国土资源厅认为，采矿权是国土资源厅才有权授予的行政许可权，法院无权干涉行政权力，也即法院无权直接判处采矿权的归属。北京大学法学院教授、《物权法》起草者之一尹田认为，在涉及采矿权的行政诉讼中，法院只有权判定行政机关行政程序上是否违法，在民事诉讼中同样只能判定双方合同是否有效，而不可直接判定采矿权的归属。在此案中，即使原告胜诉，原告是否有资格获得采矿权依然要由陕西省国土资源厅来作出决定。①

**【延伸阅读】**

1. 王贵松．行政诉讼判决对行政机关的拘束力：以撤销判决为中心．清华法学，2017（4）.

---

① 参见《陕西国土厅抗法续：最高院很生气 国土厅很淡定》，载 http：//news.sohu.com/20100806/n274029689.shtml。

2. 杨小敏．法院依照法律规定独立行使审判权条款的宪法变迁．法学家，2022（2）.

**事例三**

## 最高人民法院收回死刑核准权

**【事例概况】**

2006年10月31日，第十届全国人大常委会第二十四次会议高票表决通过《关于修改〈中华人民共和国人民法院组织法〉的决定》，将《人民法院组织法》原第13条“死刑案件除由最高人民法院判决的以外，应当报请最高人民法院核准。杀人、强奸、抢劫、爆炸以及其他严重危害公共安全和社会治安判处死刑的案件的核准权，最高人民法院在必要的时候，得授权省、自治区、直辖市的高级人民法院行使。”（该第13条是在1983年9月2日由第六届全国人大常委会第二次会议表决通过的全国人大常委会《关于修改〈中华人民共和国人民法院组织法〉的决定》修改的）修改为：“死刑除依法由最高人民法院判决的以外，应当报请最高人民法院核准。”该修改决定自2007年1月1日起施行。

2006年12月28日，最高人民法院正式公布了《关于统一行使死刑案件核准权有关问题的决定》。根据这一决定，自2007年1月1日起，最高人民法院过去关于授权高级人民法院和解放军军事法院核准部分死刑案件的通知，一律予以废止。自2007年1月1日起，死刑除依法由最高人民法院判决的以外，各高级人民法院和解放军军事法院依法判决和裁定的死刑立即执行案件，应当报请最高人民法院核准。

这意味着，所有死刑案件都要经最高人民法院核准。

**【涉及的宪法问题】**

死刑核准权的下放是否符合法律的规定？死刑复核是指对被告人判处死刑的案件，由有权的人民法院进行复核，以决定是否核准死刑判决并执行死刑，是对死刑的判决和裁定进行复核的程序。新中国的死刑复核制度经历了一个波折的过程：1954年《人民法院组织法》规定死刑核准权由最高人民法院和高级人民法院共同行使。1979年《刑事诉讼法》《刑法》《人民法院组织法》均规定死刑由最高人民法院核准。之后基于当时社会治安的情况，死刑核准权又经历了多次下放，直至2007年最终由最高人民法院收回。

**【条文链接】**

**《中华人民共和国人民法院组织法》（1983年修订）**

第十三条　死刑案件除由最高人民法院判决的以外，应当报请最高人民法院核准。杀人、强奸、抢劫、爆炸以及其他严重危害公共安全和社会治安判处死刑的案件的核准权，最高人民法院在必要的时候，得授权省、自治区、直辖市的高级人民法院行使。

**《中华人民共和国人民法院组织法》（2018年修订）**

第十七条　死刑除依法由最高人民法院判决的以外，应当报请最高人民法院核准。

**《中华人民共和国刑法》（1997年修订）**

第四十八条　死刑只适用于罪行极其严重的犯罪分子。对于应当判处死刑的犯罪分子，如果不是必须立即执行的，可以判处死刑同时宣告缓期二年执行。

死刑除依法由最高人民法院判决的以外，都应当报请最高人民法院核准。死刑缓期执行的，可以由高级人民法院判决或者核准。

《中华人民共和国刑事诉讼法》(1979 年)

第一百四十四条　死刑由最高人民法院核准。

**【事例评析】**

客观地评价，基于当时的治安情况，将部分死刑案件的核准权授予高级人民法院行使，是针对改革开放初期的治安形势而采取的非常措施，在依法从重从快严惩严重危害社会治安的犯罪方面起到了一定作用。经过 20 多年的司法实践，死刑核准权的下放日益暴露出严重问题，来自社会各界的要求最高人民法院收回死刑核准权的呼声愈发强烈。

由高级人民法院部分核准死刑，会造成对死刑案件量刑标准不一致，更难免执法者素质、对政策把握程度等的不同造成执法标准的不同，在一定程度上就难以保证司法的公正。此外，授权高级人民法院核准会导致死刑复核程序名存实亡：由于高级人民法院通常是死刑案件的二审法院，因而司法实践中高级人民法院通常将二审程序与死刑复核程序合二为一，而不进行死刑复核，造成刑事诉讼法规定的死刑复核程序难以发挥应有的监督作用，导致死刑复核程序在实际上被取消。更为关键的，《人民法院组织法》《刑法》《刑事诉讼法》关于死刑核准权的规定矛盾冲突，造成法律的效力和层级错位，影响了法律的权威。

1. *死刑核准权的下放与当时法律的规定是矛盾的*

1996 年修正的《刑事诉讼法》第 199 条规定："死刑由最高人民法院核准。"第 201 条规定："中级人民法院判处死刑缓期二年执行的案件，由高级人民法院核准。"这一规定重复了 1979 年《刑事诉讼法》的规定。据此规定，死刑立即执行的案件，应当由最高人民法院核准；死刑缓期执行的案件，由高级人民法院核准。

既然 1996 年修正的《刑事诉讼法》没有规定死刑立即执行的案件可以由高级人民法院核准，那就说明全国人大对全国人大常委会作出的关于死刑立即执行的案件可以由高级人民法院核准的决议以及全国人大常委会通过的修改后的《人民法院组织法》关于死刑执行的条文持否定态度。在此条件下，最高人民法院如果再将死刑立即执行案件的核准权下放给高级人民法院，就于法无据。

但就是在这种情况下，最高人民法院仍然在 1997 年以"通知"的形式授权高级人民法院和解放军军事法院核准部分死刑案件。据此通知，1998 年最高人民法院《关于执行〈中华人民共和国刑事诉讼法〉若干问题的解释》第 274 条第一句规定："死刑由最高人民法院核准，但依法授权高级人民法院核准的除外。"

2. *死刑核准权收回的意义*

首先，死刑核准权的收回有利于体现保障人权和法律面前人人平等。在今天，人权问题已经成为国际社会一个长久而重要的主题。关心人、尊重人，尊重人的生命权、自由权和财产权，对人权保障具有重要意义和价值。将死刑核准权"收回"，有利于使人权得到最为切实的保障，在最高程度上实现法律面前人人平等。法律面前人人平等，是我国的一项宪法原则，但死刑核准权的"下放"，使各地的死刑执行标准不一，同样的犯罪在甲地可能被判处死刑，在乙地则可能不被判处死刑；甚至在甲地对一个较重的犯罪不判处死刑，而在乙地对一个较轻的犯罪反而判处死刑。由此引起死刑犯的不服、死刑犯家属的不满，给社会也造成一些误会。

其次，死刑核准权的收回有利于缩小死刑的适用面和提高死刑案件的办理质量。严格限制死刑一直是我国的一项基本刑事政策，实践证明，死刑核准权的"下放"，不利于从严控制死刑的适用面。

最后，死刑核准权的收回有利于推进司法体制改革和保证司法的公正。近20年来，我国在政治、经济、文化和社会生活诸多领域，制定了一系列保护公民、组织之权利的重要法律、法规，从而使社会生活的各个方面基本做到了“有法可依”。此外，公民的法律意识、权利意识也日益增强。改革开放的实践已经使经济体制和社会结构发生了深刻的变化，社会主义市场经济的发展要求进一步加快司法体制改革。这已成为全社会的共识。在建设现代化的社会主义法治国家的进程中，从法治建设的角度准确理解和阐释我国的死刑核准权的“归位”，对于推动法律的有效实施，无疑具有十分重要的现实意义。

**【延伸阅读】**

1. 卢建平．死刑核准权收回的实质意义．刑法论丛，2007 (1).

2. 王茂林．死刑核准权回收将在国内外产生重大影响．中国人大，2006 (22).

3. 韩大元，王晓滨．强化检察机关监督死刑复核程序的宪法学思考．人民检察，2006 (11).

## 第六节　人民检察院

人民检察院是我国国家机构的重要组成部分，是国家的法律监督机关。现行《宪法》第134条规定：“中华人民共和国人民检察院是国家的法律监督机关。”该规定有三方面的含义：(1) 人民检察院是法律监督机关。法律监督机关不同于行使立法权、行政权和审判权等的国家机关。(2) 人民检察院是国家的法律监督机关。人民检察院代表国家行使权力，以国家的名义进行法律监督，以保障法律统一、正确实施。(3) 人民检察院通过行使检察权进行法律监督，区别于其他形式的监督。法律监督指人民检察院通过检察活动，依法对有关机关和人员的行为是否合法进行监督。

### 事例

### 人民检察院提起公益诉讼①

**【事例概况】**

2017年修正的《民事诉讼法》和《行政诉讼法》建立了现行检察公益诉讼制度。检察院可以提起生态环境和资源保护公益诉讼、食品药品安全公益诉讼、国有财产保护公益诉讼和国有土地使用权出让公益诉讼等四种类型的行政公益诉讼，还可以提起或支持已起诉的生态环境和资源保护公益诉讼、食品药品安全领域侵害众多消费者合法权益的民事公益诉讼等。

作为极具中国特色的司法制度，检察公益诉讼制度从顶层设计到实践落地，从局部试点到全面推开、健康发展，形成了公益司法保护的“中国方案”。检察公益诉讼的办案领域从民事诉讼法、行政诉讼法明确规定的四个领域，逐步拓展为由两部诉讼法与反垄断法等九部实体法共同确定的“4+9”领域，并即将步入“4+N”时代。

从2017年7月至2022年6月底，全国检察机关共立公益诉讼案件67万余件，其中，民事

① 参见《公益诉讼检察：公益司法保护的“中国方案”》，载《检察日报》，2023-02-22。

公益诉讼 5.8 万件、行政公益诉讼 61.4 万件；制发公益诉讼诉前检察建议 52 万余件，行政机关诉前阶段回复整改率从 2018 年的 97.2%持续上升至 2021 年的 99.5%；督促恢复被毁损的耕地、林地、湿地、草原约 786 万亩，回收和清理各类垃圾、固体废物 4 584 万余吨，追偿修复生态、治理环境费用 93.5 亿元；督促查处、回收假冒伪劣食品约 182 万千克，查处、回收假药和走私药品约 6 万千克；督促保护、收回国家所有财产和权益的价值约 159.5 亿元，追缴国有土地出让金约 337.2 亿元，收回被非法占用的国有土地 5.8 万亩（约 3 867 公顷）。

**【涉及的宪法问题】**

本事例涉及检察院的职权。为了实现公共利益保护，检察公益诉讼作为一种新的制度在我国司法实践中应运而生。检察公益诉讼，是指人民检察院作为公共利益的代表，根据民事诉讼法、行政诉讼法等法律的规定，对在履行职责中发现的生态环境和资源保护、食品药品安全、国有财产保护、国有土地使用权出让、英烈权益保护等领域损害国家利益和社会公共利益的案件，向人民法院提起诉讼的法律制度。

**【条文链接】**

**《中华人民共和国行政诉讼法》(2017 年修正)**

第二十五条（第四款）　人民检察院在履行职责中发现生态环境和资源保护、食品药品安全、国有财产保护、国有土地使用权出让等领域负有监督管理职责的行政机关违法行使职权或者不作为，致使国家利益或者社会公共利益受到侵害的，应当向行政机关提出检察建议，督促其依法履行职责。行政机关不依法履行职责的，人民检察院依法向人民法院提起诉讼。

**《中华人民共和国检察官法》(2019 年修订)**

第七条　检察官的职责：

…………

（三）开展公益诉讼工作；

…………

**《中华人民共和国人民检察院组织法》(2018 年修订)**

第二十条　人民检察院行使下列职权：

…………

（四）依照法律规定提起公益诉讼；

…………

**《中华人民共和国安全生产法》(2021 年修正)**

第七十四条　任何单位或者个人对事故隐患或者安全生产违法行为，均有权向负有安全生产监督管理职责的部门报告或者举报。

因安全生产违法行为造成重大事故隐患或者导致重大事故，致使国家利益或者社会公共利益受到侵害的，人民检察院可以根据民事诉讼法、行政诉讼法的相关规定提起公益诉讼。

**《中华人民共和国个人信息保护法》(2021 年)**

第七十条　个人信息处理者违反本法规定处理个人信息，侵害众多个人的权益的，人民检察院、法律规定的消费者组织和由国家网信部门确定的组织可以依法向人民法院提起诉讼。

**【事例评析】**

依据《行政诉讼法》第 25 条第 4 款规定所采用的“四列举＋等”的立法模型，在生态环境和资源保护、食品药品安全、国有财产保护、国有土地使用权出让等领域，检察院作为法律监督机关可以提起行政公益诉讼。依据《民事诉讼法》第58条，人民检察院可以对损害社会公共利益的行为提起公益诉讼。

检察机关作为法律监督机关，传统意义上的主要职责是刑事公诉和法律监督两个方面，但现在依法监督行政机关的行政行为并依程序适用行政公益诉讼制度已经成为检察机关的重要职能。

公共利益本身具有一种广泛性，这里的利益，只要事关大众，无论是在财产属性还是其他层面上与公众相关，皆可被纳入公共利益的范畴内。这种广泛性意味着检察公益诉讼的外延具有拓展性。

上述拓展性体现在两个方面：(1) 最高人民检察院针对检察权的行使范围作了详细规划，即刑事、民事、行政和公益诉讼四类，可依据实际变化作出调整；(2) 行政公益诉讼案件的来源为"在履职中发现"，这就意味着检察机关在法律规定范围内具有行使权力的主动性，可以在履行职责的过程中拓展监督所有的违法事项。检察机关的监督权不可能指向某一类或者某几类事项，《行政诉讼法》第25条第4款中的"等"应为"等外等"，在实践中已经拓展为包含英雄烈士权益保护、安全生产、个人信息保护、反电信网络诈骗等各方面，如《英雄烈士保护法》第25条第2款规定："英雄烈士没有近亲属或者近亲属不提起诉讼的，检察机关依法对侵害英雄烈士的姓名、肖像、名誉、荣誉，损害社会公共利益的行为向人民法院提起诉讼。"该规定的出现是行政公益诉讼受案范围拓展的实例，且该规定本质上体现了问题导向推动立法。

**【延伸阅读】**

1. 许身健，张涛．个人信息保护检察公益诉讼的法理基础与制度完善．法学论坛，2023 (1).

2. 陈晓景．检察环境公益诉讼的理论优化与制度完善．中国法学，2022 (4).

3. 刘艺．论国家治理体系下的检察公益诉讼．中国法学，2020 (2).